AF537471

72

Max Euwe
Walter Meiden

Meister gegen Amateur

JOACHIM BEYER VERLAG

ISBN 978-3-95920-206-0
10. Auflage 2024

Ein Imprint des Schachverlag Ullrich, Zur Wallfahrtskirche 5, 97483 Eltmann

Vorwort

Spielt der Meister mit dem Amateur, so stößt er gewöhnlich auf eine andere Art und eine größere Zahl schwächerer Züge und Irrtümer als im Kampf mit Ebenbürtigen. Das sind eben die schwächeren Züge und die Art von Fehlern, die der Amateur beim Spiel mit anderen Amateuren antrifft.

Auf welch bessere Weise könnte der Amateur lernen, wie schwaches Spiel seiner Gegner auszunutzen sei, als zu studieren, wie ein Meister solche Stellungen behandeln würde? Wenn die glänzenden Partien Paul Morphys gegen die Meister des 19. Jahrhunderts vielen Amateuren weit lehrreicher zu sein scheinen als die viel tiefgründigeren Siege der Großmeister des 20. Jahrhunderts über ihre Kollegen, so gerade deswegen, weil Morphys Triumphe über seine schwächeren Gegner schlagend darlegen, wie die Irrtümer des unterlegenen Spielers am besten auszunutzen sind.

Dieses Buch präsentiert 25 Partien zwischen „Meister“ und „Amateur“. Unter den Amateuren befinden sich schwache Spieler, die charakteristische Anfängerzüge machen (wie sie in Meisterpartien nie vorkommen), und auch Fortgeschrittene, die Schach studiert und sich eine beträchtliche Menge technischer Fertigkeiten angeeignet haben, aber noch nicht alle strategischen Zusammenhänge einer Stellung verstehen. Die Namen der Spieler haben wir fortgelassen, weil den Partien selbst keine besondere Bedeutung zukommt. Unser Kriterium bei der Auswahl der Partien bestand nicht darin, dass ein Meister einem Amateur gegenübersaß, sondern dass ein Spieler, der meisterhaftes Können bewies, in überzeugender Weise gezeigt hat, wie gewisse typische Fehler eines anderen, der wie ein Amateur spielte, überzeugend ausgnutzt werden können.

Dieses Werk erläutert nicht nur, wie man mangelhaftes Spiel erkennt und verwertet; in seinem laufenden Kommentar befasst es sich mit der eigentlichen Natur des Schachs und bespricht die verschiedenen Aspekte des Schachspiels, wie sie sich in den Partien selbst ergeben.

Beim Studium der Partien ist es empfehlenswert, die Züge des Meisters abzudecken und jeweils den Versuch zu machen, sie vorherzusehen und womöglich die Fortsetzung der Abzweigungen zu finden, bevor man die gegebenen Analysen nachliest.

Wir schulden einer Anzahl namenloser Spieler Dank, die die verschiedenen Partien in Manuskriptform durchsahen und weitere Fragen zu mannigfachen Möglichkeiten aufwarfen. Besonders dankbar sind wir Herrn Norman Cotter, Wilmington-Delaware, für seine Hilfe, Bemerkungen und Ermutigungen während der Jahre, in denen dieses Buch geschrieben wurde.

Max Euwe, Amsterdam
Walter Meiden, Columbus (Ohio)

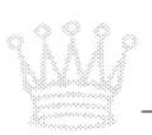

Inhaltsverzeichnis

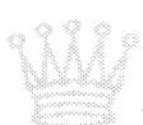

Einleitung

1. Was ist eine Schachpartie?

Eine Schachpartie ist im Grunde ein Ringen um die Überlegenheit auf dem Brett zwischen den zwei Gegnern Weiß und Schwarz. Am Anfang besitzt Weiß einen ganz geringen Vorteil, weil er den ersten Zug machen darf. In der ersten Phase der Partie, der Eröffnung, versucht Weiß diesen geringen Vorteil zu behalten und, wenn möglich, zu vergrößern; Schwarz bemüht sich, seinen kleinen Rückstand zu überwinden und wenigstens Ausgleich zu erlangen. Unter Ausgleich sind ebenbürtige Figurenentwicklung, gleiche Felderkontrolle (besonders der Mitte) und gleiche Initiative oder Angriffsmöglichkeiten zu verstehen. In einer Partie zwischen Spielern von annähernd gleicher Stärke bleibt dieser Gleichgewichtszustand manchmal während der ganzen Partie bestehen. Die Partie endet dann unentschieden.

2. Was passiert, wenn eine Seite in Vorteil kommt?

Es gibt mehrere Arten von Vorteilen: an Material, Entwicklung, Beweglichkeit, Stellung (insbesondere Bauernstellung) usw.

Sobald eine Seite einen Vorteil erringt, neigt der Charakter des Spiels dazu, sich in gewisser Hinsicht zu verändern. Die Seite, die den Vorteil besitzt, will ihn zur Geltung bringen und erweitern. Es ist im Allgemeinen etwas leichter, günstige Fortsetzungen zu finden, wenn ein Vorteil vorhanden ist.

3. Wie Spieler sich in der Stärke unterscheiden

Schachspieler gibt es in allen Abstufungen zwischen „sehr starken“ und „sehr schwachen“. Erstere begehen kaum erkennbare Irrtümer, letztere stellen regelmäßig Figuren ein.

In fast allen Ländern, in denen Schach gespielt wird, reiht man die Spieler entsprechend ihrer Stärke in Großmeister, Meister oder Amateure ein. Zu diesem Zweck gibt es das internationale Wertungssystem ELO sowie eine Reihe nationaler Wertungssysteme. Diese können in der Regel auch bereits Anfänger erfassen, sobald sie an Turnieren oder Klubwettkämpfen teilnehmen. Wenn es bei Turnieren eine Klasseneinteilung gibt, werden Spieler ohne Wertungszahl gewöhnlich in die unterste Kategorie eingereiht.

4. Was sind die Merkmale eines Meisters?

Der Meister ist gründlich vertraut mit der Technik der Behandlung jeder Partiephase, der Eröffnung, des Mittelspiels und des Endspiels. Er sieht die Partie als Ganzes an, wobei jeder Zug den Teil eines bestimmten Planes bildet. Er erkennt scharfsinnig alle Möglichkeiten, die eine Stellung beinhaltet. Er kann genau analysieren und ziemlich zuverlässig die Folgen

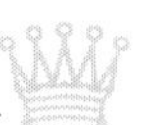

dieses oder jenes Zuges vorhersehen. Er versteht die Grundprinzipien, die in den verschiedenen Lagen auftreten. Sein taktisches Spiel ist genau; er macht weniger und unbedeutendere Fehler als andere Spieler.

5. Was sind die Kennzeichen des Amateurs?

Der Amateur versteht das Spiel weniger gründlich als der Meister, sein allgemeines Stellungsgefühl ist weniger ausgebildet, er ist weniger genau, sieht weniger gut die Folgen der Züge voraus und seine analytischen Fähigkeiten sind begrenzt. Dem Amateur fehlt normalerweise die Bekanntschaft mit den großen Schachpartien der Vergangenheit.

6. Wie sind Amateure einzureihen?

Die stufenweise Einordnung der Amateure reicht weit, und die Arten von Amateuren sind so zahlreich, dass sie kaum zu klassifizieren sind. Manche Amateure spielen so gut, dass sie annähernd Meisterstärke besitzen, andere so schwach, dass sie in wenigen Zügen verlieren. Einige planen ihre Partien sorgfältig, andere spielen von Zug zu Zug ohne Plan und Zusammenhang. Dann gibt es manche Amateure, die mit einem scharfen Auge für taktische Gelegenheiten ausgestattet sind, aber keinen Begriff von positionellen Erwägungen oder strategischem Planen haben. Weiter kennen wir solche, die durch Bücher gelernt haben, sich positionelle Vorteile zu verschaffen, deren Buchwissen sie jedoch gegenüber der Notwendigkeit vollständig eingeschläfert hat, das meiste aus einer Stellung in taktischer Hinsicht herauszuholen. Es gibt Amateure, die nichts von „Bucheröffnungen“ wissen, die jedoch ein feines Gefühl dafür haben, was eine gute Schachstellung darstellt, und es gibt andere, die Dutzende von Buchvarianten gelernt haben, denen aber nicht aufgeht, was der Sinn dieser Varianten ist und was mit der Stellung zu tun ist, sobald sie am Ende der Buchvariante angelangt sind.

7. Was geschieht, wenn der Meister mit dem Amateur spielt?

Wegen seines gründlicheren Verständnisses der Strategie und seiner überlegenen taktischen Fähigkeiten holt der Meister den äußersten Nutzen aus der geringsten Ungenauigkeit im Spiel des Amateurs heraus. Auf diese Weise erlangt er früher oder später Überlegenheit. Sobald das erreicht ist, verwertet er seinen Vorteil bis zum Gewinn der Partie.

8. Welcher Nutzen kann aus dem Studium der Partien zwischen Meister und Amateur gezogen werden?

Eine Partie zwischen Meister und Amateur unterscheidet sich von einer Partie zwischen zwei Meistern in Anzahl, Art und Grad der auftauchenden

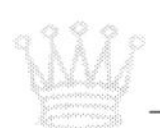

Fehler. Will ein Meister gegen einen anderen Meister siegen, so ist er gewöhnlich gezwungen, ganz unscheinbare Fehler auszunutzen; spielt er aber gegen einen Amateur, so findet er häufigere und auffallendere Fehler, und sein Vorteil wird viel rascher übermächtig.

Die meisten Schachspieler der Welt sind Amateure, und die meisten Amateure spielen gegen Amateure. Sie stehen daher ständig der Art von Fehlern gegenüber, die Amateure gewöhnlich begehen. Die Grundfrage ist – welches ist der beste Weg zur Ausnutzung dieser Fehler? Offensichtlich ist es der Spieler mit dem Wissen, dem Können und der Erfahrung des Meisters, der am besten zeigen kann, wie diese Fehler auszubeuten sind. Aus diesem Grund gibt es kein besseres Mittel als eine gründlich kommentierte Partie Meister gegen Amateur, um den Amateur zu lehren, 1. wie typische Amateur-Irrtümer zu erkennen und 2. wie solche Fehler zu seinem Vorteil auszunutzen sind.

9. Wie sind die Partien in diesem Buch zusammengestellt?

Das Buch besteht aus einer Reihe von 25 Partien, die zwischen Meister und Amateur gespielt worden sind. Jede dieser Partien wurde ausgewählt, um gewisse Seiten des Schachspiels zu beleuchten. Der laufende Kommentar nach den Zügen behandelt diese Aspekte, gewöhnlich an dem Punkt, an dem sie erstmals auftauchen. Partien, in denen der Amateur Bauern oder Figuren durch Unachtsamkeit oder infolge Übersehens verliert, sind vermieden worden. Solche taktischen Möglichkeiten werden gelegentlich in den Abspielen gezeigt.

Die ersten Partien dieses Buches sind von sehr schwachen Amateuren gespielt worden, die späteren von verhältnismäßig starken Amateuren. So weit wie möglich werden die Partien in der Reihenfolge ihres Grades von Amateurhaftigkeit vorgelegt, wenn diese Ordnung gelegentlich auch verletzt worden ist, um gewisse Eröffnungen in einer Gruppe oder in der vorteilhaftesten Folge zu zeigen.

10. Wie stehen wir zu den Varianten?

Jede Abweichung von der Textfolge, die eine vernünftige und interessante Möglichkeit darstellt, wird besprochen, so dass der Leser ihren Wert, verglichen mit dem tatsächlich geschehenen Zug (dem „Textzug“) einschätzen und eine Vorstellung davon gewinnen kann, was bei der Wahl des abweichenden Zuges geschehen wäre.

Während des ganzen Buches, besonders in den frühen Partien, haben wir die Gelegenheit wahrgenommen, Analysen von Varianten vorzulegen, die oft von Amateuren, besonders von den schwächeren unter ihnen, gewählt werden, die aber nie in Meisterpartien vorkommen. Solche Vari-

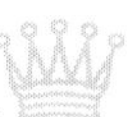

anten wurden aufgenommen, um zu zeigen, wie ein Meister gewissen Arten von Amateurstrategie begegnen würde. Solche Varianten werden für den Amateur besonders wertvoll sein, weil sie in Eröffnungsbüchern, die auf dem Spiel der Meister beruhen, und auch in anderen Lehrbüchern nicht enthalten sind.

Gelegentlich wird eine lange und vollständige Analyse aller möglichen Varianten einer gegebenen Stellung vorgenommen. Dies geschieht, um dem Studierenden ein vollständiges Bild davon zu geben, was an einem kritischen Punkt der Partie hätte passieren können, und ihm Gelegenheit zu verschaffen, sein analytisches Talent zu erhöhen, indem wir ihm ein Muster vorlegen, mit dem er seine eigenen Analysen vergleichen kann.

Wir wissen, dass für unerfahrene Spieler solche Abspiele verwirrend und manchmal eher Hindernis als Hilfe sein können. Wir empfehlen daher, dass nur jene Spieler, die den Drang verspüren, ins Detail zu gehen, diese Analysen verwenden. Beim ersten Mal bei einer gegebenen Partie kann der Leser sich gut darauf beschränken, die tatsächlich gespielten Züge mit dem Kommentar in sich aufzunehmen; bei späterem Nachspielen kann er so viele der Varianten studieren, wie er es für erforderlich hält. Der Gebrauch eines Taschenschachs zusätzlich zum großen Brett ist ein Mittel zum Studium verwickelter Varianten ohne Störung der Grundstellung.

11. Was ist Schach-Analyse?

Analyse ist die Beurteilung einer Schachstellung und die Erkenntnis, welches die wahrscheinliche Fortsetzung oder Konsequenz einer solchen Stellung ist. Analyse ist die Grundlage jedes guten Schachspiels, und diese Analyse findet gewöhnlich vor jedem Zug statt. In gewissen Stellungen, wo eine Zugserie erzwungen ist, kann die Analyse zu einer genauen Vorhersicht führen, was in einer Anzahl von Zügen passieren wird.

Schachanalyse existiert, ob nun ein Amateur eine Stellung betrachtet und richtig bzw. falsch bemerkt: „Spiele ich diesen Zug, so passiert das und das“, oder ein Schachkommentator schreibt: „Natürlich nicht Se5: wegen...“. Eine der faszinierendsten Seiten des Schachs zeigt sich darin, dass in vielen Stellungen verschiedene Spieler auf alle Arten von verschiedenen Ideen verfallen, die verschiedenartige Züge umfassen.

12. Was ist „Buch“? Was ist „Theorie“?

Gewisse Zugreihen, besonders Eröffnungszüge, und gewisse klassische Stellungen, besonders im Endspiel, sind von Meistern zum Gegenstand ausgedehnter Analysen gemacht worden. Diese Analysen haben ihren Weg in Schachbücher gefunden, insbesondere Eröffnungs- und Endspielbücher. Die Ergebnisse dieser Analysen werden oft „Theorie“ genannt.

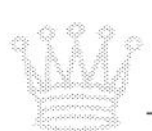

Solche Analysen befähigen Schachspieler, ihre eigenen Eindrücke zu überprüfen, wie gegen Varianten zu spielen ist, die sich im Turnierschach als erfolgreich erwiesen haben. Praktisch gesprochen: folgt eine Partie einer Buchvariante, sollten die Spieler es nicht falsch machen. In der „Theorie“ gibt es jedoch keinen Stillstand. Jedes Jahr tauchen neue Abspiele auf. In jedem Jahrzehnt büßen gewisse alte Spielweisen ihre Beliebtheit ein.

Es ist bequem für einen Amateur, klassische Eröffnungen und Endspiele zu kennen; es ist jedoch unklug, sie auswendig zu lernen, ohne die Gründe hinter den Zügen zu studieren. Spieler, die Buchvarianten lernen, ohne ihre grundlegenden Ideen zu verstehen, riskieren, dass sie mechanisch spielen. Sobald sie an das Ende der Buchanalyse kommen, geraten sie oft völlig in Verlegenheit und sind unfähig, erfolgreich fortzufahren, weil sie nicht genau wissen, warum die Endstellung der Analyse vorteilhaft oder aussichtsreich ist, oder weil sie nicht gelernt haben, selbstständig zu analysieren.

13. Was ist Strategie?

Strategie ist die Kunst, das Spiel zu planen. Strategie befasst sich mit den allgemeinen Plänen zum siegreichen Abschluss der Partie oder zum Erreichen eines Zieles in einem Partieteil. Strategische Züge sind gewöhnlich positionell; sie helfen, eine Stellung zu schaffen, in der der Plan ausgeführt werden kann.

14. Was ist Taktik?

Taktik ist das praktische Spiel von Zug zu Zug, das entsteht, wenn die Figuren der gegnerischen Parteien miteinander in Berührung kommen oder voraussichtlich kommen können. Taktische Züge sind solche, die die unmittelbare Antwort des Gegners in Rechnung ziehen, wenn die Figuren der beiden Lager in Kontakt sind. Taktisches Spiel ist in seiner Natur manchmal kombinatorisch.

15. Was ist die relative Bedeutung der Strategie und Taktik?

Wenn eine Lage taktisch wird, d.h. wenn die Figuren der Gegner in Kontakt geraten sind, so muss die Taktik zwangsläufig den Vorrang über die Strategie erhalten, obgleich eine taktische Entscheidung manchmal von strategischen Erwägungen geleitet wird!

Das Ergebnis eines strategischen Irrtums ist oft ein langsamer, allmählicher Verlust von Raum, Beweglichkeit oder anderer Faktoren; das Ergebnis eines taktischen Irrtums ist oft ein sofortiger Verlust eines Bauern, einer Figur oder gar der Partie.

16. Was ist eine Drohung?

Eine Drohung ist die Absicht eines Spielers, einen Vorteil zu erringen, wenn er zwei Züge nacheinander machen könnte. Eine Drohung ist eine sehr wirksame Waffe im Schach, denn obwohl ein Spieler die Drohung nicht ausführen kann wegen des abwehrenden Zugs seines Gegners, kann er ihn oft zwingen, unvorteilhafte Züge zu machen oder ihn mindestens daran hindern, seinen Plan auszuführen, weil er zuerst der Drohung begegnen muss.

Andererseits hilft manchmal eine Drohung dem Gegner insofern, als sie ihn zwingt, bestimmte Züge zu machen und ihm so die Arbeit der Analyse erleichtert.

17. Was ist eine Schachregel?

Untersucht man eine Anzahl von Schachpartien, so findet man, dass gewisse Stellungstypen vorteilhaft, andere nachteilig sind. Durch den Prozess der Verallgemeinerung hat sich eine Zahl von Schach“regeln“ herausgebildet. Das sind keine Regeln zum Partiespiel, sondern eher allgemeine Prinzipien erfolgreichen Spiels.

Eine Schach“regel“ in diesem Sinn ist nicht unbedingt gültig. Sie trifft nicht auf 100% der Fälle zu. Eine solche „Regel“ zeigt nur eine Richtung an. Die meisten Schach“regeln“ können vorteilhaft durchbrochen werden, wenn gewisse Umstände es erforderlich machen. Der Spieler tut gut, die Anwendung und den Bruch solcher „Regeln“ sorgfältig zu überlegen.

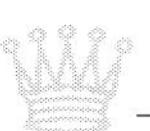

Partie 1

Kontrolle des Zentrums: die direkte Methode – Die Drohung – Theorie der Eröffnungen – Flexible Bauernmajorität auf einem der Flügel – Analyse – Die verletzliche Figur – Das Scheinopfer – Das Entdecken von Angriffschancen

Was tut ein Schachmeister, um eine Partie zu gewinnen? Im Allgemeinen versucht er mit jedem Zug, das Beste aus der Stellung zu holen, wobei er sowohl die große Linie (Strategie) wie auch die besonderen Forderungen des Augenblicks (Taktik) im Auge behält. Dies kann auf verschiedene Weise geschehen, abhängig vom Charakter der Stellung.

Untersuchen wir, was der Meister in dieser Partie tut:

a) Mit seinem 6. Zug erreicht er (Schwarz) eine gleiche Stellung, d.h. dass er ungefähr denselben Einfluss im Zentrum besitzt wie sein Gegner und ebenfalls die gleiche Zahl von Figuren entwickelt hat.

b) Nach jedem Zug seines Gegners untersucht er genau, ob dieser über eine Drohung verfügt; dann, was seine eigenen Möglichkeiten sind, und schließlich, welche Möglichkeiten der Gegner nach einem bestimmten Zug erhält, den er, der Meister, in Erwägung zieht.
Dieser Prozess, den man taktische Analyse nennt, ist sehr wichtig. Er umfasst nicht nur die Fähigkeit, zu sehen, was nach einem bestimmten Zug geschehen kann, sondern auch das Vermögen, die künftige Lage richtig zu beurteilen.

c) Nach Beendigung jeder Phase entwirft der Meister einen neuen strategischen Plan, um das beabsichtigte Ziel zu verwirklichen.

d) Er stellt sich besonders auf die Kraft der Drohung ein; wenn möglich, zieht er es vor, einen Zug zu machen, der eine Drohung enthält und den Gegner zwingt, nach seiner Pfeife zu tanzen statt umgekehrt.

e) Er ist sich der Wichtigkeit der Initiative bewusst, und er versteht es, die Möglichkeit eines Angriffs zu nutzen.

f) Er hat einen scharfen Blick für Kombinationen und einträgliche Opferwendungen.

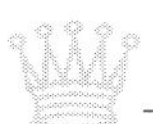

Weiss: Amateur Schwarz: Meister
Schottisch

1. e2-e4

In einem gegebenen Augenblick der Schachgeschichte gelangten die starken Spieler zur Überzeugung, dass man, um Erfolg zu haben:

a) die Figuren möglichst schnell ins Spiel bringen sollte;
b) Linien öffnen muss, um die Entwicklung zu ermöglichen;
c) genügende Kontrolle über die vier Zentrumsfelder haben muss.

Während vieler Jahrhunderte war 1.e2-e4 bei Weitem der populärste Anfangszug. Damit werden zwei schräge Linien geöffnet; weiter wird das Zentrumsfeld e4 besetzt und die Felder d5 bzw. f5 kontrolliert, was im Allgemeinen verhindert, dass sich dort eine feindliche Figur einnistet. Züge wie 1.a2-a4 und 1.h2-h4, bisweilen von Anfängern gespielt, entbehren der oben genannten Zielsetzungen und sind daher nicht wirkungsvoll.

1. ... e7-e5

Die eben genannten Gründe, die e2-e4 für Weiß rechtfertigen, gelten gleichfalls für den identischen schwarzen Zug e7-e5.

2. Sg1-f3

Von den vielen möglichen Zügen ist keiner so wirkungsvoll wie dieser. Weiß entwickelt eine Figur auf ein Feld, wo sie den größtmöglichen Einfluss auf das Zentrum ausübt: sie kontrolliert die Zentrumsfelder d4 und e5. Der Springer greift außerdem den schwarzen e-Bauern an, so dass sich Schwarz genötigt sieht, etwas dagegen zu tun. In den mit 1.e2-e4 e7-e5 eröffneten Spielen verdient es im Allgemeinen den Vorzug, den Königsspringer eher als den Königsläufer zu entwickeln, erstens weil der Springer gleich auf sein natürliches Feld f3 gelangt, während Weiß noch nicht weiß, wo sein Läufer am besten steht, auf c4 oder b5 (dies kann abhängig sein von den schwarzen Zügen). Zweitens, weil der Springer hier in der Weise entwickelt wird, dass er den schwarzen e-Bauern angreift, während ein Läuferzug im Moment keine direkte Drohung enthielte.

Gewöhnlich ist ein Zug, der eine feindliche Figur oder einen feindlichen Bauern bedroht, schärfer als ein Zug, der nichts anderes leistet als die Entwicklung einer Figur. Zum Wesen der Drohung siehe Punkt 16 der Einleitung.

2. ... Sb8-c6

Eine ausgezeichnete Erwiderung; nicht nur wird der angegriffene Bauer verteidigt, sondern außerdem bringt Schwarz eine Figur auf ihren natürlichen Posten. Der Zug liefert ferner einen Beitrag zur Kontrolle des Zentrums, indem er die Felder e5 und d4 bestreicht.

Schwarz hätte auch spielen können:

a) die Philidor-Verteidigung 2. ... d6, einen soliden, aber passiven Aufbau, weil der schwarze Königsläufer eingesperrt bleibt (siehe Partie 11);

b) die Russische-Verteidigung 2. ... Sf6 mit Gegenangriff auf den weißen e-Bauern;

c) die Damiano-Eröffnung 2. ... f6, die schon deshalb weniger gut ist, weil der Bauer seinem Königsspringer das natürliche Feld nimmt;

d) 2. ... Ld6. Diese Fortsetzung hat keinen Namen, ist auch schlecht, weil sie die Entfaltung des Zentrums blockiert. Ein Beispiel: 3.Lc4 Sf6 4.Sc3 Sc6 5.0-0 0-0 6.d3 b6 (besser 6. ... Lc5 oder 6. ... Le7, aber dies würde bedeuten, dass Schwarz seinen Fehler beim 2. Zug erkannt hat) 7.Lg5 Lb7 (noch immer war 7. ... Le7 besser) 8.Sd5 Le7 (praktisch erzwungen) 9.Se7:+ De7: 10.Sh4 Sd4 11.f4 mit starkem Angriff für Weiß.

3. d2-d4

Diese Fortsetzung, die man die Schottische Partie nennt, bedeutet einen Versuch von Weiß, die Kontrolle der vier Zentrumsfelder zu vergrößern. In dieser Hinsicht hat Weiß natürlich mehr Möglichkeiten als Schwarz. In den Königsbauernspielen (die im Allgemeinen zu offenem Spiel führen) gibt es zwei Methoden, um zur größeren Kontrolle über das Zentrum zu gelangen:

a) die direkte Methode (wie hier), womit Weiß das Zentrum direkt besetzt und Schwarz zur Aktion zwingt;

b) die indirekte Methode mittels eines Zuges wie 3.Lb5, womit Weiß, indem er Druck auf eine schwarze Figur ausübt (hier auf den Springer), mit der Möglichkeit, diese zu tauschen, ebenfalls seinen Einfluss im Zentrum zu vergrößern droht (siehe Spanische Partie, Partie 12).

Die Theorie der Eröffnungen (Einleitung Punkt 12.) hat gelehrt, dass die direkte Methode im Allgemeinen nichts ergibt, weil Schwarz bald Gelegenheit erhält, das Gleichgewicht im Zentrum herzustellen. Die indirekte Methode ist demnach die populärste.

In der erreichten Stellung droht Weiß Bauerngewinn mit 4.de5:. Schwarz hat nun die Wahl zwischen Schlagen (ed4:) oder Decken durch 3. ... d6 bzw. 3. ... f6. In Partie 18 wird gezeigt, dass Schwarz nach der Deckung einen kleinen Nachteil bekommt. Deshalb ist der einzige Zug, der zum Ausgleich führen kann, 3. ... ed4:. Zwar ist dies kein Entwicklungszug, und es scheint, dass Schwarz damit Zeit verliert, aber das letztere ist nicht richtig, da Weiß früher oder später den Bauern zurücknehmen muss und damit ebenfalls Zeit einbüßt.

3. ... e5xd4
4. Sf3xd4 Sg8-f6

Schwarz entwickelt seinen Königsspringer auf das natürliche Feld und droht 5. ... Se4:. Man beachte, wie der Kampf um die Herrschaft im Zentrum fortgesetzt wird und welche

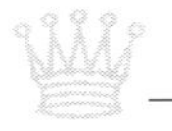

Rolle dabei die Drohung spielt. Weiß könnte den Bauern mit 5.Sc3 decken, und dies würde zu einer Stellung führen, die in Partie 4 nach dem 5. Zug entsteht.

5. Sd4xc6

Warum tauscht Weiß den im Zentrum stehenden Springer gegen den schwarzen Kollegen? Der Grund ist folgender: Weiß will Ld3 spielen, um e4 zu decken und seinen Läufer in eine aktive Stellung zu bringen. Das letztere in Verbindung mit einem eventuellen e4-e5, womit eine wichtige Angriffslinie für den Läufer geöffnet wäre.

Weiß kann jedoch nicht sofort 5.Ld3 spielen, weil dann sein Springer auf d4 ungedeckt stünde. Darum tauscht er zunächst auf c6 und bringt dem Gegner einen Doppelbauern bei, ein kleiner Nachteil, dem gegenübersteht, dass der schwarze Einfluss im Zentrum verstärkt wird.

Soll Schwarz jetzt 5. ... dc6: oder 5. ... bc6: spielen? Wenn er 5. ... dc6: wählt, nimmt er einen doppelten Nachteil in Kauf. Erstens verliert er nach 6.Dd8:+ Kd8: die Rochade. Und zweitens ist die Bauernkonfiguration nach dem Tausch ungünstig für Schwarz, da Weiß eine flexible Majorität am Königsflügel besitzt, die nach einer Anzahl von Abtauschhandlungen zu einem weißen Freibauern führen könnte. Demgegenüber wird die „verdoppelte“ schwarze Majorität am anderen Flügel schwer zu verwerten sein und nicht zu einem Freibauern führen. Die Faustregel für geschlossene, einander gegenüberstehende Bauerngerüste lautet, dass der Doppelbauer nur zählt, wenn er sich auf einer Linie befindet, auf der der Gegner keinen Bauern hat. Es geht nämlich um das Erzwingen eines Freibauern. Die Praxis bestätigt die oben genannte Regel. Außerdem gibt es einen Unterschied zwischen vereinzelten Doppelbauern (a2, c2, c3) bzw. verbundenen (c2, c3, d4 oder b2, b3, c2). Es ist klar, dass der Nachteil des verbundenen Doppelbauern weniger schwer wiegt als der Nachteil des isolierten. Daher antwortet Schwarz:

5. ... b7xc6

Schwarz hat nun einen (verbundenen) Doppelbauern, aber dafür besitzt er eine halboffene Turmlinie (halb, weil auf dieser Linie noch der weiße Bauer b2 steht). Ferner droht Schwarz jetzt, sein Zentrum durch d7-d5 zu verstärken. Obwohl Doppelbauern immer bestimmte Schwächen mit sich bringen, sind sie nicht immer nachteilig und bisweilen sogar vorteilhaft.

Mit dem Textzug wird Weiß aufgefordert, seinen e-Bauern vorzurücken (6.e5). Dies sieht ein wenig verdächtig aus, da Weiß noch wenige Figuren im Spiel hat. In einem solchen Zweifelsfall soll der Wert des Zuges durch Analyse bestimmt werden (Einleitung Punkt 11.).

Die moderne Theorie und Praxis hat sich dieser Aufgabe umfangreich angenommen, doch ein endgültiges Urteil über die Stellung nach 6.e5 De7

7.De2 Sd5 8.c4 steht noch aus. Man kann nur sagen, dass ein interessantes und kompliziertes Spiel entsteht, in dem beide Seiten ihre Chancen besitzen.

Man beachte, dass der wichtigere Teil der Analyse eine richtige Beurteilung der aus der Analyse hervorgehenden Stellungen erfordert. Was für einem schwächeren Spieler als Nachteil erscheinen würde, kann für einen besseren Spieler einen Vorteil bedeuten und umgekehrt.

Weiß setzt seinen ursprünglichen Plan durch und es folgt:

6. Lf1-d3 d7-d5

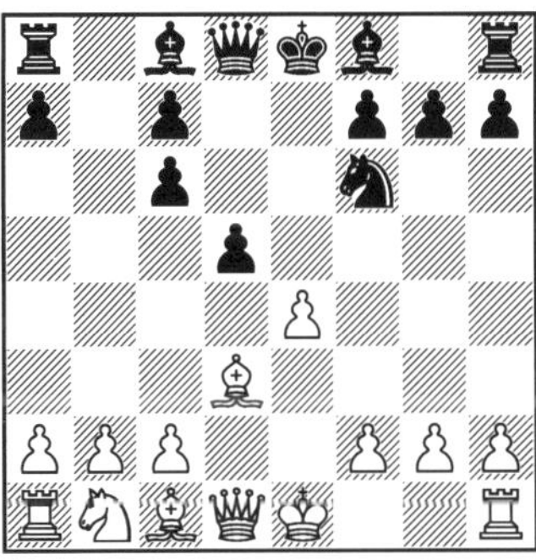

Mit diesem Zug stellt Schwarz das Gleichgewicht im Zentrum wieder her, und da Schwarz Bauerngewinn droht (7. ... de4:), muss Weiß durch Analyse feststellen, ob er jetzt tauschen, decken oder vorrücken soll. Wir untersuchen diese Möglichkeiten:

a) 7.ed5: cd5: führt zum Ausgleich: die schwarzen Bauern am Damenflügel sind entdoppelt, aber dafür ist der Nachteil des isolierten a-Bauern geblieben. Eine Kompensation für Schwarz bedeutet der Besitz eines Zentrumsbauern. Es könnte folgen: 8.0-0 Le7 9.Sc3 0-0 10.Lg5 c6 oder 10. ... Le6. Beide Parteien entwickeln sich ohne Schwierigkeiten.

b) 7.Sc3 Lb4 8.ed5: cd5: sollte ebenfalls letztendlich zum Ausgleich führen (Hauptvariante der Schottischen Partie.). Nach heutiger Ansicht ist dies jedoch die relativ aussichtsreichste Fortsetzung für Weiß.

c) 7.Sd2 Ld6 verschafft Schwarz eine aktive Aufstellung, zumal der Läufer an einem späteren Königsangriff mitwirken kann.

d) 7.e5 ist jetzt nicht mehr opportun, denn 7. ... Sg4 8.De2 Lc5 9.0-0 Dh4 10.h3 h5 gibt dem Schwarzen einen starken Angriff, den er schon mit 11. ... Dg3 zu krönen droht. Diese plötzliche Explosion der schwarzen Kräfte ist die Folge des weniger guten Zuges 7.e5, der Schwarz in eine Angriffsstellung einbringt, während der weiße Königsflügel geschwächt ist durch das Fehlen seines Königsspringers (der ja abgetauscht wurde).

Der Amateur wählt einen etwas merkwürdigen Zug, der jedoch nicht schlecht ist.

7. Dd1-e2

Mit der Drohung 8.ed5:+. Weiß hofft, seinen Gegner zu 7. ... Le6 oder 7. ... Le7 zu zwingen, worauf 8.e5 ausgesprochen stark ist, da Schwarz nach 8. ... Sg4 9.h3 keine Möglichkeit hat, um analog der obigen Variante d) einen Angriff zu unternehmen.

7. ... d5xe4

Weiß muss jetzt die Konsequenzen von 8.Le4: Se4: 9.De4:+ untersuchen:

a) 9. ... De7 10.De7:+ Le7: und als Ersatz für den Nachteil des isolierten Doppelbauern hat Schwarz das Läuferpaar und verfügt über die halboffene b-Linie;

b) 9. ... Le7 10.Dc6:+ Ld7 11.Df3 0-0 12.0-0 Tb8 und Schwarz hat Angriffschancen für den geopferten Bauern. Nach einem späteren Tb6 und Lc6 kann Weiß in Schwierigkeiten geraten.

Im Hinblick darauf wählt Weiß eine andere Variante:

8. Sb1-d2

Weiß hofft, den e-Bauern mit dem Springer schlagen zu können und damit seine Entwicklung zu beschleunigen, ohne dass Schwarz einen Ersatz bekommt für seinen geschwächten Damenflügel.

8. ... Lf8-b4

Fesselt den Springer und vereitelt auf diese Weise die weißen Pläne. Außerdem droht Schwarz jetzt seinen Mehrbauern zu behaupten. Ein Beispiel: 9.0-0 Ld2: 10.Ld2: 0-0 11.Le4: Se4: 12.De4: Dd2:.

9. Ld3xe4

Praktisch erzwungen, weil 9.c3 nicht gut geht wegen 9. ... Dd3:. Falls Schwarz jetzt mit 9. ... Se4: fortsetzen würde, verschafft 10.De4:+ De7 11.De7:+ Le7: dem Weißen ein Extratempo im Vergleich mit Variante a) der Bemerkung beim 7. Zug von Schwarz.

9. ... 0-0

Schwarz mobilisiert seinen Königsturm und droht sowohl 10. ... Te8 wie auch sofort 10. ... Se4:. Wenn Weiß jetzt 10.Lc6: spielt, kann Schwarz wählen zwischen zwei interessanten Fortsetzungen:

a) 10. ... Tb8 mit Druck auf b2; dadurch könnte Schwarz nach 11.0-0 den geopferten Bauern sofort mit 11. ... Ld2: zurückerobern;

b) 10. ... Ld7 und jetzt?

b1) 11.Ld7: Dd7: 12.0-0 Tfe8 13.Dd3 Dd3: 14.cd3: Tad8 und Schwarz gewinnt den Bauern mit Vorteil zurück;

b2) 11.La8: Te8 12.Lf3

b21) 12. ... Te2:+? 13.Le2: und Weiß bekommt mit zwei Türmen und einem Bauern für die Dame die bessere Stellung, sobald er imstande ist, seine Entwicklung zu vollenden. Auf 13. ... De7 folgt 14.Kf1 und dem Schwarzen steht keine aggressive Fortsetzung zur Verfügung. Statt der sofortigen Eroberung der weißen Dame (die doch nicht davonlaufen kann) bieten die folgenden Varianten bessere Perspektiven:

b22) 12. ... Lg4 13.c3 Te2:+ 14.Ke2: De7+ mit Vorteil für Schwarz;

b23) 12. ... Lb5 13.De8:+ (jetzt erzwungen) 13. ... De8:+ 14.Kd1 Dd7 15.c3 Sg4 mit allerhand Chancen für Schwarz.

Um seinen Springer zu entfesseln, spielt Weiß:

10. c2-c3

Gestattet dem Schwarzen, seinen Läufer auf ein wirksames Feld zurückzuziehen.

10. ... Lb4-d6
11. Le4xc6

Weiß hat nur zeitweilig einen Bauern gewonnen.

11. ... Ta8-b8

Wie wir sehen werden, spielt Weiß jetzt 12.0-0, womit er seinen König in eine bessere Lage bringt, auch wenn dabei sein Mehrbauer verloren geht. Ob dies nötig war, ist eine andere Sache. Weiß hätte 12.Sf3 spielen können, und in diesem Fall hätte Schwarz den Bauern nicht forciert zurückgewonnen. Es wäre dann außerordentlich schwierig gewesen, die beiderseitigen Chancen zu beurteilen.
In Analysen trifft man manchmal Bemerkungen wie „Als Ersatz für den weißen Mehrbauern haben die schwarzen Figuren größere Aktivität“. Aber was bedeutet das genau? Bedeutet es, dass bei beiderseitigem korrekten Spiel die Chancen gleich sind, oder dass Schwarz besser steht? Weder das eine noch das andere. Es bedeutet einfach, dass über das Ergebnis des Kampfes nichts zu sagen ist.
Die schwarzen Chancen beruhen auf der größeren Aktivität seiner Figuren. Vielleicht bekommt Schwarz einen entscheidenden Angriff. Die weißen Chancen beruhen auf seinem Mehrbauern, der auf die Dauer vielleicht zu einem günstigen Endspiel führt oder es Weiß ermöglicht, den Bauern mit Verstärkung seiner Stellung herzugeben.
Wir haben hier ein Beispiel eines echten Gambits, worin Erfindungsgabe, Fähigkeit und Geschicklichkeit schwerwiegender sind als die Regeln der Strategie. Es folgen nun zwei mögliche Fortsetzungen ohne Kommentar und ausschließlich als Erläuterung gemeint.
Nach 12.Sf3 wird die Stellung je nach Auffassung und Stil der Spielern verschieden beurteilt werden.

a) 12.Sf3 Tb6 13.Lb5 c6 14.Lc4 Te8 15.Le3 Sg4 16.0-0 c5 17.Tad1 Dc7 18.h3 Se3: 19.fe3: Lf4 20.e4 Tg6;
b) 12.Sf3 Tb6 13.Lb5 Lg4 14.Le3 c5 15.0-0-0 Lf3: (15. ... Dc7 16.Lc4 Tfb8 17.b3) 16.gf3: Dc7 17.Lc4 Tfb8 18.b3 Sd7.

Am Ende der beiden Varianten ist noch immer die Frage: was wiegt schwerer, der weiße Mehrbauer oder die schwarzen Angriffschancen?
Wir kehren jetzt zur Partie zurück.

12. 0-0

Der weiße Königsläufer ist ungedeckt und daher verwundbar. Solche Figuren sind oft das Ziel einer Kombination, die sich auf den Doppelangriff gründet, d.h. auf eine Wendung, mit der zu gleicher Zeit die verletzbare Figur und eine andere angegriffen wird. Es ist dann im Allgemeinen nicht möglich, beide Drohungen mit einem Zug zu parieren. In dieser Stellung bringt Schwarz ein Scheinopfer, mit dem er den verlorenen Bauern zurück-

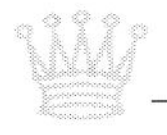

erobert. Ein Scheinopfer ist ein Opfer, das das geopferte Material sofort zurückgewinnt.

12. ... Ld6xh2+

Nach 12. ... Tb6 13.Lf3 La6 rettet Weiß die Qualität durch 14.c4.

13. Kg1xh2 Dd8-d6+

Wenn Schwarz auf Matt gespielt hätte mittels 13. ... Sg4+ 14.Kg1 Dh4?, hätte Weiß sich mit 15.Sf3 gerettet.

14. Kh2-g1 Dd6xc6

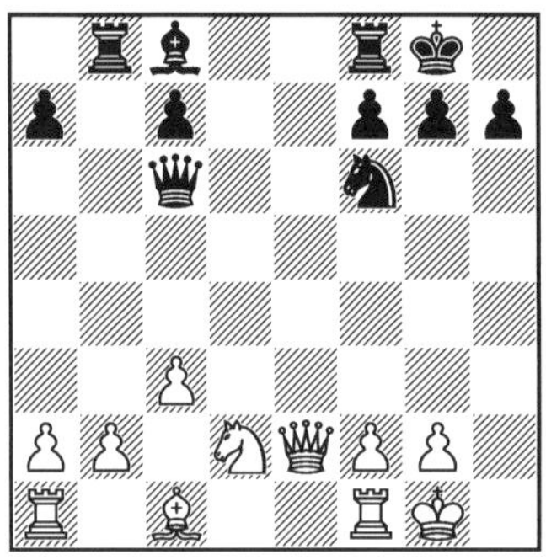

Was hat Schwarz erreicht? Die Zahl der Bauern ist gleich, und die Anwesenheit von Läufern ungleicher Farbe birgt Remismöglichkeiten in sich. Aber Schwarz hat noch Angriffschancen, besonders wegen des fehlenden weißen h-Bauern. Dem schwarzen Damenturm und Damenläufer stehen offene Linien zur Verfügung, während die weißen Figuren noch unentwickelt sind und auch nicht schnell entwickelt werden können.

15. De2-f3

Ein aktiver Zug, der die schwarze Dame zum Weichen zwingt. Der naheliegende Zug 15.Sf3 würde nach 15. ... La6 die Qualität kosten.

15. ... Dc6-a6

Nach Damentausch würde der schwarze Angriff nachlassen. Die Dame geht nach a6, erstens weil dies ein sicherer Platz ist und zweitens, weil sie dort das Feld f1 im Auge behält, was bei den bald folgenden Verwicklungen von entscheidender Bedeutung ist.

16. Sd2-e4

Weiß will seine Entwicklung vollenden. Bemerkenswert ist, dass der weiße Springer praktisch kein anderes Feld hatte. Auf 16.Sb3? folgt nämlich 16. ... Tb3:!.

16. ... Sf6xe4

Schwarz tauscht die Springer, um keine Zeit zu verlieren und die 6. Reihe frei zu machen.

17. Df3xe4

Der Tausch der Springer hat Weiß einen Schritt näher zum Remis gebracht, aber Schwarz hat noch immer Angriffschancen. Er ist sich dessen wohl bewusst und weiß, wo er sie zu suchen hat. Bei der Einschätzung dieser Chancen wird Schwarz versuchen, den idealen Aufbau zu verwirklichen, der darin besteht, den Turm nach g6 und dann den Läufer nach b7 zu bringen. Beide Figuren bedrohen dann den schwachen Punkt g2. In der jetzt erreichten Stellung wird ein Amateur vielleicht dazu neigen, 17. ... Lb7 zu spielen, womit er ein wichtiges Tempo für den An-

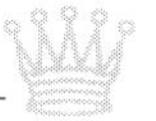

griff gewinnt. Jedoch würde er so seinen Damenturm vorläufig außer Spiel lassen.
Besser ist daher:

17. ... Tb8-b6!
18. b2-b3

Ein typischer Amateurzug, der bezweckt, den Läufer zu entwickeln, ohne Bb2 im Stich zu lassen. Dies ist jedoch sehr kurzsichtig, schon deshalb, weil Schwarz den b-Bauern jetzt sofort erobern könnte mit 18. ... Tb3: 19.ab3: Da1:. Stärker wäre 18.Le3 gewesen; nach 18. ... Tb2: wären dann die schwarzen Angriffschancen etwas verringert.

18. ... Lc8-b7

Viel besser als 18. ... Tb3:, womit Schwarz nur einen Bauern gewinnen würde.

19. De4-f4?

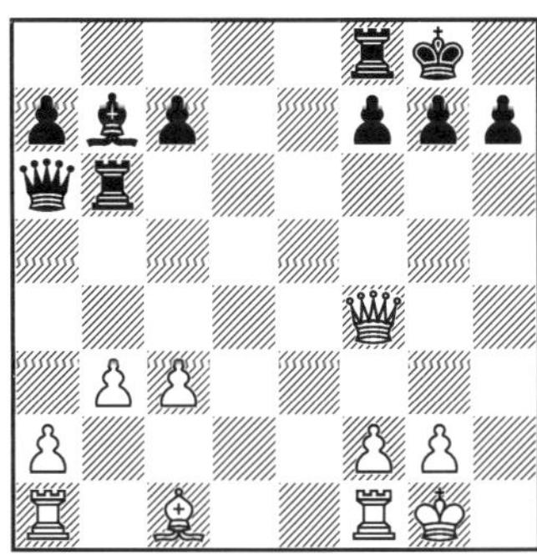

Die verteidigende Partei muss versuchen, den Angriff durch Tausch abzuschwächen. Weiß hätte daher versuchen sollen, mit einem Doppelbauern davonzukommen: 19.Dc4 Dc4: 20.bc4:, wonach ein schweres Endspiel mit ungleichen Läufern entsteht. Schwarz setzt dann am besten fort mit 20. ... Tg6 (stärker als unmittelbar auf Bauerngewinn zu spielen: auf 20. ... La6 folgt 21.Le3 und auf 20. ... Tc6 21.c5, worauf 21. ... Tc5: an 22.La3 scheitert) 21.f3 Te8 22.Tb1 La6 23.Tb4 h5. Jetzt diktiert Schwarz den Verlauf der Dinge. Er droht:

a) h5-h4-h3
b) Tc6 mit Bauerngewinn
c) Te2 nebst Tge6.

Möglich wäre auf 19.Dc4 auch 19. ... Da5, worauf der Angriff mit 20. ... Tg6 fortgesetzt wird. Übrigens droht auch 20. ... La6. Man beachte, dass 20.Dc7:? die Kombination 20. ... Lg2: ermöglicht (21. Kg2:? Tg6+ mit Damengewinn).

19. ... Lb7xg2

Mit Qualitätsgewinn nach 20.Kg2: Tg6+ 21.Kh2 Df1:.

20. Tf1-e1 Tb6-g6
21. c3-c4

Um die Angriffslinie a6-f1 zu unterbrechen, aber Matt oder großer materieller Verlust ist schon unvermeidlich.

21. ... Lg2-e4+

Das tödliche Abzugschach. Weiß gibt auf; es folgt 22.Kf1 Ld3+ oder 22.Kh2 Tg2+ 23.Kh3 De6+ 24.Kh4 g5+ usw.
Diese Partie zeigt, welche Angriffschancen man am Königsflügel wahrnehmen kann, wenn die verteidigende Partei dort keine leichten Figuren hat.

Partie 2

Verfrühte Entwicklung der Dame – Der vorgerückte Zentrumsbauer – Die Standardverteidigung gegen die Mattdrohung auf g2 von Dg6 und Lh3 – Wie soll man handeln, wenn man Entwicklungsvorsprung und mehr Raum hat? – Die gewinnende Abwicklung – Die Gefahr, eine Drohung mit einer Gegendrohung zu beantworten – Offene Linien – Kombinatorische Motive: Tempogewinn, Umwandlung, Zwischenzug, Spielen auf ewiges Schach

Eine der beliebtesten Unternehmungen in der Schachpartie ist der Angriff. Ein Angriff kann überrumpelnd wirken und eine sofortige Niederlage des hilflosen Gegners herbeiführen. Ein erfolgreicher Angriff gibt so viel Genugtuung, dass für manche Amateure der Angriff die einzige Richtlinie ist. „Versuche immer anzugreifen“ ist ein Ratschlag, den man manchem Anfänger mitgibt. Das Schach ist jedoch nicht so einfach. Angreifen ist nicht immer erfolgreich. Ein Angriff kann manchmal wie ein „Bumerang“ wirken, wenn er keine genügende Grundlage besitzt. Der solide Schachspieler unternimmt keinen Angriff, bevor die Bedingungen dazu erfüllt sind, obwohl er ab und zu aggressive Züge macht, um den Gegner nach seiner Pfeife tanzen zu lassen.

Die große Offensive darf erst anfangen, wenn der Angreifer ein klares Übergewicht und der Gegner sich in irgendeiner Hinsicht geschwächt hat. In einer solchen Lage darf man nicht nur, man **muss** auch angreifen. Der Angreifer soll gewissenhaft untersuchen, wie von den Schwächen des Gegners Gebrauch zu machen ist. Eine Schwächung der feindlichen Königsstellung kann am leichtesten ausgenutzt werden. Wenn der König des Gegners ungenügend geschützt ist, weil z.B. einer oder mehrere Bauern des Königsflügels nicht mehr auf dem ursprünglichen Platz stehen, dann bedeutet dies ein günstiges Merkmal für den Angreifer. Besonders, wenn dieser größere Bewegungsfreiheit besitzt, offene Linien hat und über mehr Raum verfügt. Diese Faktoren können die Möglichkeit schaffen, in die feindliche Königsstellung einzudringen, bevor der Gegner die Gelegenheit hat, die eigenen Verteidigungskräfte bereitzustellen.

Andererseits gibt es Spieler, die schon am Anfang der Partie versuchen, den Gegner zu überrumpeln. Diese Angriffe, die von Dame und Läufer ausgeführt werden, sind meistens gegründet auf eine Variation des Schäfermatts: 1.e4 e5 2.Lc4 Sc6 3.Dh5 (oder 3.Df3) d6?? 4.Df7: matt. Solche Angriffe sind jedoch nur gefährlich, wenn sie nicht in der richtigen Weise

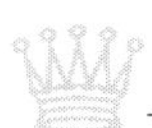

beantwortet werden. Sie führen zu ernstem Zeitverlust, wenn der Verteidiger die richtigen Gegenzüge trifft.
Wenn ein gut begründeter Angriff durchdringt und die Lage des Verteidigers hoffnungslos ausschaut, kann der Verteidiger bisweilen den Angreifer verwirren, indem er Verwicklungen herbeiführt oder ein unerwartetes Opfer bringt. Wenn der Angreifer viel Material geopfert hat, soll der Verteidiger darauf bedacht sein, eventuell durch große Gegenopfer den Angriff zu brechen. Obiges gilt für den Angriff im Allgemeinen, dessen Merkmale in einer Anzahl in diversen nachstehenden Partien gefunden werden können (obwohl in dieser Partie nur teilweise).

Weiss: Meister Schwarz: Amateur
Italienisch

1.	**e2-e4**	**e7-e5**
2.	**Sg1-f3**	**Sb8-c6**
3.	**Lf1-c4**	

In Partie 1 bekämpfte Weiß das gegnerische Zentrum auf direkte Weise mit 3.d4. In dieser Partie stellt Weiß seinen Königsläufer auf ein Feld, wo er später zusammen mit einer oder mehreren Figuren Punkt f7 angreifen kann. Weiß tut vorläufig nichts, um das schwarze Zentrum zu unterminieren. Deshalb ist 3.Lc4 nicht so effektiv wie 3.Lb5, womit eventuell 4.Lc6: nebst 5.Se5: droht (siehe Partie 12).
Zwar verhindert 3.Lc4, dass Schwarz d7-d5 spielt, aber dieser Zug ist für Schwarz im allgemeinen nicht so stark, weil die schwarze Stellung dadurch frühzeitig geöffnet wird und Schwarz außerdem Zeit verliert, wenn e4xd5 Dd8xd5 Sb1-c3 folgen würde.

3. ... Lf8-c5

Schwarz setzt in derselben Weise fort wie Weiß. Die Eröffnung, die jetzt entsteht, wird Giuco Piano genannt, was „ruhiges Spiel" bedeutet. Sie führt jedoch nur zu ruhigem Spiel, falls beide Parteien fortsetzen mit Zügen wie d3 (d6), Sc3 (Sc6) und 0-0. In diesem Fall spricht man auch von Giuco Pianissimo.
Der Textzug (siehe auch Partie 25) ist besser als 3. ... h6 (Partie 10), aber in bestimmter Hinsicht weniger aktiv als 3. ... Sf6, was das weiße Zentrum angreift. Dieser Zug führt zum Zweispringerspiel im Nachzug.

4. c2-c3

Nach diesem Zug ist keine Rede mehr von ruhigem Spiel. Im Gegenteil, das Spiel bekommt einen wilderen Charakter als in den meisten offenen Spielen. Weiß will ein starkes Zentrum bilden und gleichzeitig ein Tempo gewinnen mit 5.d4 ed4: 6.cd4: mit Angriff auf den schwarzen Läufer. Wenn Schwarz jedoch richtig fortsetzt, kann Weiß seinen Plan nur auf Kosten eines Bauern verwirklichen. Die gewöhnliche Folge lautet 4. ... Sf6 5.d4 ed4: 6.cd4: Lb4+ und dann befinden wir uns nach 7.Sc3 Se4: 8.0-0 Lc3: 9.d5 in der Möller-Variante, die zu schwer einzuschätzenden Verwicklungen führt (siehe Partie 25).

4. ... Dd8-f6(?)

Um d2-d4 zu verhindern, richtet Schwarz eine schwere Figur auf d4, womit sich die Zahl der Beobachter dieses wichtigen Zentrumsfeldes von drei auf vier erhöht hat. Bald wird jedoch klar, warum der Zug sein Ziel nicht erreicht und den Aufmarsch d2-d4 nicht einmal verzögert, geschweige denn verhindert.

Im Allgemeinen ist es nicht vernünftig, die Dame schon im Eröffnungsstadium zu entwickeln, weil diese Figur sehr verletzbar ist. Gerade die Fortsetzung dieser Partie zeigt sehr deutlich, wie gefährlich die verfrühte Entwicklung der Dame sein kann. Schwarz hätte auch 4. ... De7 spielen können, womit er seinen e-Bauern stützt und auf 5.d4 den Läufer nach b6 zurückziehen kann. Damit hätte er im Zentrum (e5) standgehalten.

5. d2-d4

Also doch!

5. ... e5xd4

Konsequent, jedoch nicht erzwungen und auch nicht ratsam. Relativ besser war 5. ... Lb6, womit Schwarz das Zentrum behauptet, da 6.de5: Se5: dem Weißen keine günstigen Möglichkeiten bietet.

Jedoch hätte die Dame auf e7 besser gestanden als auf f6 (siehe vorige Bemerkung) und zwar aus folgenden Gründen:

a) die Dame auf f6 nimmt dem Springer das natürliche Entwicklungsfeld;
b) auf f6 ist die Dame einem eventuellen Angriff Lg5 ausgesetzt, der für Schwarz recht lästig sein kann.

Nach dem Textzug hätte Weiß mit 6.0-0 fortsetzen können, weil er auf 6. ... dc3: 7.Sc3: mehr als genügenden Ersatz für den Bauern gehabt hätte, sowohl aufgrund seines Entwicklungsvorsprungs wie durch die potenzielle Drohung Sd5. Jedoch würde Schwarz auf 6.0-0 seinen Bauern mit 6. ... d3 zurückgeben, womit die Bildung eines starken weißen d4-e4-Zentrums auf alle Fälle verhindert wäre.

Statt 6.0-0 gibt Weiß einer schärferen Fortsetzung den Vorzug, die ihm eine Speerspitze in der feindlichen Stellung verschafft, d.h. einen gedeckten Bauern auf der 5. Reihe im Zentrum.

6. e4-e5

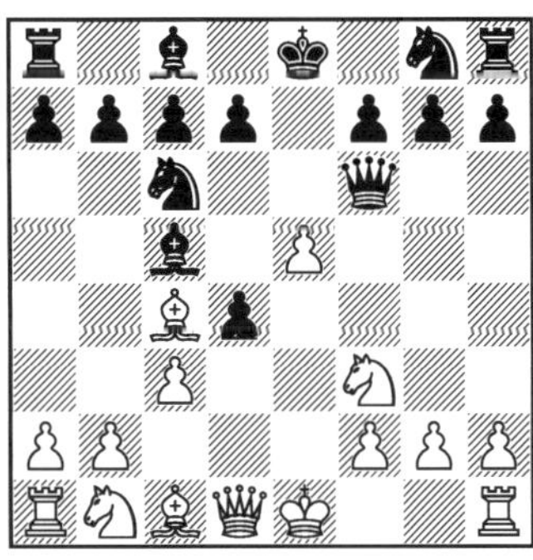

Es sieht jetzt so aus, als ob Schwarz auf e5 schlagen könnte, aber 6. ... Se5: 7.De2 d6 8.cd4: kostet eine Figur. Auf 6. ... De7 folgt 7.cd4: und dann ist das Scheinopfer 7. ... Sd4: inkorrekt wegen 8.Sd4: De5:+ 9.Le3 und Weiß hat eine Figur gewonnen.

6. ... Df6-g6

Ein aggressiver Zug, der jedoch wenig Bedeutung hat, weil Weiß die Drohung 7. ... Dg2: auf indirekte Art parieren kann.

7. c3xd4!

Um 7. ... Dg2: mit 8.Tg1 Lb4+ 9.Sc3 Dh3 10.Lf7:+! zu beantworten, dann scheitert 10. ... Kf7: an 11.Sg5+. Mit dem Textzug hat Weiß daher seinen Bauern unter günstigen Umständen zurückgewonnen.

7. ... Lc5-b4+

Damit gewinnt Schwarz Zeit. Nach 7. ... Lb6 würde Weiß mittels 8.d5 sein Übergewicht im Zentrum bedeutend vergrößern.

8. Sb1-c3

Pariert das Schach mit einem Entwicklungszug.

8. ... d7-d6

Die richtige Strategie. Schwarz muss den aufgerückten Be5, der seine Bewegungsfreiheit behindert, möglichst schnell entfernen. Auf z.B. 8. ... Sge7 wäre 9.d5 sehr lästig für Schwarz. Übrigens wäre 8. ... Dg2: hier nicht besser als im vorigen Zug, da auch jetzt 9.Tg1 Dh3 10.Lf7:+ folgen würde.

9. 0-0 Lb4xc3

Dieser Läufer war einigermaßen verwundbar wegen der Möglichkeit 10.d5 nebst 11.Da4+, wenn Schwarz den Springer ziehen sollte.

10. b2xc3

Der positionelle Nachteil des Schwarzen besteht darin, dass Weiß die bessere Entwicklung hat, das Zentrum beherrscht und das Läuferpaar besitzt. Weiter bedeutet es ein Handicap für Schwarz, dass sein König sich noch in der Mitte befindet. Doch hätten alle diese Nachteile noch nicht zu so einer schnellen Katastrophe geführt, wenn Schwarz hier besser fortgesetzt hätte, sei es wie in a) oder b):

a) 10. ... Lg4 11.ed6: cd6: 12.d5 Se5 13.Se5: de5: (Ld1: 14.Sg6: kostet Material) 14.Lb5+ und Weiß verdirbt dem Gegner die Rochade;
b) 10. ... Sge7 11.ed6: cd6: 12.d5 Sd8 13.Lb5+ ebenfalls mit Verhinderung der schwarzen Rochade.

In beiden Fällen hat Weiß zwar bedeutenden Vorteil, aber eine schnelle Niederlage hätte Schwarz jedenfalls vermeiden können.

10. ... d6xe5?

Öffnet das Spiel und gibt dem Weißen den zusätzlichen Vorteil der offenen e-Linie für seinen Turm mit der Konsequenz, dass die weißen Figuren unmittelbar eingreifen können.

11. d4-d5

Schwarz hat diese taktische Wendung vermutlich übersehen. Der schwarze Springer muss weichen, worauf Weiß seinen Bauern mit

Tempogewinn zurückerobert (Se5:). Mit Rücksicht auf den offenen Charakter der Stellung und auf seinen Entwicklungsvorsprung hat Weiß dann gute Aussichten auf eine schnelle Entscheidung.

11. ... Lc8-h3?

Ein letzter Versuch; Schwarz droht Matt. Sein Haus brennt schon, und der Textzug entfacht das Feuer noch mehr. Auf 11. ... Sce7 wäre 12.Se5: sehr stark, weil nach 12. ... Df5 13.Te1 der naheliegende Entwicklungszug 13. ... Sf6 an 14.d6 scheitert. Es droht dann sowohl 15.de7: wie 15.Lf7:+ oder 15.Sf7:.

12. Sf3-h4

Die Standard-Antwort in solchen Stellungen. Der Springer verteidigt und greift an.

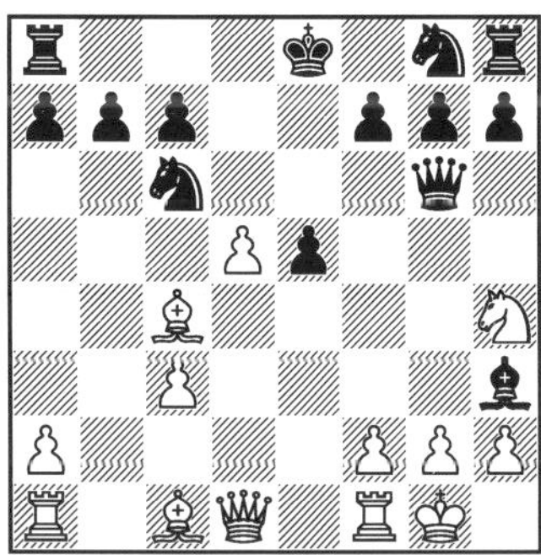

Drei schwarze Figuren sind jetzt bedroht und Schwarz muss künstlich manövrieren, um großen materiellen Nachteil zu vermeiden.

12. ... Dg6-e4

Greift zwei weiße Figuren an und hält g2 unter Feuer. Weiß kann jetzt zwei Figuren schlagen, worauf Schwarz ebenfalls zwei Figuren schlagen muss (um das materielle Gleichgewicht zu behaupten) und die dann entstandene Stellung für Weiß gewonnen ist. Die Vorausberechnung dieser Züge ist nicht schwer, weil Schwarz keine Wahl hat.

13. d5xc6 De4xc4

Schwarz hätte auch die umgekehrte Reihenfolge wählen können und in diesem Fall wäre die Dame nach dem beiderseitigen Gemetzel auf c4 statt auf h4 gelandet. Wir werden bald sehen, dass sie auf h4 etwas besser steht, weil von dort aus Feld e7 kontrolliert wird. Der Zwischenzug 13. ... Td8 hätte die Lage noch verschlimmert wegen 14.Da4!.

14. g2xh3 Dc4xh4

Nach z.B. 14. ... Dc3: hat Schwarz eine Figur weniger.

15. Dd1-d7+!

Die Konsequenz des Vorangegangenen.

15. ... Ke8-f8
16. Lc1-a3+ Sg8-e7
17. c6xb7 Ta8-e8

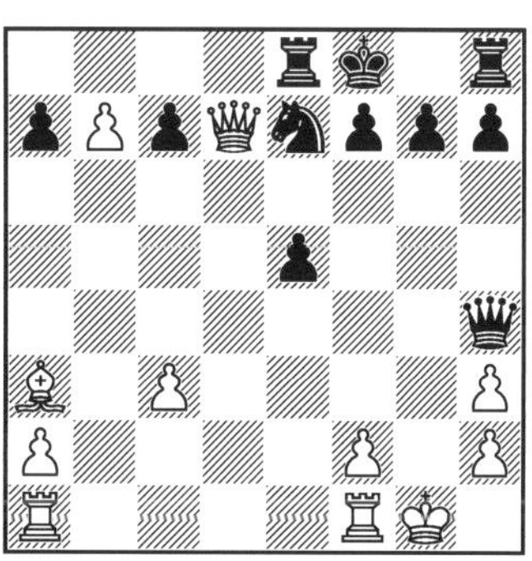

Alles forciert; auf 17. ... Tb8 wäre 18.Dc8+ nebst Matt gefolgt.

18. Dd7xe8+

Eine Umwandlungs-Kombination, die zwei Türme einbringt.

18. ... Kf8xe8
19. b7-b8D+ Ke8-d7
20. Ta1-d1+

Dieses Schach kann nicht schaden; der König wird ins freie Feld getrieben.

20. ... Kd7-e6

Kann Weiß hier auf Matt spielen, z.B. mit 21.Dc7: f5 22.f4? Vielleicht, aber warum sich ermüden, um ein forciertes Matt zu finden (das vielleicht gar nicht da ist), wenn man auf einfache Weise den Gewinn sicherstellen kann?

21. Db8xh8 Dh4xh3

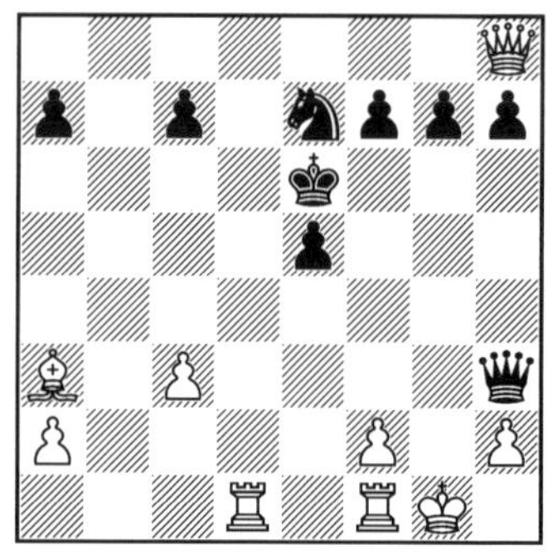

Manchmal rettet die im Nachteil befindliche Partei sich in ein ewiges Schach. So z.B. droht Schwarz hier 22. ... Dg4+ 23.Kh1 Df3+ 24.Kg1 Dg4+ und so fort. Weiß pariert jedoch auf einfache Art.

22. f2-f3

Schwarz gibt auf. Er hat keine Chancen, keine Initiative. Es hat keinen Sinn, eine Partie fortzusetzen bei einem Rückstand von zwei Türmen.

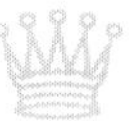

Partie 3

Kontrolle des Zentrums: indirekte Methode
Brechung der Symmetrie im Vierspringerspiel
Der Verlust eines Tempos: a) indem man einen Zug macht, der den Gegner zwingt, etwas zu tun, was er auf jeden Fall getan hätte; b) indem man eine starke Figur auf ein Feld bringt, wo sie bedroht werden kann
Tausch, um durch Ausschaltung einer gut aufgestellten Figur den feindlichen Angriff abzuschwächen
Die Macht eines schwarzen Springers auf f4
Das Opfer

Eine der spektakulärsten Wendungen im Schach ist das Opfer. Engstens verbunden mit Kombination und Angriff, bedeutet ein erfolgreiches Opfer eine unvorstellbare Genugtuung für den Schachspieler, weil es die Überlegenheit von Zeit, Beweglichkeit und Raum über das Material betont. Selbstverständlich ist ein doppeltes Opfer noch sehenswürdiger: ein Opfer, das den Verlust von zwei Figuren auf irgendeine Weise ersetzen soll. Natürlich darf man nicht ohne Weiteres opfern. Es soll irgendein Vorteil oder irgendein Übergewicht nachweisbar sein und eine Schwäche in der feindlichen Stellung. In der nachstehenden Partie z.B. hat Schwarz nach seinem 15. Zug ein Übergewicht in puncto Beweglichkeit und Raum, während die weißen Figuren hinsichtlich ihrer Verteidigungskraft schlecht postiert sind.

Bevor man jedoch das Opfer bringt, ist es selbstverständlich wichtig, verschiedene Möglichkeiten zur Fortsetzung des Angriffs eingehend zu berechnen. Wenn der Gegner auch nur eine einzige Möglichkeit hat, der Gefahr zu entrinnen, könnte die opfernde Partei, nachdem sich der Pulverdampf verzogen hat, mit einem Defizit zurückbleiben. Besonders, wenn sie im Lauf der Kombination die Initiative verliert, d.h. wenn sie nicht mehr imstande ist, mit Drohungen aufzuwarten.

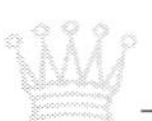

WEISS: AMATEUR SCHWARZ: MEISTER
VIERSPRINGERSPIEL

1.	**e2-e4**	**e7-e5**
2.	**Sg1-f3**	**Sb8-c6**
3.	**Sb1-c3**	

Wiederum eine andere Entwicklungsart. Mit dem Textzug wird eine neue Figur auf einen zentralen Posten gebracht; zwar droht damit im Moment nichts, aber die Entwicklung einer Figur auf ein gutes Feld kann der Anfang einer Machtkonzentration sein, die auf die Dauer mehr bedeutet als eine direkte Drohung. Nach einem solchen Zug kommt die Initiative erst später, jedoch vielleicht kräftiger. Auf jeden Fall riskiert man so weniger.

3. ... Sg8-f6

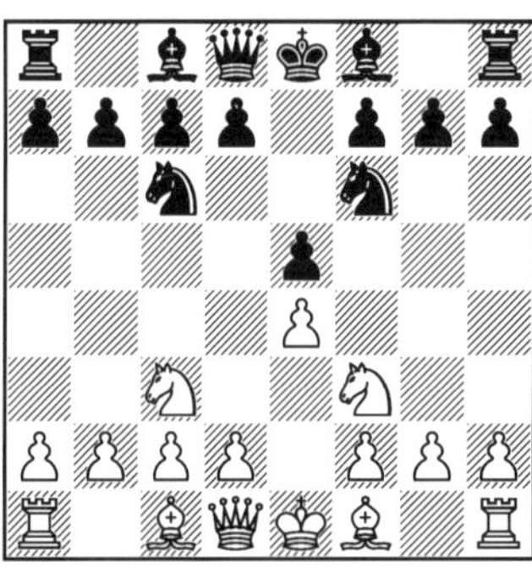

Die Entwicklung der vier Springer verschafft beiden Parteien ein solides, obwohl wenig phantasievolles Spiel. Schwarz ist praktisch gezwungen, dem passiven Weg seines Gegners zu folgen, was jedoch kein Handicap bedeutet, weil die schwarze Rolle in der Eröffnung sich gewöhnlich auf ein defensives Verhalten beschränkt. Schwarz darf erst später an Initiative denken.

Im Vierspringerspiel bedeutet es ein schwieriges Problem für Schwarz, wie in allen fast symmetrischen Stellungen, die Führung zu übernehmen. Das ist besonders wichtig, wenn der Schwarzspieler bedeutend stärker ist als der Weiße. Er wird dann, um auf Gewinn zu spielen, irgendwann die Symmetrie brechen müssen. Im 3. Zug wäre dies z.B. möglich gewesen mit 3. ... Lb4, aber zu etwas Positivem könnte dies kaum führen.

In der Diagrammstellung hat Weiß die Wahl zwischen drei Typen des Vierspringerspiels:

a) Die schottische Version: 4.d4 mit direkter Bedrohung des Zentrums, wie wir dies auch in Partie 1 gesehen haben und in Partie 4 wiederum sehen werden.

b) Die italienische Version: 4.Lc4, welche zu einer Variante des Giuco Pianissimo führen könnte (Partie 2) und oft von Anfängern angewandt wird, die nicht vertraut sind mit dem Scheinopfer 4. ... Se4: mit folgenden Möglichkeiten:

b1) 5.Lf7:+ Kf7: 6.Se4: und es sieht so aus, als ob Weiß in Vorteil wäre mit zwei gut aufgestellten Springern gegen den exponierten schwarzen König. Jedoch kommt Schwarz nach 6. ... d5! 7.Seg5+ Kg8 8.d4 h6 9.Sh3 Lh3: 10.gh3: ed4: in Vorteil. Zwar hat er die Rochade eingebüßt, aber seine Figuren sind beweglicher und er hat die Chance einer direkten Aktion gegen den weißen König.

b2) 5.Se4: d5

b21) 6.Ld3 de4: 7.Le4: Ld6 8.d4 ed4: 9.Lc6:+ bc6: 10.Dd4:. Eine Empfehlung der Theorie. Die Chancen sind ungefähr gleich. Der Besitz des Läuferpaars und die große Beweglichkeit seiner Figuren wird es Schwarz ermöglichen, die Initiative zu übernehmen. Demgegenüber hat er den Nachteil eines isolierten Doppelbauern. Sollte Weiß den zu erwartenden Angriff parieren, dann kann er mit einem günstigen Endspiel rechnen, wie dies in Partie 15 demonstriert wird.

b22) 6.Lb5 de4: 7.Se5: Dd5 8.Lc6:+ bc6: 9.d4 c5 und auch jetzt hat Schwarz das Läuferpaar als Ersatz für eine geschwächte Bauernstellung.

b23) 6.Ld5: Dd5: 7.d3 Lg4 und Schwarz hat ein schönes Spiel.

c) Die spanische Version 4.Lb5, die in dieser Partie angewandt wird.

4. Lf1-b5

Weiß drückt auf den schwarzen Damenspringer und dadurch indirekt auf das schwarze Zentrum, da unter Umständen Lc6: nebst Se5: folgen kann, z.B. 4. ... a6 5.Lc6: dc6: 6.Se5: und die Fortsetzung 6. ... Se4: 7.Se4: Dd4 ist nach 8.0-0 zumindest zweifelhaft für Schwarz, weil die Dame, nachdem sie einen der Springer geschlagen hat, sich in einer Linie mit ihrem König befindet. Heute wird die spanische Version als die beste des Vierspringerspiels betrachtet. Sie hält die Spannung aufrecht, was übereinstimmt mit dem heutigen Konzept der Eröffnungsbehandlung. Ferner führt diese Version nicht so schnell zur Vereinfachung wie die schottische und ebenso wenig zum bekannten Scheinopfer der italienischen Version.

4. ... Lf8-b4

Schwarz ahmt den Weißen nach: dem Textzug liegt dieselbe Argumentation zugrunde wie dem übereinstimmenden Zug Lb5. Wenn Schwarz die Symmetrie konsequent behauptet, kann man erwarten, dass er in einem gewissen Augenblick in Schwierigkeiten gerät. Weiß hat ja den Anzug, und es ist daher praktisch ausgeschlossen, dass Schwarz eine starke Fortsetzung hat, die nicht zuvor von Weiß angewendet werden könnte. Es ist deshalb einigermaßen verwunderlich, dass diese symmetrische Aufstellung in fast allen Varianten zu völligem Ausgleich führt. Es gibt nur wenige Varianten, in denen Weiß einen kleinen Vorteil erreichen kann. Schwarz hätte hier die Symmetrie brechen können durch Anwendung der Rubinstein-Variante 4. ... Sd4, worauf Weiß die Wahl hat zwischen:

a) einer praktisch forcierten Remisvariante nach 5.Sd4: ed4: 6.e5 dc3: 7.ef6: Df6: (7. ... cd2:+ erobert einen Bauern, aber ist zu riskant: 8.Ld2: Df6: 9.0-0 und der weiße Entwicklungsvorsprung ist gewaltig, zumal der schwarze König sich noch im Zentrum befindet.) 8.dc3: De5+ usw.;

b) 5.Se5: De7 6.f4 (solider 6.Sf3 Sb5: 7.Sb5: De4:+ 8.De2 mit Ausgleich) 6. ... Sb5: 7.Sb5: d6 8.Sf3 De4:+ 9.Kf2 Sg4+ 10.Kg3 (sicherer 10.Kg1) 10. ... Dg6

11.Sh4 Dh5 12.Sc7:+ (besser 12.h3) 12. ... Kd8 13.Sa8: g5 mit starkem Angriff für Schwarz;

c) 5.0-0, eine sichere Fortsetzung, aber es ist unwahrscheinlich, dass Weiß auch nur den geringsten Vorteil erzielen kann;

d) 5.La4 ist wohl die interessanteste Möglichkeit und kann z.B. nach 5. ... Lc5 6.Se5: 0-0 7.Sd3 Lb6 zu Verwicklungen führen, die in der neueren Praxis des Öfteren vorkamen und beiden Seiten Chancen bieten.

5. 0-0 0-0
6. d2-d3

Auf diese Weise baut Weiß eine solide Stellung auf. Schwarz kann hier von der Symmetrie abweichen mit 6. ... Lc3: 7.bc3: d5 8.ed5: Dd5: 9.c4 Dd6 10.Lc6: bc6: 11.Lb2 mit ungefähr gleichem Spiel. Zwar verdient die weiße Bauernkonstellation den Vorzug, aber Schwarz kann 11. ... e4 spielen und das Spiel wohl ausgleichen.

6. ... d7-d6
7. Lc1-g5

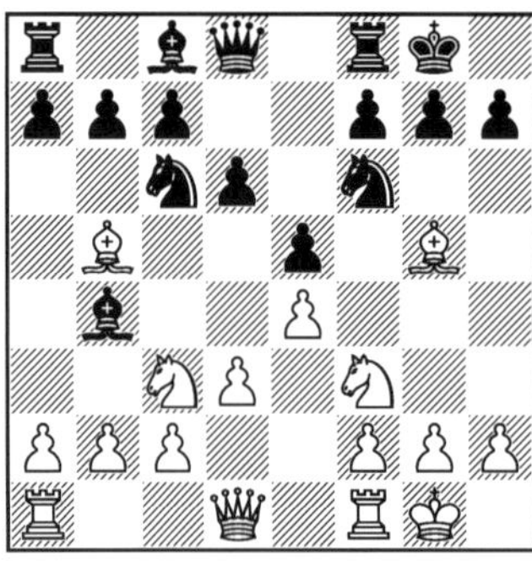

Jetzt sollte Schwarz (der Meister) etwas tun, um die Symmetrie zu brechen. Nach 7. ... Lg4? kommt Schwarz in Schwierigkeiten, obwohl dies nicht so leicht zu beweisen ist: 8.Sd5! (die bekannte Ausnutzung der Fesselung Lg5-Sf6/Dd8; Schwarz kann nun die Schwächung seines Königsflügels nicht vermeiden) 8. ... Sd4! (Symmetrie bis zum Schluss.) 9.Sb4: Sb5: 10.Sd5 Sd4 11.Dd2. Weiß steht besser, was in taktischen Situationen wie hier entscheidend sein kann. Ein Beispiel: 11. ... Lf3: 12.Lf6: gf6: (12. ... Dd7? führt zu Matt oder Damengewinn: 13.Se7+ Kh8 14.Lg7:+! Kg7: 15.Dg5+ Kh8 16.Df6 matt.) 13.Dh6 Se2+ 14.Kh1 Lg2:+ 15.Kg2: Sf4+ 16.Kh1 Sg6 17.f4 ef4: 18.Tf4: und Schwarz hat keine ausreichende Verteidigung gegen 19.Sf6:+.

In der Diagrammstellung kann Schwarz die Symmetrie vermeiden und eine solide Stellung bekommen mit 7. ... Lc3: 8.bc3: De7 9.Te1 Sd8 10.d4 Se6, worauf die Chancen ungefähr gleich sind.

7. ... Sc6-e7

Eine andere Weise, um von der Symmetrie abzuweichen, mit der allerdings Schwarz dem Gegner ermöglicht, seinen Königsflügel aufzureißen. Es ist jedoch nicht sicher, dass Weiß damit Vorteil erreicht, weil Schwarz Gegenchancen auf der offenen g-Linie hat. Ein Beispiel: 8.Lf6: gf6: 9.Sh4 Sg6 10.Dh5 Lc3: 11.bc3: Kh8 12.Sf5 Tg8 13.Sh6 Tg7 und es ist die Frage, wer besser steht. Am meisten in Betracht käme jetzt 8.Sh4, womit sowohl der Weg für die weiße Dame freigemacht wie auch ein eventuelles f2-f4 vorbereitet wird.

8. a2-a3?

Ein lehrreicher Fehler, der ein ganzes Tempo verschenkt, da Schwarz in vielen Varianten ohnehin auf c3 tauschen würde. Siehe z.B. die letzte Variante in der Anmerkung zum 7. Zug von Weiß. Und zwar, weil der schwarze Königsläufer wenig Aktivität am Damenflügel entfaltet, im Gegensatz zum weißen Damenspringer, der im Zentrum eine bestimmte Rolle erfüllen kann.

8. ... Lb4xc3
9. b2xc3 Se7-g6

So vermeidet Schwarz die Verdoppelung der Bauern und bereitet außerdem die Entfesselung des Königsspringers vor. Auf ein bald folgendes h7-h6 kann der Läufer ja nicht nach h4, ohne dort getauscht zu werden.

10. Dd1-e2?

Kein guter Platz für die Dame, die später von einem auf f4 erscheinenden Springer bedroht werden kann, wie sich bald herausstellt. Besser war 10.Dd2, um die Grundreihe frei zu machen, oder 10.Sh4, um auf 10. ... h6 fortzusetzen mit 11.Sg6: fg6: 12.Ld2 (auf 12.Lh4 folgt am besten 12. ... g5).

10. ... h7-h6

Zwingt zur Entfesselung des Springers, worauf Schwarz am Königsflügel die Führung übernehmen kann. Weiß zieht es jetzt vor, ein Tempo zu verlieren, statt den Läufer abzutauschen.

11. Lg5-e3

Auf 11.Lf6: Df6: würde im 14. Zug die gleiche Position entstehen können wie in der Partie (Diagramm). Schwarz könnte nun mit 11. ... Sg4 den Läufer wieder angreifen, aber er will lieber seine Aufmerksamkeit auf das Feld f4 richten. Außerdem ist nach 11. ... Sg4 das Nehmen auf e3 kaum eine Drohung, zumal es zur Öffnung der f-Linie für Weiß führt.

11. ... Sf6-h5

Um den Springer mit Tempogewinn nach f4 zu bringen. Da er jedoch jetzt ungedeckt ist, muss Schwarz mit der Möglichkeit 12.Se5: rechnen. Auf 12. ... de5: könnte dann 13.Dh5: mit Bauerngewinn folgen. Stünde die Dame noch auf d1, dann würde diese Wendung stimmen. Unter den geänderten Umständen jedoch scheitert 12.Se5:? an 12. ... Shf4 13.Lf4: Sf4: nebst 14. ... de5:.

12. d3-d4

Um den Einfluss im Zentrum durch Druck auf e5 zu verstärken und auch die Verbindung zwischen De2 und Lb5 herzustellen.

12. ... Sh5-f4

Hier steht der Springer besonders stark in Verbindung mit dem bald folgenden Angriff auf die weiße Königsstellung.

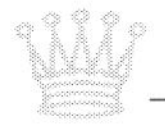

13. Le3xf4

Weiß entschließt sich zum Tausch, erstens weil der Le3 nicht sehr aktiv ist, und zweitens, um wenigstens einen der aufdringlichen Springer loszuwerden. Auf 13.Dd2 würde Schwarz entweder 13. ... Lg4 oder 13. ... Df6 fortsetzen.

13. ... Sg6xf4
14. De2-d2(?)

Etwas besser wäre 14.De3, weil der Sf3 in bestimmten Varianten schutzbedürftig ist.

14. ... Dd8-f6

Deckt den e-Bauern, der zweimal angegriffen war, und bereitet außerdem Dg6 mit Mattdrohung vor.

15. Kg1-h1?

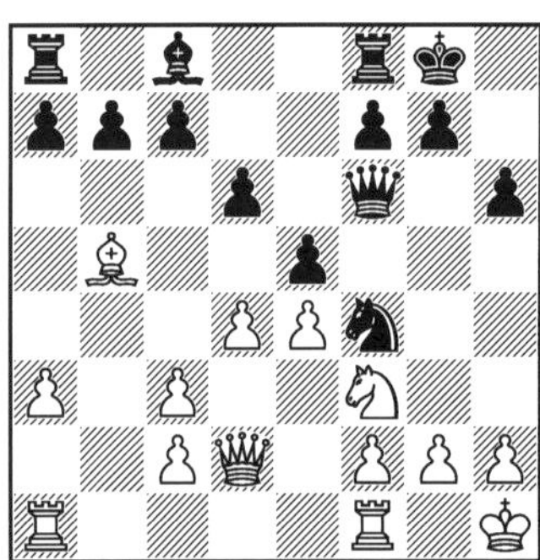

Notwendig war 15.Se1, um g2 zu decken. Der Textzug erlaubt ein schönes Springeropfer. Stattdessen kann Schwarz jetzt mit 15. ... Dg6 einen Bauern gewinnen: 16.Tg1 De4:, aber das wäre nur vorübergehend gewesen: nach 17.Tae1 Dd5 18.c4 De6 19.de5: hätte Weiß plötzlich die Initiative übernommen.

15. ... Sf4xg2!

Dieses Opfer ist möglich, weil:

a) die weiße Königsstellung schlecht gesichert ist;
b) Dame und Läufer von Schwarz viele wichtige Felder der weißen Königsstellung kontrollieren;
c) das Opfer den Bauernwall vor dem König aufreißt;
d) die weißen Figuren ihrem König keine Hilfe leisten können.

16. Kh1xg2

Besser wäre 16.Le2, in welchem Fall Schwarz einen gesunden Mehrbauern hätte und dabei noch immer gute Angriffschancen gegen die geschwächte weiße Königsstellung.

16. ... Lc8-h3+

Dieses zweite Opfer ist möglich dank der schon genannten ungünstigen Faktoren für Weiß.

17. Kg2-g3

In dieser Weise bleibt der Springer gedeckt. Nach 17.Kh3: Df3:+ 18.Kh4 g5+ wäre Weiß gezwungen, seine Dame zu opfern.

17. ... Lh3xf1

Schwarz gewinnt die Qualität zurück, aber dies bedeutet nur einen Teil des geopferten Materials. Der Textzug ist eine zweckmäßige Vorbereitung des Schlussangriffs.

18. Ta1xf1

18.Lf1: hätte an der Lage nichts geändert.

18. ... Df6-g6+
19. Kg3-h3

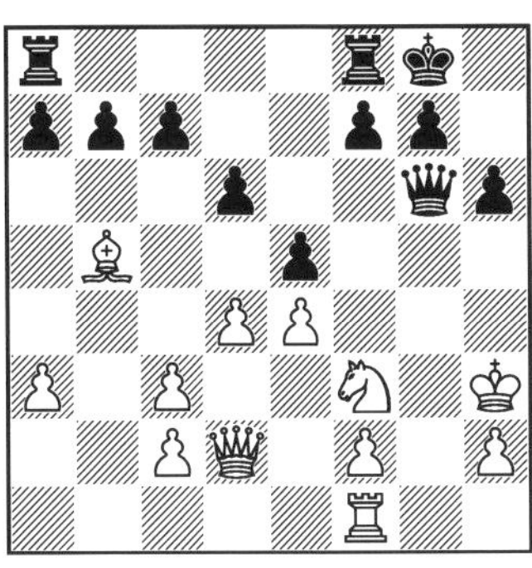

Es ist merkwürdig, dass Weiß sich mit 19.Kh4 länger hätte halten können, z.B. 19. ... De4:+ 20.Kg3 Dg6+ 21.Kh4 Dg2 22.De3 g5+ 23.Sg5: (erzwungen) hg5:+ 24.Dg5:+ Dg5:+ 25.Kg5: Kg7 oder Kh7 und Schwarz hat die Qualität mehr, aber sein Angriff ist „ausgelöscht".

19. ... f7-f5

Droht Dg4 matt. Nach 20.ef5: Df5:+ erobert Schwarz den Springer.

20. Tf1-g1 Dg6-h5+

Falls jetzt 21.Sh4, dann 21. ... g5 22.Tg3 Dh4: ! 23.Kg2 f4 24.Tf3 Dg4+ usw.

21. Kh3-g2 Dh5-g4+
22. Kg2-f1 Dg4xf3

Schwarz hat Qualität und einen Bauern mehr und muss gewinnen. Der Amateur macht noch einen letzten Versuch.

23. Dd2xh6

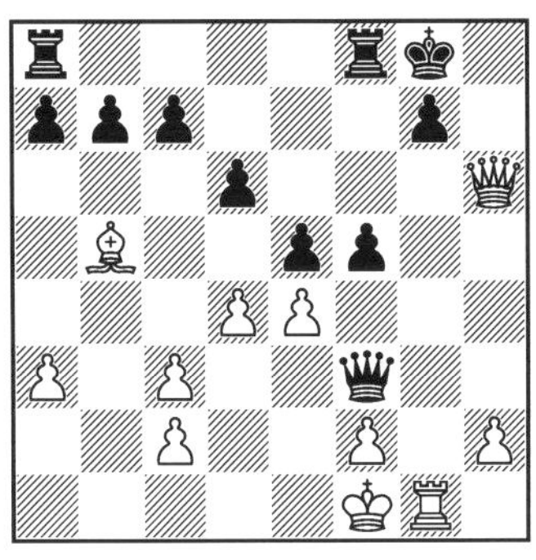

Wenn jetzt 23. ... Tf7?, dann 24.Tg7:+ Tg7: 25.Lc4+ Tf7 26.Dg6+ Kh8 mit wenigstens Unentschieden für Weiß. Schwarz verfügt jedoch über eine peinliche Überraschung, die darauf beruht, dass die weiße Dame „en prise" steht, sobald der Tg1 verschwindet.

23. ... Df3-d1+
24. Kf1-g2 Dd1xg1+

Weiß gibt auf, denn bei 25.Kg1: gh6: hat Schwarz ein zu großes materielles Übergewicht.

Der weiße Verlust war die Folge einer Serie von schwachen Zügen:

a) klarer Zeitverlust an verschiedenen Stellen (8.a3, 10.De2), welcher Schwarz die Gelegenheit gab, Dame, Springer und Läufer gegen den weißen Königsflügel zu konzentrieren;
b) die Unterlassung, den Sf3 zu schützen (14.Dd2);
c) das Übersehen des entscheidenden Opfers (15.Kh1? Sg2:!).

Partie 4

Druck durch schwere Figuren auf der halboffenen d-Linie
Materieller Vorteil gegen positionellen Vorteil
Passives Spiel
Der Vorposten
Vollkommene Lähmung der feindlichen Stellung
Die permanente thematische Drohung
Aufbau der Stellung aufgrund positioneller Merkmale

Die Anhäufung kleiner Vorteile durch die stärkere Partei, von einer Serie schwacher gegnerischer Züge ermöglicht, führt zu einer klaren Störung des Gleichgewichts. Beim Schach sind Vor- und Nachteile sozusagen „progressiv“. Dies bedeutet, dass zwei Vorteile mehr wert sind als das Doppelte des einen Vorteils, und dass zwei Schwächen ernstere Konsequenzen haben als das Doppelte einer einzelnen Schwäche.
Man wird dies in der nachstehenden Partie beobachten können. Dadurch, dass Schwarz die Eröffnung nicht sehr gut behandelt, erobert Weiß langsam Terrain, bekommt einen starken Druck auf der d-Linie, verschafft sich einen Vorposten im feindlichen Gebiet und baut eine ernste thematische Drohung auf, die die schwarzen Figuren praktisch lähmt.
Schwarz reagiert ziemlich passiv und macht dann eine große Dummheit, die Weiß Gelegenheit gibt, seinen Vorteil noch zu vergrößern. Schließlich verliert Schwarz eine Figur infolge eines schlecht durchdachten Versuchs, einen Bauern zu gewinnen. Trotzdem hätte er vor seinem groben Fehler das Schlimmste noch vermeiden können und wäre dann mit einem blauen Auge davongekommen.
Bei richtiger Fortsetzung in diesem kritischen Augenblick wäre es nicht einmal sicher gewesen, dass Weiß seinen Vorteil zum Gewinn hätte verdichten können. In ausgesprochen schlechter Stellung stehen dem Spieler manchmal versteckte taktische Ressourcen zur Verfügung. Aber man muss sie auch sehen!

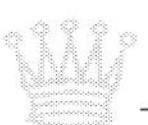

Weiss: Meister
Schwarz: Amateur
Schottisches Vierspringerspiel

1. e2-e4 e7-e5
2. Sg1-f3 Sb8-c6
3. Sb1-c3 Sg8-f6
4. d2-d4

Statt indirekten Druck auf das Zentrum auszuüben mit 4.Lb5 (wie in Partie 3) besetzt Weiß das Zentrum direkt und droht 5.de5:, wie in der Schottischen Partie (Partie 1). Wir nennen die gewählte Fortsetzung die Schottische Variante des Vierspringerspiels. Sie ist so gut wie andere des Vierspringerspiels (siehe unsere Besprechung in Partie 3 nach dem dritten Zug von Schwarz) und gibt ohne Risiko einige Chancen.

4. ... e5xd4
5. Sf3xd4

Die korrekte strategische Antwort ist jetzt 5. ... Lb4 mit Druck auf das weiße Zentrum und mit der Drohung 6. ... Se4:. Das Spiel kann dann folgendermaßen weitergehen: 6.Sc6: (um 7.Ld3 zu ermöglichen) 6. ... bc6: 7.Ld3 d5 und Schwarz hat das Gleichgewicht im Zentrum erreicht. Die Theorie stellt fest, dass nach 8.ed5: cd5: 9.0-0 0-0 10.Lg5 c6 die Chancen ungefähr gleich sind (Einleitung Punkt 12).

5. ... Lf8-c5(?)

Dieser Zug erscheint sehr zweckmäßig, weil damit eine Figur auf ein gutes Feld kommt und zugleich der weiße Springer zum zweiten Mal bedroht wird. Ein Meister wird jedoch diesen Zug nie machen (der Amateur schon), und zwar aus nachfolgenden Gründen. Die Pointe ist nämlich, dass Weiß die Drohung mit einer Gegendrohung beantworten kann, welche Schwarz zu einer Vereinfachung im Zentrum zwingt, wo Weiß deutlich Terrain gewinnen.

6. Lc1-e3

Die richtige Erwiderung, welche 7.Sc6: mit Figurengewinn droht. Schwarz hat jetzt die Wahl zwischen Tempoverlust und Tausch. Nach 6. ... Lb6 7.Sc6: bc6: ist 8.e5 lästig für Schwarz, während 7. ... dc6: (statt bc6:) kaum in Betracht kommt wegen 8.Dd8:+ Kd8: 9.Lg5.

6. ... Lc5xd4

6. ... Sd4: läuft auf dasselbe hinaus.

7. Le3xd4 Sc6xd4

Wenn Schwarz nicht tauscht, zieht Weiß seinen Läufer zurück und hat dann abgesehen vom freieren Spiel auch noch das Läuferpaar.

8. Dd1xd4

Die Folgen des oberflächlichen Zuges 5. ... Lc5 sind schon merkbar. Weiß hat Entwicklungsvorsprung, größeren Einfluss im Zentrum und verfügt über vier Reihen gegenüber dreien für Schwarz.

8. ... d7-d6

Sonst könnte der Aufmarsch des Be4 lästig werden. Was wird Weiß jetzt tun? In Betracht kommt 9.Lc4, worauf Schwarz mit 9. ... 0-0 10.0-0 Le6 auf Vereinfachung spielt, was im Allgemeinen die beste Aussicht bietet auf völligen Ausgleich. Besser ist deshalb:

9. 0-0-0

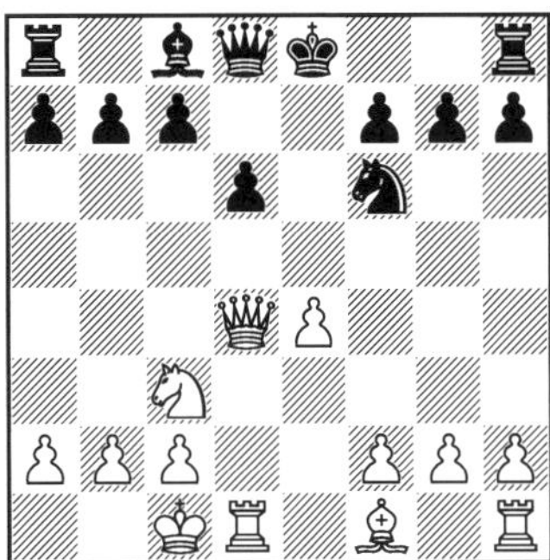

In Stellungen wie dieser ist die lange Rochade der kurzen vorzuziehen, weil dann der weiße Damenturm sofort aktiv wird und Druck auf der d-Linie ausübt. Weiß droht nun, den Sf6 durch 10.e5 in eine schlechte Stellung zu manövrieren und damit seinen Spielraum derart zu vergrößern, dass vielleicht ein Königsangriff möglich wird.

9. ... 0-0

Schwarz pariert die Drohung nicht, da andere Züge ebenfalls ein wenig nachteilig sind, z.B. 9. ... De7 10.Lb5+ Ld7 (nach 10. ... c6 11.Le2 ist d6 sehr schwach) 11.Ld7:+ Dd7: 12.e5!

10. e4-e5

Schwarz könnte jetzt ohne größeren Nachteil 10. ... Sg4 spielen. Einige Varianten:

a) 11.ed6: Dd6: 12.Dd6: cd6: 13.Td2 (Bf2 bedarf der Deckung). Weiß steht deutlich besser, aber es ist fraglich, ob dies zum Gewinn reicht.

b) 11.f4 Le6

b1) 12.ed6: cd6: 13.Dd6: Sf2 14.Dd8: Tad8: 15.Td8: Td8: und Schwarz hat etwas Initiative als Ersatz für den verlorenen Bauern;

b2) 12.h3 Sh6 13.g4 (13.ed6: Sf5 wieder mit Gegenchancen für Schwarz) 13. ... f5! 14.ef6: (auf 14.ed6: folgt 14. ... fg4:) 14. ... Df6: 15.Df6: gf6:.

In allen Fällen ist die Lage undeutlich; die Chancen sind ausschließlich auf Seiten des Weißen.

10. ... Sf6-e8

Zu passiv.

11. f2-f4

Um den Be5 zu behaupten und so die Bewegungsfreiheit des Springers zu beschränken. Nach Tausch auf d6 würde die Dame zurückschlagen und der Springer könnte wieder nach f6 gehen. Jedoch wären Züge wie 11.Ld3 oder 11.Lc4 ebenfalls stark genug gewesen.

11. ... Lc8-d7

Auf dem Weg nach c6, wo der Läufer noch einigermaßen aktiv ist. Nach 11. ... Lg4 12.Td2 kann Weiß bald h2-h3 spielen, einen Zug, der gut in seine Angriffspläne hineinpassen würde.

12. Lf1-d3

Jetzt droht Bauerngewinn mit 13.De4. Schwarz hätte nun 12. ... de5: spielen müssen, worauf Weiß auf zweierlei Weise einen kleinen Vorteil erzielt:

a) 13.Dd7: Dd7: 14.Lh7:+ Kh7:

15.Td7: ef4: 16.Sd5 und Weiß gewinnt nicht nur den geopferten Bauern zurück, sondern hat außerdem eine gute Chance, auf die Dauer noch einen zweiten Bauern zu erobern.

b) 13.fe5: Dg5+ 14.Kb1 Lc6 15.h4 (oder auch 15.Se4 bzw. 15.Le4) 15. ... De7 16.Sd5 und so fort.

12. ... f7-f6??

Ein Versuch, den lästigen e-Bauern zu beseitigen, der Schwarz vom Regen in die Traufe bringt.

13. Ld3-c4+

Viel stärker als der Bauerngewinn nach 13.De4 f5 14.Db7:.

13. ... Kg8-h8
14. e5-e6 Ld7-c6
15. Th1-e1

Droht 16.e7 mit sofortigem Gewinn.

15. ... Dd8-e7

Erzwungen.

16. f4-f5

Nicht nur um den Freibauern zu schützen, sondern auch um f6-f5 zu verhindern, das dem Springer die Rückkehr ermöglichte.

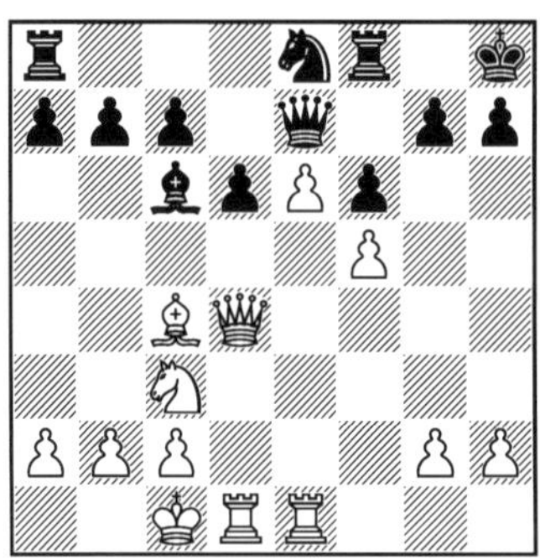

Das größte Handicap für Schwarz besteht darin, dass sein Springer nicht nur schlecht steht, sondern überhaupt nicht ziehen kann und dadurch das Zusammenspiel der Türme verhindert. Schwarz ist völlig gelähmt, alles die Folge von 12. ... f6??.

Die einzige Fortsetzung, um überhaupt noch spielen zu können, ist 16. ... g6, womit Feld g7 für den Springer frei wird. Weiß setzt darauf fort mit 17.fg6: hg6: 18.Td3! (droht Turm und Dame auf die h-Linie zu bringen) und nun:

a) 18. ... Sg7? 19.Th3+ Kg8 20.Dh4 Sh5 21.g4 und gewinnt;
b) 18. ... Tg8 19.Th3+ Kg7 20.Dh4 Kf8 21.Dh6+ Tg7 22.Tg3 mit entscheidendem Angriff (22. ... g5 23.h4);
c) 18. ... Kg7 19.Tg3 (besser als 19.Th3 Th8)
c1) 19. ... Th8 20.Tg6:+ Kg6: 21.Dg4+ Kh6 22.Te3 usw.;
c2) 19. ... Tg8 20.Ld3 Kf8 21.Lg6: Sg7 22.Lf7 Th8 23.Dg4 usw.

Der Amateur macht sich nicht klar, was die Bewegungsfreiheit für die Figuren bedeutet; er fürchtet die Konsequenzen einer Schwächung der Königsstellung durch 16. ... g6 und wählt stattdessen eine ganz schwache Fortsetzung.

16. ... Lc6xg2?

Schwarz sollte abwarten. Vor allem sollte ihm die lebenswichtige Bedeutung des Feldes d5 absolut klar sein. Vergessen wir den schwarzen Läufer einen Augenblick, dann entscheidet Sc3-d5 sofort: De7-d8, e6-e7, alles die böse Folge der unglücklichen Springerstellung.

17. Lc4-d5!

Um d5 für den Springer frei zu machen. Sogar 17.Dd5 wäre möglich gewesen, da 17. ... Ld5: 18.Sd5: nicht nur zur Wiedereroberung der Dame geführt, sondern auch noch anderen Vorteil eingebracht hätte.

17. ... Lg2-h3

Auf 17. ... c5 kostet 18.Dg4 eine Figur.

18. Dd4-d3

Sofortiges 18.Lb7: würde dem Schwarzen noch einige Gegenchancen einräumen: 18. ... c5 19.Dd5 Tb8 20.Lc6 Tb6 und Schwarz „spielt" wieder. Dabei ist zu bemerken, dass Weiß auf 18.Lb7: c5 sogar 19.La8: hätte ziehen können, um auf 19. ... cd4: mit 20.Sd5 fortzusetzen und auf diese Weise doch großen materiellen Vorteil zu erreichen. Der Textzug ist am einfachsten.

18. ... Lh3-g4

18. ... c6 19.Dh3: cd5: 20.Sd5: hätte dieselben fatalen Folgen gehabt wie in anderen vorstehend gezeigten Wendungen dieser Art.

19. Ld5xb7

Mit der tödlichen Drohung 20.Sd5.

19. ... c7-c5

Um 20.Sd5 mit 20. ... Db7: zu beantworten.

20. Lb7xa8

Droht wiederum 21.Sd5.

20. ... Se8-c7

Endlich der Springer; kein Schwanengesang, aber eine Art „Springergesang".

21. La8-f3 Lg4xf3
22. Dd3xf3
Schwarz gibt auf.

Mit einem vollen Turm weniger hat es für Schwarz keinen Sinn, die Partie fortzusetzen, umso weniger als Weiß auch noch einen starken Freibauern besitzt und seine Figuren ausgezeichnet postiert sind.

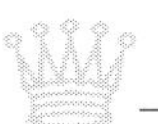

Partie 5

Spiel in Übereinstimmung mit den Merkmalen der Eröffnung
Warum tauschen: a) um Remismöglichkeiten bei Anwesenheit von ungleichen Läufern auszuschalten; b) um eine stark postierte feindliche Figur zu eliminieren
Der Desperado-Zug, der zu positionellem Vorteil führt
Verhinderung der feindlichen Rochade
Das Qualitätsopfer für Angriffszwecke
Präzision bei der Schlusskombination

„Wenn du nicht weißt, was zu tun, so ziehe einen Bauern" ist ein schlechter Rat, den man bisweilen aus dem Mund eines Amateurs hören kann.
Eines der größten Probleme für den Amateur ist, zu wissen, was er in einer ruhigen Stellung tun soll, wo eine tiefe taktische Analyse nicht nötig ist und wo die Abwesenheit von Drohungen und Spannungen nicht zu bestimmten Zügen zwingt.
Ein Meister hat immer einen guten Grund für seine Züge, und sogar in ruhigen Stellungen, wo nichts Besonderes los ist, hat jeder Zug einen bestimmten Zweck. Warum tauschen: ja oder nein. Warum eine Figur entwickeln oder eine offene Linie besetzen, alles dies wird sorgfältig untersucht in Verbindung mit der augenblicklichen Lage und mit den strategischen Forderungen der Stellung.
Züge von erfahrenen Amateuren geschehen oft ebenfalls mit bestimmten Absichten, besonders, wenn die Stellung Drohungen enthält oder bald enthalten wird. Jedoch spielt der Amateur in ruhigen Stellungen mehr oder weniger mechanisch in Übereinstimmung mit den allgemeinen Regeln wie „eine offene Linie besetzen", statt die Forderungen der Stellung zu erforschen.
Manchmal sind die Ergebnisse dieser aufs Geratewohl ausgeführten Züge gar nicht schlecht. Wenn jedoch die Züge der einen Partei gut durchdacht sind und die Züge der anderen Partei routinemäßig, muss die erstgenannte Partei in Vorteil kommen. Man beobachte, wie in der nachstehenden Partie jeder Zug des Schwarzen zielbewusst ist und wie diese Strategie zu Vorteil und Sieg führt.

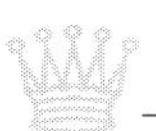

Weiss: Amateur Schwarz: Meister
Ponziani-Eröffnung

1.	**e2-e4**	**e7-e5**
2.	**Sg1-f3**	**Sb8-c6**
3.	**c2-c3**	

Die Ponziani-Eröffnung bezweckt, größeren Einfluss im Zentrum zu erzielen. Der Textzug bereitet nämlich 4.d2-d4 vor, um nach 4. ... ed4: 5.cd4: ein schönes Bauernzentrum zu erlangen. Der allgemeine Gedanke ist richtig, aber der gespielte Zug hat drei Nachteile:

a) er entwickelt einen Bauern statt einer Figur, wodurch Weiß einen kleinen Entwicklungsrückstand hinnehmen muss;
b) er spielt den Bauern auf das natürliche Entwicklungsfeld des Sb1;
c) er verursacht (zeitweilig) eine Schwäche auf d3. Demgegenüber öffnet er eine zweite Diagonale für die Dame, und wie wir sehen werden (Bemerkungen zum 4. Zug von Weiß), kann die Benutzung dieser Diagonale eine gefährliche Waffe in den Händen erfahrener Spieler sein.

3. ... d7-d5

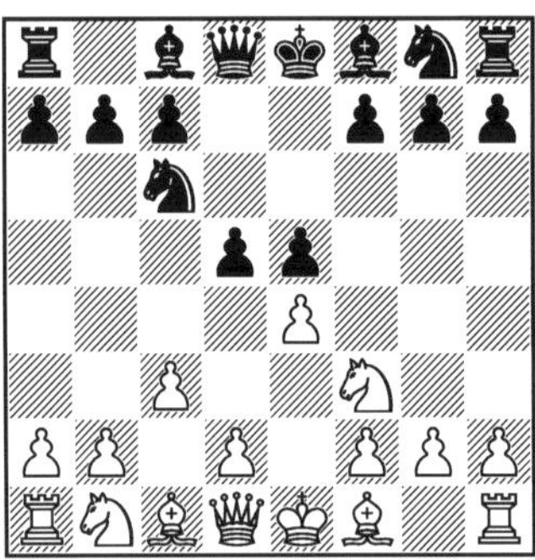

Da Weiß durch 3.c3 auf die Initiative verzichtet hat, ergreift nun Schwarz diese und öffnet das Spiel. Gewöhnlich kann Schwarz in den Königsbauereröffnungen nicht gut d7-d5 spielen, weil Weiß nach e4xd5, Dd8xd5 die Dd5 mit Tempogewinn (Sb1-c3) zurücktreiben kann. Hier ist dies jedoch nicht möglich, weil sich auf c3 ein Bauer befindet. Man vergleiche diese Lage mit der skandinavischen Partie nach 1.e4 d5 2.ed5: Dd5: 3.Sc3. Die schwarze Dame verliert ein Tempo (Partie 15). Indem Schwarz dem Be4 seinen Bd5 gegenübergestellt hat, ist eine taktische Situation entstanden, die Weiß auf richtige Art behandeln muss, um wenigstens Ausgleich zu erreichen. Er muss jetzt etwas tun gegen die Drohung 4. ... de4:.

4. Dd1-a4

Die beste Fortsetzung, die 5.Se5: droht und zu komplizierten Stellungen führen kann. Die Alternative 4.Lb5 kommt oft auf dasselbe hinaus. Der sicherste Weg für Schwarz ist auch in diesem Fall 4. ... f6 5.Da4 Sge7. Weniger gut ist 4.d3, worauf Schwarz mit 4. ... de4: oder 4. ... Sf6 mindestens Ausgleich erzielt und faktisch den Anzug übernommen hat.

4. ... f7-f6

Die solideste Fortsetzung, obwohl sie den Prinzipien einer gesunden Entwicklung widerstrebt: der Zug verhindert ja die Entwicklung des Sg8 auf sein natürliches Feld.
Schwarz war jedoch gezwungen, e5 zu decken, wenn er nicht nach 4. ...

de4: 5.Se5: in Schwierigkeiten geraten oder mit 4. ... Ld7 bzw. 4. ... Sf6 ein Bauernopfer bringen wollte, obwohl dies nicht ohne Chancen gewesen wäre.

5. Lf1-b5

Entwicklung mit Drohung: 6.Lc6:+ und so fort. Da die schwarze Dame d5 decken muss, hat Schwarz nur wenig Wahl.

5. ... Sg8-e7

Jetzt sollte Weiß seinen dynamischen Aufbau fortsetzen mit 6.ed5: Dd5: 7.d4, worauf z.B. 7. ... Ld7 8.0-0 ed4: 9.cd4: Se5! 10.Ld7:+ Dd7: ungefähr zum Ausgleich führt. Weiß spielt ruhiger, aber nicht besser:

6. d2-d3

Dieser Zug ist nicht in Übereinstimmung mit dem Stil der letzten zwei Züge.

6. ... Lc8-g4

Droht, den weißen Königsflügel aufzureißen. Außerdem ist es in Verbindung mit dem nächsten Zug des Schwarzen wichtig, dass der Ta8 gedeckt ist. Es scheint jetzt, als ob mit 7.ed5: (drohend 8.Dg4:) Vorteil zu erreichen wäre. Es folgt jedoch 7. ... Lf3: 8.gf3: Dd5: und Schwarz steht besser; er droht unter anderem 9. ... Df3:.

7. Sb1-d2 a7-a6

Schwarz bereitet die Vollendung seiner Entwicklung vor. Weiß ist jetzt gezwungen, auf c6 zu schlagen, und damit wird dem Lf8 der Weg frei gemacht.

8. Lb5xc6+ Se7xc6

Wir müssen aufs Neue prüfen, ob Weiß die ungedeckte Stellung des Lg4 ausnutzen kann. Auf 9.ed5: folgt wiederum 9. ... Lf3:, und nach 10.Sf3: Dd5: verdient die schwarze Stellung den Vorzug, weil der Bd3 zurückgeblieben ist und auf einer offenen Linie steht.

9. Da4-b3

Eine neue Verwicklung. Die weiße Dame bedroht d5 und b7.

9. ... d5xe4

Auch möglich war 9. ... Le6, weil dann 10.Db7: an 10. ... Sa5! scheitert. Ein beachtenswerter und höchst spektakulärer Damenfang.

10. Db3xb7

Lässt sich auf die nun folgenden Verwicklungen ein, die schließlich in eine unübersichtliche Position mit einem Mehrbauern für Weiß münden, jedoch auf Kosten vieler Schwächen.

Die Entscheidung des Weißen ist an sich richtig, wenn man in Betracht zieht, dass Schwarz nach 10.de4: b5 oder 10. ... Dc8 positionelles Übergewicht gehabt hätte, und zwar aufgrund seiner größeren Beweglichkeit und des Läuferpaars. Nach dem Textzug droht Weiß auf c6 zu schlagen, und daher wäre 10. ... ef3: 11.Dc6:+ Ld7 (praktisch erzwungen) 12.Df3: nicht günstig für Schwarz. Weiß hat einen Mehrbauern bei befriedigender Stellung. Das gleiche gilt für 10. ... Ld7 11.Se4:.

Schwarz macht jetzt einen merkwürdigen Zug, der auf nachstehendem Gedankengang beruht:

Falls Schwarz auf f3 schlägt, geht der eigene Springer ebenfalls verloren. Ist es nun möglich, diesen auf andere Art preiszugeben, nämlich so, dass Weiß auf die eine oder andere Weise Nachteil erleidet? Die Figur, die unter solchen Umständen geopfert wird, nennt man einen Desperado.

10. ... Sc6-b4!

Ein Meisterzug, eine schöne Desperado-Kombination. Schwarz gibt den Springer in solcher Weise her, dass die weiße Bauernstellung dadurch zersplittert wird.

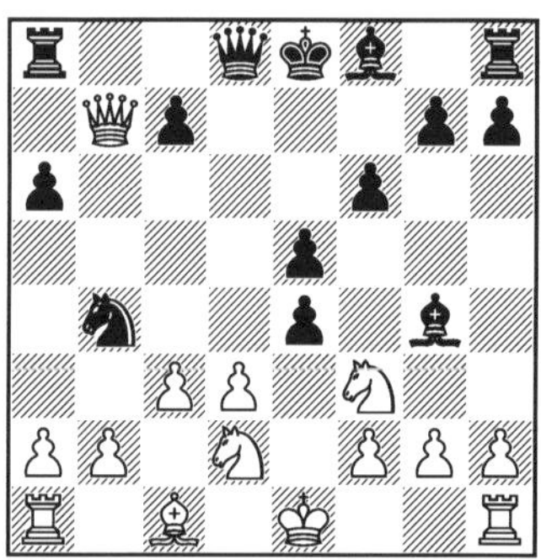

Eine nähere Erklärung: der Sc6 war an sich kein Desperado, er konnte sich frei bewegen. Er wird jedoch zum Desperado gemacht, wenn man das Schlagen des Sf3 als ein „Muss“ betrachtet.

11. c3xb4

Angesichts der Drohungen 11. ... Sc2+ und 11. ... Sd3:+ muss Weiß sich schon auf die schwarze Kombination einlassen.

11. ... e4xf3
12. Db7-c6+

Dieses Zwischenschach erzwingt den Rückzug des Läufers und vermeidet eine weitere Zerstörung der weißen Bauernstellung. Die Alternative 12.Sf3: Tb8 13.Da6: Lb4:+ hätte Schwarz ebenfalls genügend Ersatz für den geopferten Bauern gebracht. Weiß wird wenigstens die Rochade aufgeben müssen, um den Mehrbauern zu behaupten.

12. ... Lg4-d7

Jetzt hätte Weiß am besten fortgesetzt mit 13.Df3: Lb4: 14.0-0 0-0. Die Parteien stehen dann materiell gleich, aber positionell steht Schwarz etwas besser, weil d3 schwach ist, besonders wegen der Möglichkeit Ld7-b5.

13. Dc6-e4(?)

Ein gekünstelter Zug. Weiß hofft, die schwarze Rochade zu verhindern, um dann auf Angriff zu spielen. Es ist wahr, dass nach 13. ... fg2: 14.Dg2: der Lf8 an die Deckung von g7 gebunden ist; aber diese Unbequemlichkeit ist nur vorübergehend.

Untersuchen wir noch 13.Df3: Lb4: 14.Dd5, eine andere Art, um die schwarze Rochade zu verhindern. Schwarz antwortet 14. ... Lb5! und nach z.B. 15.De6+ De7 16.Db3 Td8 geht d3 verloren. Das gleiche nach 15.Db3 Dd3:, weil Weiß wegen De2 matt nicht auf b4 schlagen kann.

13. ... f3xg2
14. De4xg2 Ld7-b5

Die richtige Fortsetzung. Auch jetzt kann Bd3 nicht gerettet werden.

15. 0-0

Die kurze Rochade ist immer gefährlich, wenn der g-Bauer fehlt, aber unter den gegebenen Umständen kann Schwarz dies nicht ausnutzen, weil die dazu geeigneten Figuen – vor allem der Turm – nicht schnell zur Verfügung stehen. Der Textzug war übrigens praktisch erzwungen, da 15.Sc4 mit 15. ... Lb4:+ beantwortet wird.

15. ... Lb5xd3
16. Tf1-e1

Mit 16.Dc6+ könnte Weiß die feindliche Rochade definitiv verhindern, aber nach dem ziemlich erzwungenen 16. ... Kf7 hätte er keine chancenreiche Fortsetzung seines Angriffs gehabt. Der Textzug bringt den Turm auf die e-Linie, was wichtig sein kann im Hinblick auf die zentrale Stellung des schwarzen Königs.

16. ... Ta8-b8

Schwarz bringt seinen Turm aus der langen Diagonale, um ein eventuelles Dc6+ mit Dd7 beantworten zu können. Außerdem wird b4 zum zweiten Mal angegriffen.

17. a2-a3 Dd8-d7

Verhindert ein Schach auf c6 und deckt g7; damit wird die Entwicklung des Lf8 vorbereitet.

18. Sd2-e4

Durchkreuzt den schwarzen Entwicklungsplan. Auf 18. ... Ld6 würde folgen 19.Sd6:+ cd6: (19. ... Dd6: 20.Dg7:) 20.Td1 Lg6 21.Dd5 und die ungleichen Läufer geben Weiß gute Remischancen, auch wegen der Schwäche verschiedener schwarzer Bauern und des Umstandes, dass Schwarz noch immer nicht rochieren kann.

18. ... Ld3xe4

Schaltet die „Gefahr“ der ungleichen Läufer für immer aus. Dieser Tausch passt übrigens gut zu der Regel, dass man durch Tausch vereinfachen soll, wenn man materiellen Vorteil hat. Dazu kommt noch, dass mit diesem Tausch eine ausgezeichnet postierte gegnerische Figur verschwindet.

19. Dg2xe4

Auf 19.Te4: würde ein weiterer Tausch folgen: 19. ... Dd1+ 20.Df1 Df1:+.

19. ... Lf8-d6

Schützt die Dame gegen eine eventuelle Drohung und bereitet die Rochade vor.

20. De4-c4

Greift a6 an und verhindert wiederum die schwarze Rochade.

20. ... Tb8-b5

Weiß hätte nun mit 21.Le3 fortsetzen und den Ta1 ins Spiel bringen müssen. Schwarz hätte es dann gar nicht so leicht gehabt, seinen Vorteil auszunutzen. Nach 21. ... Ke7 (am besten) mit Entwicklung des Th8 könnte er dann versuchen, den Druck zu erleichtern, den die weißen Figuren auf die schwarze Stellung ausüben.

21. Lc1-f4(?)

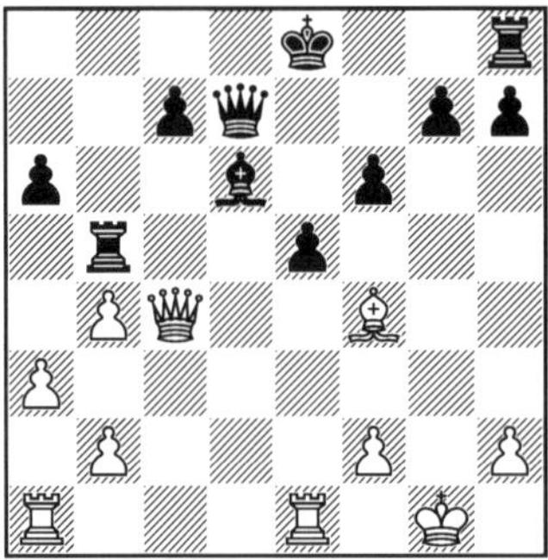

Um 22.Lg3 und 23.f4 folgen zu lassen, aber der nicht gut durchdachte Zug gestattet eine entscheidende Wendung.

21. ... Dd7-g4+
22. Kg1-h1

Die ungedeckte Stellung der Dame macht 22.Lg3 unmöglich.

22. ... Ke8-f8

Nicht 22. ... Df4: wegen 23.Df4: und der Be5 ist gefesselt. Jetzt aber ist das Schlagen auf f4 eine reelle Drohung.

23. Dc4-c6

Das einzige; Weiß pariert die schwarze Drohung mit einer Gegenaktion.

23. ... Dg4xf4

Auf Kosten der Qualität erhält Schwarz nun einen entscheidenden Angriff der schweren Figuren.

24. Dc6-a8+ Kf8-f7
25. Da8xh8 e5-e4!

Macht die 5. Reihe für den Turm frei und außerdem die Diagonale für den Läufer. Es droht schon Matt auf h2.

26. Dh8xh7 Df4-f3+
27. Kh1-g1 Tb5-h5

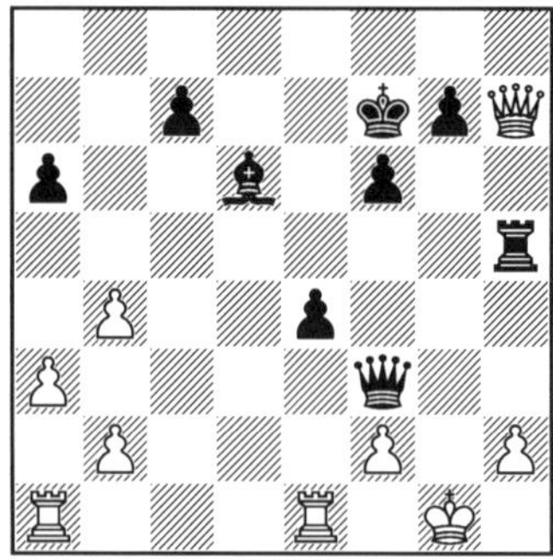

Auch auf andere Weise konnte Schwarz gewinnen, z.B. 27. ... Tg5+ 28.Kf1 Tg2 29.Dh4 (oder 29.Te2) 29. ... Th2: und so fort.

28. Dh7xe4

Es gibt nichts anderes.

28. ... Th5-g5+
29. Kg1-f1 Df3-h3+
30. Kf1-e2 Th5-e5

Jetzt wird deutlich, warum Schwarz mit seinem 27. Zug die weiße Dame zur e-Linie getrieben hat. Weiß gibt auf.

Partie 6

Das Gambit
Die ungedeckte, verletzbare Figur
Läuferopfer auf f7
Der Zwischenzug, um positionellen Vorteil zu vergrößern
Die Vereinfachung vermeiden, um den Angriff zu behaupten
Figur auf starkem Feld
Zwei Springer im feindlichen Gebiet
Bedrohung einer Figur, die kein Rückzugsfeld hat
Tausch, um ein wichtiges Feld zu erobern
Die Ausnutzung offener Linien
Doppelschach

Es gibt im Schach keine wirkungsvollere Waffe als die Drohung. Sie beschränkt die Möglichkeiten des Gegners und zwingt ihn zu einem bestimmten Kurs, da er fortwährend mit den Konsequenzen der Drohung zu rechnen hat und demgemäß reagieren muss.
Es gibt viele Arten von Drohungen, naheliegende oder weniger naheliegende. Subtile Drohungen sind z.B. das Doppelschach, das Abzugsschach, die Gabel und der Doppelangriff eines Springers. Die Drohung ist ein mächtiges Motiv in allen Partien, aber besonders in offenen Stellungen, wenn der angreifenden Partei offene Linien zur Verfügung stehen und der feindliche König nicht sicher hinter einem Bauernwall steht.
Das dänische Gambit, das wir in dieser Partie sehen, zeigt einige Beispiele von Drohungen und illustriert auch die kombinierte Kraft von zwei Springern.
Wer im Schach Fortschritte machen will, muss für die Drohung ein offenes Auge haben, sowohl für die eigene wie die des Gegners.

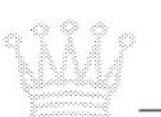

Weiss: Meister Schwarz: Amateur
Dänisches Gambit

1. e2-e4 e7-e5
2. d2-d4

Sowohl in der schottischen Partie (Partie 1) wie im schottischen Vierspringerspiel (Partie 4) versucht Weiß, ein Übergewicht im Zentrum durch direkte Besetzung zu erreichen. Jedoch, wie wir schon bei der Besprechung von Partie 1 bemerkt haben, führt diese direkte Methode gewöhnlich nicht zum dauerhaften Erfolg, höchstens zum Ausgleich.

2. ... e5xd4

Andere Züge kommen kaum in Betracht. Nach z.B. 2. ... d6 kann Weiß mit 3.de5: de5: 4.Dd8:+ die schwarze Rochade ausschalten. Wenn Weiß jetzt 3.Dd4: spielt, gewinnt Schwarz ein Tempo durch 3. ... Sc6. Darauf führt 4.De3 zur Hauptvariante des Mittelgambits. Diese Eröffnung bietet keine großen Chancen; Schwarz kann leicht ausgleichen.
Mit 3.Sf3 Sc6 würde jetzt die Schottische Eröffnung entstehen (Partie 1), und wenn Schwarz auf 3.Sf3 seinen Bauern mit 3. ... c5 behaupten will, kommen wir zu einer Stellung wie in Partie 11 nach dem 4. Zug von Schwarz.
In der vorliegenden Partie unterlässt Weiß den Versuch, das Zentrum zu besetzen; stattdessen strebt er eine schnelle Entwicklung an, indem er einen Bauern opfert. Ein solches Bauernopfer zugunsten der Entwicklung nennt man ein Gambit. Eine nähere Besprechung des Gambits im Allgemeinen finden wir in Partie 17.

3. c2-c3

Schwarz hat die Wahl zwischen:

a) 3. ... d5, worauf Weiß nach 4.ed5: Dd5: die Dame nicht mit Sc3 vertreiben kann. Er fährt deshalb mit 5.cd4: Sf6 6.Sc3 Lb4 fort, wobei die Chancen ungefähr gleich sind.
b) 3. ... d3. Damit wird der Bauer auf eine Weise zurückgegeben, dass Weiß mit einem „unnatürlichen“ Bauern auf c3 sitzen bleibt. Man vergleiche auch Partie 2, Bemerkung beim 5. Zug von Schwarz.
c) 3. ... dc3: wie in der Partie.

3. ... d4xc3

Manchmal spielt Weiß hier 4.Lc4, womit ein zweiter Bauer geopfert wird für noch größeren Entwicklungsvorsprung. Das Spiel kann dann folgendermaßen weitergehen: 4. ... cb2: 5.Lb2:. Darauf gibt Schwarz am besten einen Bauern zurück mit 5. ... d5, um die starke Initiative des Läuferpaars etwas einzudämmen.

4. Sb1xc3

Weiß hat ein freies und offenes Spiel als Ersatz für den geopferten Bauern. In dieser Art von Stellungen, wo Weiß Kompensation für den Minusbauern suchen muss, hält Schwarz am besten die Stellung geschlossen durch einen Zug wie 4. ... d6.

4. ... Lf8-c5

Schwarz spielt auf eine schnelle Entwicklung, aber auf c5 ist der Läufer sowohl aktiv wie verletzbar, wie wir bald sehen werden.

5. Lf1-c4

Droht Bauerngewinn mit 6.Lf7:+ Kf7: 7.Dd5+ oder 7.Dh5+. Es liegt daher nahe, dass Schwarz seinen Läufer mit 5. ... d6 deckt, worauf 6.Db3 folgt mit Bedrohung von f7 und mit nachstehenden Möglichkeiten:

a) 6. ... De7 7.Sd5 De4:+ 8.Kf1 und Schwarz befindet sich in größter Gefahr, z.B. 8. ... Kd8 9.Lg5+ und 10.Te1 oder 8. ... Kd7 9.Le3 Le3: 10.Te1;
b) 6. ... Df6 7.Sf3 (auch 7.Sd5 Df2:+ 8.Kd1 war möglich, aber Weiß hat es nicht nötig, irgendein Risiko einzugehen) 7. ... c6 (verhindert 8.Sd5) 8.Lg5 Dg6 9.h4 mit starkem Angriff für Weiß;
c) 6. ... Dd7 (relativ am besten, aber hier hemmt die Dame die eigene Entwicklung) 7.Sf3 Sc6 (droht 8. ... Sa5) 8.Ld3 Sf6 9.Lg5 und Weiß hat genügenden Ersatz für den geopferten Bauern.

5. ... Sg8-e7?

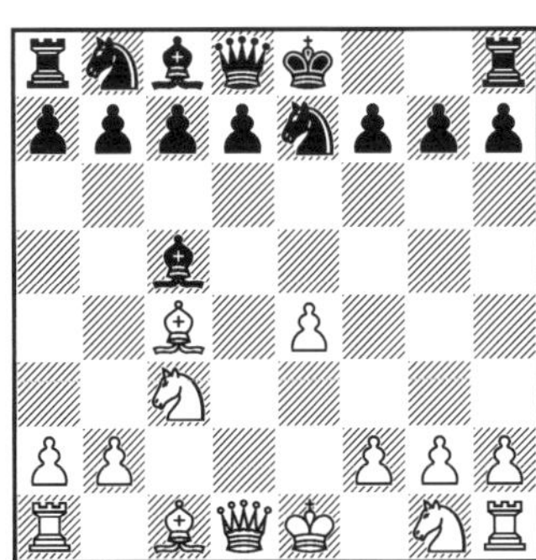

Schwarz will seinen Springer entwickeln und fürchtet, dass 5. ... Sf6 mit 6.e5 beantwortet wird (6. ... De7 7.Sf3 d6 8.0-0 de5: 9.Se5: ist dann vielversprechend für Weiß).

6. Lc4xf7+

Das Standardopfer in diesen Stellungen, wenn Schwarz einen ungedeckten Läufer auf c5 hat.

6. ... Ke8xf7
7. Dd1-h5+ Se7-g6

Oder 7. ... g6 8.Dc5: d6 9.De3 und Weiß hat seinen Bauern zurückgewonnen, während Schwarz, wie in der Partie, die Rochade verloren hat.

8. Dh5-d5+

Statt sofort zu schlagen, treibt Weiß den schwarzen König zunächst zurück und erschwert damit die Entwicklung des Th8.

8. ... Kf7-e8
9. Dd5xc5 d7-d6
10. Dc5-h5 Dd8-h4

Schwarz möchte die Damen tauschen, um damit seinen Nachteil auf ein Minimum zu beschränken, weil nach dem Verschwinden der Damen die exponierte Stellung des schwarzen Königs nicht mehr so schwer wiegt.

11. Dh5-e2

Weiß spielt nicht 11.Df3, um dieses Feld für den Springer zu reservieren. Auf d1 stünde die Dame deutlich weniger aktiv.

11. ... Sb8-c6

Statt dieses Entwicklungszuges, der gut aussieht, wäre 11. ... c6 vorzuziehen, um dem Sc3 das Feld d5 zu nehmen. Die schwarze Stellung sieht besser aus, als sie in Wirklichkeit ist. Die schwarze Dame wird mit Tempo zurückgetrieben, und Schwarz hat auf jeden Fall das Handicap der verlorenen Rochade.

12. Sg1-f3 Dh4-e7(?)

Angesichts des nächsten weißen Zuges verdient hier 12. ... Dd8 den Vorzug.

13. Sc3-d5

Auch 13.Lg5 sieht gut aus, aber Weiß will g5 für seinen Springer frei halten.

13. ... De7-d7
14. Sf3-g5!

Mit einer gewaltigen Drohung, wie bald klar wird.

14. ... Sc6-e5

Schwarz hätte 14. ... Sd8 spielen müssen, um den nächsten Zug zu verhindern. Auch dann wäre Weiß in Vorteil gekommen, und zwar mit 15.Dh5 c6 (was sonst?) 16.Sh7:! cd5: 17.Dg6:+ Df7 18.Df7:+ Sf7: 19.Sg5 Sg5: 20.Lg5: de4: 21.Td1 und Weiß erobert bald einen Bauern, obwohl die Anwesenheit ungleicher Läufer Schwarz noch schwache Remisaussichten gibt.

15. Sg5-e6!

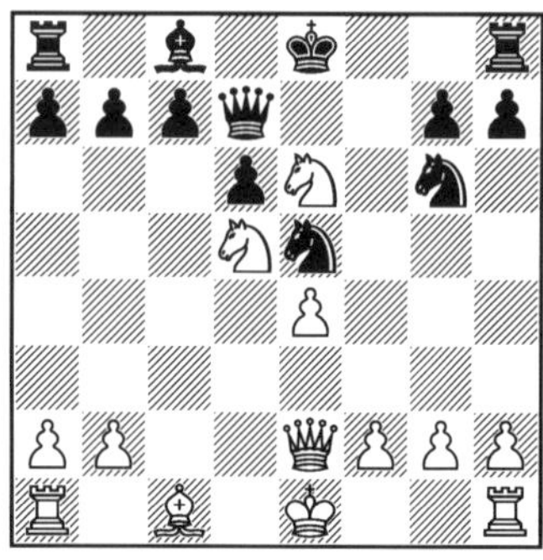

Ein überraschender Zug. Schwarz kann den Springer wegen Damenverlust nicht schlagen.
Zwei Springer im feindlichen Lager, die einander decken (direkt oder indirekt), bedeuten eine große Gefahr für den Gegner. Weiß droht nun Eroberung des Turms mittels Sc7:+. Diese Drohung kann nicht mit gewöhnlichen Mitteln pariert werden.

15. ... c7-c6
16. Sd5-c7+ Ke8-e7

In der Hoffnung, dass Weiß sich auf 17.Sa8:? Ke6: einlässt. Schwarz könnte dann vielleicht zwei Figuren für den verlorenen Turm bekommen. Hätte er anders gespielt, z.B. 16. ... Kf7 17.Sg5+ und 18.Sa8:, erhielte er höchstens einen Springer für den Turm, und das ist zu wenig.

17. Lc1-g5+ Ke7-f7

Es scheint, dass Schwarz doch noch recht behält: nach 18.Sa8: De6: wird der Sa8 sich nicht leicht befreien.

18. f2-f4!

Der „Knock-out“! Der Se5 hat kein Feld mehr. Daher bleibt dem Schwarzen nur der Gegenangriff.

18. ... h7-h6

Nutzlos, denn jetzt wird der Se6 doch über g5 verfügen können, um sich mit Schach zurückzuziehen.

19. f4xe5

Sonst rettet sich der schwarze Springer.

19. ... h6xg5
20. Se6xg5+

Weiß hat auf diese Gelegenheit gewartet, um den Springer mit Schach (Tempogewinn) zurückziehen zu können.

20. ... Kf7-g8
21. De2-c4+

Mit 21.Sa8: könnte Weiß die Qualität gewinnen, aber darauf wäre wieder 21. ... Se5: gefolgt und der zweite Springer steht auf dem Zentralfeld e5 noch stärker als der erste.

21. ... d6-d5

Oder 21. ... Kf8 22.0-0+ mit vernichtendem Angriff.

22. e4xd5 c6xd5

Natürlich nicht 22. ... Dc7:? 23.d6+. Schwarz hätte 22. ... Se5: spielen können mit der Fortsetzung 23.dc6:+ Sc4: 24.cd7: Ld7: 25.Sa8:. Das ist ebenfalls unbefriedigend, weil Schwarz den Springer nicht fangen kann und daher einen vollen Turm weniger behält.

23. Sc7xd5

Mit allerhand Drohungen.

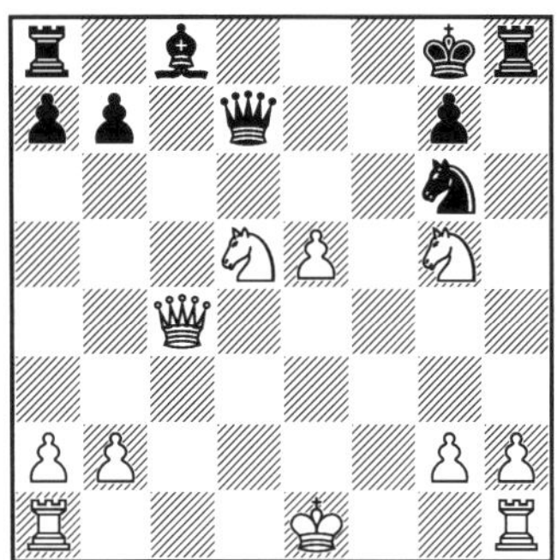

23. ... Sg6xe5

In der Hoffnung, das folgende Abzugsschach abzuschwächen, indem die schachbietende Figur angegriffen wird.

24. Sd5-f6++

Gegen ein Doppelschach gibt es nur eine Ausflucht: der König muss fliehen. Das Schlagen auf c4 ist unter diesen Umständen nicht gestattet.

24. ... Kg8-f8
25. Sf6xd7+

Schwarz gibt auf.

Nach 25. ... Ld7: 26.Dc5+ Kg8 27.Dd5+ (oder einfach 27.De5:) 27. ... Kf8 28.0-0+ hat Weiß nicht nur großes materielles Übergewicht, sondern verfügt auch über offene Linien, auf denen er mit seinen Figuren erfolgreich operieren kann.

Partie 7

Das Problem der Entwicklung des Lc8 im Caro-Kann
Die Initiative ergreifen, wenn man Entwicklungsvorsprung hat
Ruhiges Spiel führt oft zum Remis; aktives Spiel kann riskant sein, aber es gibt Chancen
Bauernaufmarsch gegen einen geschwächten Bauernwall vor dem gegnerischen König
Ein Tripelbauer
Der Desperado-Zwischenzug
Endspiele mit ungleichen Läufern
Abtausch von Figuren, um einen Angriff abzuschwächen oder den Widerstand zu verstärken

Die Initiative ist immer ein wichtiger Vorteil im Schach. In welchem Augenblick ein Spieler die Initiative ergreifen muss, welches Risiko er dabei eingehen darf und unter welchen Umständen er den Tausch wichtiger Figuren vermeiden soll, um die Initiative zu behaupten, das alles wird in der nachfolgenden Partie demonstriert.
Besonders am Anfang der Partie, wenn der Gegner Zeit verloren hat für unwichtige Züge und infolgedessen in der Entwicklung zurückgeblieben ist, hat man Grund, nach einer Fortsetzung zu suchen, die zur Initiative führt, sogar wenn dies auf Kosten eines kleinen Nachteils (wie Vereinzelung oder sogar Verlust eines Bauern) geschieht. Das Ergreifen der Initiative ist oft die einzige Weise, um einen Entwicklungsvorsprung auszunutzen.
In einer späteren Phase des Spiels kann der Gegner bisweilen versuchen, durch Tausch die Initiative abzuschwächen.
In der nachfolgenden Partie werden drei Situationen illustriert, die mit der Initiative zusammenhängen:

a) Nach 6.h2-h3. Schwarz hat zwei Figuren entwickelt und Weiß nur eine; Schwarz fühlt sich daher strategisch verpflichtet, die Führung an sich zu reißen, obwohl er dabei mit einem „Isolani“ verbleibt.
b) Nach 11.Sg1-f3. Schwarz hat die Wahl zwischen einem unternehmenden Zug, der ihm aktives Spiel gibt auf Kosten einer ungünstigen Bauernstellung am Königsflügel, und einer passiven Fortsetzung, die nur wenig Angriffschancen bietet, wobei jedoch seine Bauernstellung unverletzt bleibt. Was jemand in einem solchen Fall bevorzugt, hängt

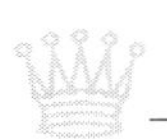

ab von seinem persönlichen Stil und von der relativen Stärke der beiden Spieler.

c) Nach 26.De2-f2. Schwarz kann:

1) den Damentausch gestatten in für ihn deutlich besserer Stellung, jedoch mit erhöhten Widerstandsmöglichkeiten für den Gegner, oder
2) den Angriff mit scharfen Drohungen fortsetzen. In diesem Fall wiegt die letzte Möglichkeit schwerer, weil damit ein besserer Gebrauch von der Initiative gemacht wird.

WEISS: AMATEUR SCHWARZ: MEISTER

CARO-KANN

1. e2-e4 c7-c6

Die Caro-Kann-Eröffnung; der Textzug bereitet d7-d5 vor. Dies ist eine der sichersten Verteidigungen gegen 1.e4. Früher haben wir schon festgestellt, dass die Eröffnung ein Kampf um die Macht im Zentrum ist. Auf 1.e4 hat Schwarz die Wahl, durch 1. ... e5 (was zu einer großen Zahl von Eröffnungen führen kann) oder durch 1. ... c5 (Sizilianisch) Druck auf das Feld d4 auszuüben:

a) 1. ... e6 nebst 2. ... d5 (Französisch)
b) 1. ... c6 nebst 2. ... d5 (Caro-Kann)
c) 1. ... Sf6 (Aljechin-Verteidigung)
d) 1. ... d5 (Skandinavisch).

Die zwei erstgenannten sind die wichtigsten Verteidigungen dieser Gruppe.

Der Vorteil von Caro-Kann gegenüber Französisch ist, dass der Lc8 nicht eingesperrt wird. Andererseits hat Caro-Kann das Handicap, dass c6 nicht mehr frei ist für den Sb8.

2. d2-d4 d7-d5

Mit Druck auf e4. Weiß hat nun die Wahl zwischen:

a) 3.Sc3. Die wichtigste und auch logischste Variante im Caro-Kann. Obwohl es Weiß nicht gelingt, auf diese Weise die Beweglichkeit der feindlichen Figuren zu beschränken, was in den meisten Eröffnungen die natürliche Konsequenz einer guten Zentrumskontrolle ist, behauptet er jedenfalls seinen Zugriff auf den wichtigsten Teil des Brettes.
b) 3.e5. Diese Vorstoßvariante hat im Vergleich mit Französisch den Nachteil, dass Schwarz den Lc8 ohne Schwierigkeiten ins Spiel (f5) bringen kann.
c) 3.ed5:. Die Abtauschvariante, die insofern eine Konzession bedeutet, als c6 wieder frei für den Sb8 wird. Die Chancen sind ungefähr gleich.

3. e4xd5 c6xd5

Die Caro-Kann-Abtauschvariante hat nicht einen solchen Remischarakter wie die französische (1.e4 e6 2.d4 d5 3.ed5: ed5:), weil im Caro-Kann die Symmetrie vermieden ist, was eine

Anweisung bedeutet für die zu verfolgende Strategie.
Die Chancen des Weißen liegen am Königsflügel, die des Schwarzen am Damenflügel. Der Grund dafür ist, dass die halboffene e-Linie Weiß mehr Raum auf dem Königsflügel gibt, dagegen die halboffene c-Linie Schwarz mehr Bewegungsfreiheit auf dem Damenflügel verschafft. Deshalb wird Weiß meistens am Königsflügel angreifen, Schwarz am Damenflügel. Öfter geht dem Angriff ein Vormarsch eines oder mehrerer Bauern voraus, um die halboffene Linie gänzlich zu öffnen.

4. Lf1-d3

Eine ruhige, solide Fortsetzung, die den Läufer auf ein gutes Feld für den Angriff bringt und ferner die Entwicklung Lc8-f5 verhindert. Hier wird auch 4.c4 gespielt, womit die Panow-Variante entsteht, die dem Spiel einen schärferen Charakter verleiht.

4. ... Sb8-c6
5. c2-c3

Dieser Zug, den man als Tempoverlust betrachten kann, ist früher oder später notwendig. Er deckt nicht nur d4, sondern verhindert außerdem Sc6-b4. Zwar wird c3 jetzt unzugänglich für den Sb1, aber in dieser Variante ist dieses Feld nicht so wichtig.
Auf 5.Sf3, was natürlich aussieht, folgt 5. ... Lg4, und damit würde eine der Zielsetzungen des weißen Systems nicht erreicht sein, nämlich die Verhinderung einer effizienten Entwicklung des Lc8.

5. ... Sg8-f6

Jetzt steht der Lc8 bereit, nach g4 zu kommen. Es ist einer der thematischen Grundgedanken dieser Variante, den Lc8 ins Freie zu bringen.

6. h2-h3

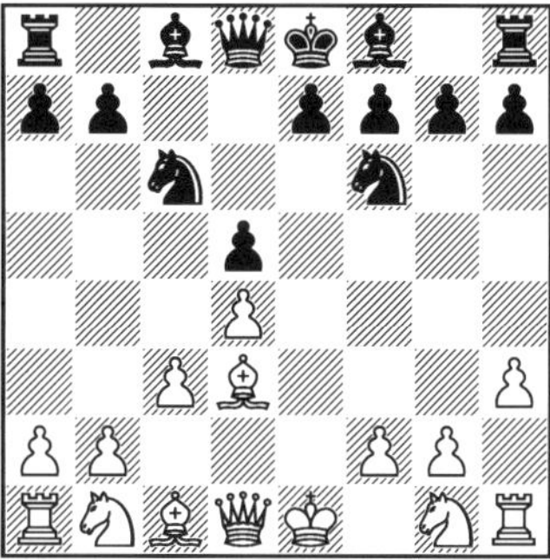

Der Kampf um die Entwicklung des Lc8 wird fortgesetzt. Der Textzug verhindert, dass der Läufer vor seine Bauern zieht. Es ist zweifelhaft, ob dies ein Tempo wert ist. Die Theorie betrachtet 6.Se2 als besser. Mit 3.ed5:, 5.c3 und nun mit 6.h3 hat Weiß viel Zeit verloren, und jetzt meint Schwarz das Recht (oder gar die Pflicht) zu haben, die Initiative zu übernehmen.

6. ... e7-e5

Öffnet die Diagonale für den Lf8, ohne dass die für den Lc8 geschlossen wird. Schwarz nimmt den Nachteil eines isolierten Bauern in Kauf. Viele Spieler ziehen 6. ... e6 vor, was in strategischer Hinsicht eine Kapitulation bedeutet und jedenfalls zu einem wenig aktiven Spiel für Schwarz führt, weil der Lc8 innerhalb der Bauernkette bleiben muss. Das Spiel könnte sich folgendermaßen entwickeln: 7.Sf3 Ld6 8.0-0 0-0 9.Te1 nebst Se5 und/oder Lg5. Weiß hat offene Linien am Königsflügel und drückt schwer auf die feindliche Stellung, während der schwarze Minderheitsangriff (a7-a6, b7-b5-b4) in ferne Zukunft verschoben ist.

7. d4xe5 Sc6xe5

Schwarz hat nun einen vereinzelten Bauern, aber dafür eine gute Entwicklung und mehr Raum.

8. Ld3-b5+

Weiß will das Läuferpaar nicht hergeben und entzieht den Läufer mit Tempo dem Angriff des Springers. Schwarz muss einen Zug verlieren, um das Schach zu parieren. Wenn Weiß auf Remis spielen wollte, hätte er dies mit 8.De2 tun können. Darauf ist 8. ... De7 erzwungen, und dann kann Weiß noch immer mit 9.Lb5+ fortsetzen. Nach 9. ... Sc6 10.De7:+ wäre der Kampf dann so sehr abgeflaut, dass Remis wahrscheinlich wird.
Eine Faustregel besagt, dass der Springer vor dem Läufer entwickelt werden soll. Der 8. Zug des Weißen ateht deutlich im Widerspruch zu dieser Regel, und dadurch erhält Schwarz einige taktische Möglichkeiten. Der Lb5 steht ungedeckt und ist daher verwundbar. Nachdem Schwarz das Schach pariert hat, kann er daran denken, die schwache Strategie des Weißen durch Dd8-b6 auszunutzen.

8. ... Se5-c6

Die Alternative 8. ... Ld7 würde nach 9.Ld7:+ Dd7: 10.Sf3 Sf3:+ 11.Df3: Le7 12.0-0 zu einer für Schwarz etwas schlechteren Stellung führen, weil er keinen Ersatz für den isolierten Bauern hat.

9. Lc1-g5

Besser 9.Sf3, um erst später (eventuell nach 0-0) den Damenläufer zu entwickeln. Nach dem Textzug hat Weiß zwei ungedeckte Läufer.

9. ... Lf8-c5

Die erste taktische Wendung. Schwarz droht jetzt 10. ... Lf2:+ 11.Kf2: Se4+ oder auch 11. ... Db6+. Man beachte, dass diese Drohung mit 10.Sf3 nicht pariert wird, da Schwarz dann doch auf f2 opfern kann und mit Se4+ das verlorene Material zurückerobert.

10. Dd1-e2+

Um beide Drohungen zu parieren, wenn auch damit die schwarze Entwicklung gefördert wird.

10. ... Lc8-e6
11. Sg1-f3

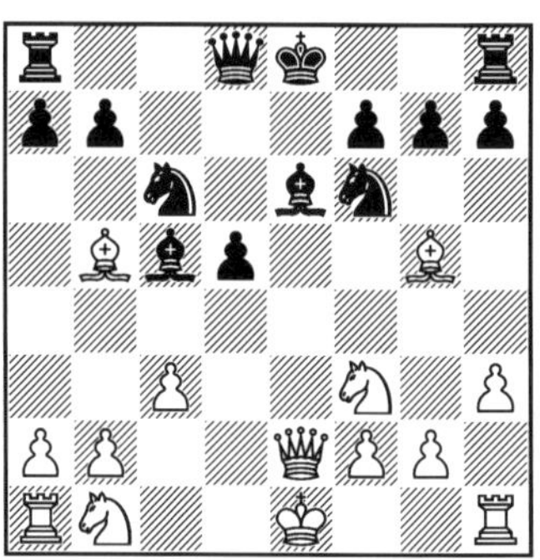

Hier hätte Schwarz 11. ... 0-0 spielen können mit der möglichen Folge 12.0-0 Le7 13.Sbd2 Db6. Schwarz hätte dann allerdings wenig Angriffschancen gehabt. Dagegen hätte 11. ... h6 12.Lh4 g5, um nachher mit Db6 und 0-0-0 fortzusetzen, mehr versprochen. Schwarz gibt jedoch einer noch energischeren Fortsetzung den Vorzug, die aber nicht ohne Bedenken ist.

11. ... Dd8-b6

Dieser Zug ist insofern zweifelhaft, als Weiß jetzt imstande ist, den schwarzen Königsflügel durch 12.Lf6: gf6: zu zersplittern. Jedoch wenn der Meister die Wahl hat zwischen:

a) ruhigem Spiel, welches es dem schwächeren Gegner nicht allzu schwer macht, die richtigen Züge zu finden, womit Remis wahrscheinlich wird,
b) einer strategischen Linie, worin kontroverse Faktoren die größte Rolle spielen,

wird der Meister gewöhnlich die letztere Strategie bevorzugen, sogar wenn er nicht davon überzeugt ist, dass sie objektiv die beste ist. Der Meister sollte Vertrauen in die eigene Kraft und in die eigenen Ressourcen haben. Er kann damit rechnen, dass es für den Amateur besonders schwer sein wird, die richtigen Züge zu finden.

Nach 12.Lf6: gf6: könnte die Folge sein: 13.0-0 0-0-0 14.Sbd2 Thg8 15.Kh1 Se5 und nun:

a) 16.Se5: fe5: und Schwarz hat seine Stellung konsolidiert;
b) 16.Sb3 Sf3: 17.gf3: (17.Df3: scheitert an 17. ... Db5:) 17. ... Lh3: mit Bauerngewinn für Schwarz;
c) 16.a4 a6 17.Ld3 Sd3: 18.Dd3: Lf2: wiederum mit Bauerngewinn für Schwarz;
d) 16.b4 Ld6 nebst späterem Sg6 und Sf4.

Aus dem einen und anderen geht hervor, dass Weiß vielleicht vor seiner Rochade erst auf c6 tauschen sollte, und zwar wie folgt: 12.Lf6: gf6: 13.Lc6:+ bc6: 14.0-0 0-0-0, in welchem Fall Weiß jedoch einen aktiven Läufer getauscht und die schwarze Bauernstellung verbessert hat (d5 ist nicht mehr isoliert). Schwarz kann dann z.B. mit Ld6 und Dc7 oder Verdoppelung der Türme auf der g-Linie fortsetzen, auf alle Fälle mit guter Initiative als Ersatz für die geschwächte Bauernstellung.

12. 0-0

Pariert zwar die Drohung 12. ... Lf2:+, aber Weiß hätte doch auf die Herausforderung zur Verdoppelung der schwarzen Bauern durch 12.Lf6: eingehen müssen.

12. ... Sf6-e4!

Verhindert die Verdoppelung und droht 13. ... Sg3 mit Qualitätsgewinn.

13. Lg5-h4

Schlecht wäre 13.Le3 Le3: 14.Lc6:+ (erzwungen, weil 14.De3: den Läufer kostet und 14.fe3: Sg3 die Qualität) 14. ... bc6: 15.De3: Db2: 16.Sbd2 Dc3: und Schwarz hat zwei Bauern mehr, für die Weiß ungenügende Angriffschancen besitzt.

13. ... h7-h6

Droht Figurengewinn durch 14. ... g5 15.Lg3 Sg3:, eine vorzügliche Illustration der Kraft der schwarzen Stellung.

14. Kg1-h1

Weiß muss wiederum ein Tempo verlieren.

14. ... g7-g5

Schwarz versucht Linien zu öffnen, um die Verletzlichkeit der weißen Königsstellung auszunutzen.

15. Lh4-g3

Schwarz hat die Rochade verschoben, um Weiß nicht die Gelegenheit zu geben, seinen Königsflügel zu verstärken.

15. ... g5-g4

Schwarz setzt seinen Plan durch, die weißen Königsflügelbauern auseinanderzureißen und damit seine Angriffschancen erheblich zu vergrößern.

16. h3xg4

16.Sh2 würde einen Bauern kosten, aber 16.Sg1 käme in Betracht. Dann darf Weiß jedoch auf 16. ... 0-0-0 nicht mit 17.h4 den Königsflügel abschließen, da darauf 17. ... Sg3:+ 18.fg3: Se7 19.b4 Ld6 20.Kh2 Sf5 mit Bauerngewinn folgt.

16. ... Se4xg3+
17. f2xg3

Weiß hat jetzt einen Tripelbauern, ein ernstes Handicap, weil ein solcher Bauer die Beweglichkeit bremst und leicht zu bedrohen ist. Dafür hat Weiß momentan einen Bauern mehr.

17. ... 0-0-0
18. Sb1-d2

Endlich beendet Weiß seine Entwicklung.

18. ... Td8-g8

Schwarz hätte auch 18. ... Lg4: spielen können, aber er will (wenn möglich) lieber mit dem Turm auf g4 schlagen.

19. Sd2-b3

Um den Springer nach d4 zu bringen. Das Feld vor dem „Isolani" ist im Allgemeinen ein guter Posten für einen gegnerischen Springer.

19. ... Lc5-d6

Bedroht eine neue Schwäche im weißen Spiel.

20. Sb3-d4

Das richtige Feld für den Springer, der die freie Entfaltung der schwarzen Kräfte wenigstens etwas hemmt. Es droht jetzt 21.Se6:.

20. ... Le6xg4

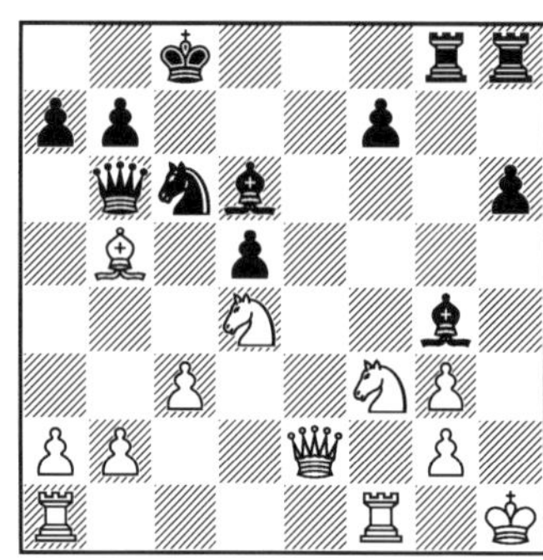

Schwarz hat seinen Bauern zurückgewonnen und droht einen zweiten Bauern zu erobern.

21. De2-f2

Besser erst 21.Lc6:, um die jetzt folgende Kombination zu verhindern, die vor allem auf der Verwundbarkeit des Lb5 beruht.

21. ... Lg4xf3

Durch die Öffnung der g-Linie gewinnt Schwarz jetzt einen Bauern.

22. Sd4xc6

22.Df3: oder 22.gf3: scheitert an 22. ... Sd4: mit Eroberung des Läufers. Mit dem Textzug hofft Weiß den Damentausch zu erzwingen, was die Verteidigung erleichtern würde. Nach 22. ... bc6: 23.Db6: ab6: 24.La6+ wäre die weiße Stellung vielleicht noch zu halten, ebenso wie nach 22. ... bc6: 23.Db6: Lg2:+ 24.Kg2: Tg3:+ 25.Kf2 ab6: 26.Lc6:.

22. ... Lf3xg2+

Eine Art Desperado-Zwischenzug (vgl. Partie 5, Bemerkung zum 10. Zug von Weiß). Schwarz opfert den Läufer, der sowieso verloren war. Der weiße König wird jetzt einem direkten Angriff ausgesetzt.

23. Df2xg2

Nicht 23.Kg2: Tg3:+ 24.Kh1 Th3+ und gewinnt.

23. ... b7xc6
24. Lb5-d3 Tg8xg3
25. Ld3-f5+

Ein Zwischenzug, der die weiße Stellung verbessert (Feld h3 wird gedeckt).

25. ... Kc8-b8
26. Dg2-f2

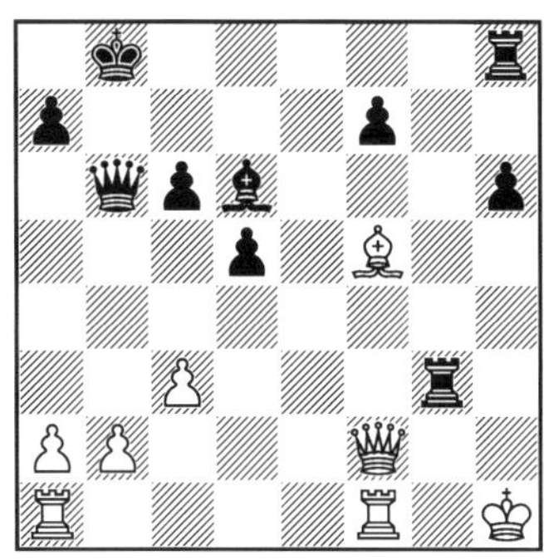

Sollte es Weiß gelingen, die Damen zu tauschen, dann würde die Anwesenheit ungleicher Läufer trotz des Rückstands von zwei Bauern das Widerstandsvermögen seiner Stellung erheblich erhöhen. Ein Beispiel: 26. ... Thg8 27.Db6:+ ab6: 28.Tg1 Tg1:+ 29.Tg1: Tg1:+ 30.Kg1: Le5 (um die Bauern am Damenflügel lahmzulegen) 31.Kf2 Kc7 32.Ke3 Kd6 33.a4 h5 34.Kd3 c5 und mit sorgfältigem Spiel wird Schwarz seine Mehrbauern schließlich doch zur Geltung bringen können. Obwohl der Damentausch daher kein Remis bedeutet, schwächt er die Angriffskraft dennoch erheblich und vergrößert die Widerstandsmöglichkeiten.

26. ... Db6-d8

Droht baldiges Matt durch 27. ... Dh4+ 28.Dh2 Tg1+.

27. Df2-d4

Auf 27.Dh2 folgt 27. ... Thg8, drohend 28. ... Tg1+. Auf 28.Dh5 gewinnt Schwarz dann mit 28. ... Dg5! 29.Dg5: T8g5: 30.Tf2 Th5+ 31.Th2 Th2:+ nebst Abzugsschach. Der

Textzug verhindert das drohende Schach auf h4.

27. ... Th8-g8

Mit der Drohung 28. ... T8g4 29.Lg4: Dh4+ bzw. 29.Dg4: Tg4: 30.Lg4: Dh4+, in beiden Fällen mit sofortigem Gewinn.

28. Tf1-f2 Dd8-g5!

Schwarz hätte auch gewonnen mit 28. ... T3g4, um die Diagonale des Ld6 zu öffnen und auf diese Weise h2 unzugänglich zu machen. Man beachte jedoch, dass 28. ... T8g4 nicht gewinnt wegen 29.Lg4: Dh4+ 30.Th2.

Mit dem Textzug droht 29. ... Tg1+ und 29. ... Dh5+.

29. Tf2-h2 Dg5xf5

Weiß gibt auf.

Partie 8

Allgemeine Ideen hinter den Eröffnungszügen
1.e2-e4 e7-e6
Theorie und mögliche Fortsetzungen nach 3.e4-e5 c7-c5
Nachteil der Züge Lf1-b5 nebst Lb5xSc6 in der Französischen Verteidigung
Das Spiel entlang offener Diagonalen
Bauernopfer, um Fluchtfeld zu schaffen
Den Gegner in unhaltbare Lage manövrieren

Hinter jeder Schacheröffnung steckt eine grundsätzliche Idee zur Eroberung der Herrschaft über das Brett. Jede theoretische Eröffnung besteht aus einer Reihe von Zügen des Weißen, seinen leichten Vorteil (den ihm das Recht, die Partie zu beginnen, einräumt) festzuhalten und zu erhöhen, und aus einer Reihe von Gegenzügen des Schwarzen, die darauf ausgehen, die Bemühungen des Weißen aufzuheben. Alle gesunden Eröffnungen ergeben nach einer Reihe von Zügen Ausgleich. In gewissen Eröffnungen ist der Ausgleich weit schwerer zu erzielen als in anderen.

Beim Spiel einer Eröffnung ist von höchster Wichtigkeit, die Grundidee hinter dieser Eröffnung zu verstehen. Die mechanische Kenntnis einer Anzahl Varianten ist von oberflächlicher Hilfe, denn der Spieler, der nur Varianten kennt, kommt nicht weiter, wenn sein Gegner von den bekannten Spielweisen abweicht. Andererseits weiß der Spieler, der die Grundideen hinter einer Eröffnung versteht, wo die tatsächlichen Stärken der Eröffnung liegen, und handelt entsprechend.

Wenn ein Spieler die Ideen einer Eröffnung kennt, während der Gegner davon keine Ahnung hat, dann wird der besser informierte Spieler oft den maximalen Vorteil davontragen, der aus dieser Eröffnung herauszuholen ist.

Das Schachspiel ist jedoch zu umfassend, dass, sobald die Spieler eine Buchvariante verlassen, die Partie in Kanälen fortgesetzt werden kann, die von den üblichen ziemlich abweichen. Noch wichtiger als das Verständnis einer Eröffnung ist in solchen Fällen das Wissen von den grundsätzlichen Stärken einer Stellung und die Fähigkeit, sie im gegebenen Fall zu verwerten.

Sobald eine Seite Überlegenheit erlangt hat, sind offene Linien sehr nützlich, um das Höchstmögliche aus entwickelten Figuren herauszuholen. In der folgenden Partie geben die typischen Amateur-Irrtümer des Weißen dem Schwarzen weit offene Linien und die maximale Gelegenheit, seine Vorteile zu verwerten. Wir werden sehen, wie er sie ausnutzt.

Weiss: Amateur Schwarz: Meister
Französisch (3.e4-e5)

1. e2-e4 e7-e6

Verglichen mit 1. ... e5 sieht der Zug zahm aus; aber in den Händen eines Spielers, der die damit zusammenhängenden Ideen kennt, ist er der Anfang eines ausgezeichneten strategischen Systems, das man Französische Verteidigung nennt und in dem Schwarz plant: a) einen festen defensiven Bauernwall mit d7-d5 zu bilden; b) das weiße Zentrum mit c7-c5 im passenden Moment anzugreifen, wenn Weiß wie gewöhnlich d2-d4 gespielt hat. Diese Partieanlage gibt beiden Seiten Aussichten, kann aber zu einem Zusammenbruch für Weiß führen, wenn ihm das Verständnis für die langfristigen Ziele des Schwarzen und die Bedeutung der einzelnen Züge abgeht. Die Theorie der Französischen Verteidigung wird im Einzelnen in den Partien 21-23 erklärt.

2. d2-d4

Weiß besetzt ganz richtig sofort das Zentrum. Spieler ohne Buchkenntnis antworten oft 2.Sf3, wonach Schwarz trotzdem 2. ... d5 fortsetzt. Das kann zu Buchvarianten führen, z.B. 3.ed5: ed5: 4.d4 (Abtauschvariante) oder 3.e5 c5 ähnlich der vorliegenden Partie. Wenn Weiß 3.Sc3 spielt, hat Schwarz die Wahl unter verschiedenen guten Zügen: 3. ... Sf6, 3. ... c5 und 3. ... d4.

2. ... d7-d5

Schwarz baut seine defensive Bauernformation auf, droht auf e4 zu schlagen und zwingt Weiß somit, dieser Drohung zu begegnen.
Weiß muss nun entweder seinen bedrohten Bauern mit 3.Sc3 (die gebräuchlichste Fortsetzung) oder 3.Sd2 (die Tarrasch-Variante) verteidigen oder die Mittelbauern abtauschen mit 3.ed5: (die Abtausch-Variante, die leicht zu symmetrischen Stellungen mit Remistendenzen führt) oder den Be4 vorrücken, eine Variante, die oft von Amateuren, aber auch nicht selten von Meistern gespielt wird.

3. e4-e5

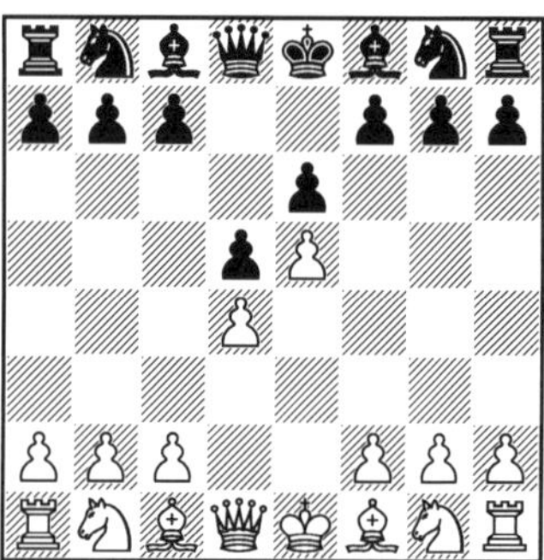

Auf den ersten Blick scheint dieser Vorstoß stark zu sein, denn er bringt den e-Bauern auf die 5. Reihe in Feindesland. Der Zug bringt jedoch auch ernste Nachteile mit sich: a) Weiß verliert einen Zug, weil er den e-Bauern zum zweiten Mal bewegt; b) er hebt die Spannung auf, die im Zentrum herrschte, als beide Seiten tauschen konnten, und ersetzt sie durch eine festgelegte Stellung mit ineinandergeschobenen Bauern; im Allgemeinen ist es besser, die Spannung im Zentrum so lange wie möglich bestehen zu lassen; c) der Bd4 muss die Aufgabe übernehmen, den Be5 zu verteidigen, und zieht daher leicht Angriffe auf sich. Daher hat Weiß durch 3.e5 ein Angriffsziel für Schwarz auf d4 geschaffen.

In der Beurteilung von 3.e5 hat die Schachtheorie während des vergangenen Jahrhunderts beträchtlich geschwankt. Im 19. Jahrhundert ständig gespielt, geriet die Variante zu Beginn des 20. in Misskredit, um durch Nimzowitsch wiederbelebt zu werden, der sie mit seinen theoretischen Ideen bereicherte. Gegenwärtig betrachtet man 3.e5 als befriedigend, ohne Vorteil zu versprechen.

3. ... c7-c5

Schwarz droht, das weiße Zentrum unmittelbar aufzubrechen. Das Problem, was Weiß dagegen tun soll, ist vom theoretischen Standpunkt aus sehr reizvoll.

Wie viele Theoretiker sagen, muss Weiß versuchen, sein Zentrum so lange wie möglich zu behaupten. Deswegen unterstützt er d4 mit 4.c3, und gewöhnlich wird ein langer Kampf um den Besitz des Zentrums entbrennen. Das Spiel kann weitergehen: 4. ... Sc6 5.Sf3 Db6 6.Le2 (Weiß kann seinen Lc1 nicht zur Unterstützung des Zentrums verwenden – mittels 6.Le3 – weil die schwarze Dame auf b2 drückt.) 6. ... cd4: (Schwarz tauscht an dieser Stelle, um Weiß daran zu hindern, das Feld d4 zu beherrschen, denn auf 6. ... Ld7 folgt 7.dc5:! Lc5: 8.0-0 nebst 9.b4, 10.Sbd2, 11.Sb3 mit Besitz des Feldes d4 – siehe die Anmerkung zum 4. Zug von Weiß. Man beachte, dass Weiß erst auf c5 tauscht, wenn er zur Rochade bereitsteht, weil sonst f2 in Gefahr geriete.) 7.cd4: Sge7, wonach verschiedene Fortsetzungen möglich sind:

a) 8.0-0? Sf5 und Weiß büßt Bd4 ein;
b) 8.Sc3 Sf5 9.Sa4 Da5+ 10.Ld2 Lb4 11.Lc3 =
c) 8.Sa3 Sf5 9.Sc2 Lb4+ 10.Kf1 (10.Sb4: Db4:+ führt zu baldigem Verlust des Bd4), denn Weiß braucht den Verlust des Rochaderechts in diesem Fall nicht zu fürchten;
d) 8.b3 Sf5 9.Lb2 Lb4+ 10.Kf1 und Schwarz sollte nun 10. ... Le7 spielen, um mit dem Springer nach h4 ausweichen zu können, falls Weiß 11.g4 zieht.

In b), c) und d) behauptet Weiß seinen d-Bauern, aber Schwarz hat ein freies Spiel.

Andere Theoretiker denken über die Behauptung des Zentrums anders.

4. d4xc5

Der Anfänger weiß nicht, wie wichtig es ist, die Herrschaft über die vier Mittelfelder (d4, e4, d5, e5) anzustreben. Er tauscht und gibt damit die Mitte auf. Der Zug hat mehrere Nachteile: a) er arbeitet mit Schwarz in dessen Bestreben, die weiße Mitte zu zerstören, zusammen; b) er gestattet Schwarz, ein Tempo zu gewinnen, indem er mit seinem Läufer zurücknimmt; c) er lässt Weiß ohne irgendwelche Entwicklung zurück, ausgenommen den einsamen, ziemlich vorgerückten e-Bauern; d) er schwächt den Be5. Merkwürdigerweise ist jedoch der Anfänger, zweifellos ohne die geringste Ahnung von den Schachprinzipien, die hier hereinspielen, in eine gut spielbare Variante geraten, die auch von Meistern angewendet wird. Durch das Schlagen auf c5 schafft er für sich auf d4 ein starkes Feld, wo er eine Figur postieren kann, die sein Gegner nicht zu verdrängen vermag. Die Kraft dieses starken Feldes wird in Partie 21 gezeigt.

4. ... Sb8-c6

Bevor Schwarz auf c5 nimmt, greift er zuerst den Be5 an. Einen der beiden Bauern gewinnt er mit Sicherheit. Das naheliegende 4. ... Lc5: bringt den kleinen Nachteil mit sich, dass g7 angreifbar wird. Nach 5.Dg4 muss Schwarz entweder mit 5. ... Kf8 die Rochade aufgeben oder seinen Königsflügel mit 5. ... g6 schwächen oder ein Gambit spielen: 5. ... Se7 6.Dg7: Sg6 und Schwarz wird seinen Bauern zurückerobern.

5. f2-f4?

Ein positioneller Fehlgriff, der dem Schwarzen nicht nur Gelegenheit gibt, seinen Entwicklungsvorsprung zu erhöhen, sondern auch die weiße Königsstellung für Angriffe entblößt. Weiß sollte seinen e-Bauern mit 5.Sf3 schützen, und nach Lc5: 6.Ld3 steht er gar nicht übel. Sobald Schwarz rochiert, beginnt Weiß einen Königsangriff, und der Be5 würde die Verteidigung erschweren. Ein solcher Angriff ist eine der strategischen Waffen des Weißen gegen Französisch. Z.B. 6. ... Sge7 7.0-0 0-0? 8.Lh7:+! Kh7: 9.Sg5+ Kg8 (9. ... Kg6 ist ebenfalls für Weiß günstig, vgl. Partie 19) 10.Dh5 Te8 11.Dh7+ (besser als vorher 11.Df7:+, was dem König mehr Raum gibt) 11. ... Kf8 12.Dh8+ Sg8 13.Sh7+ Ke7 14.Lg5+ Sf6 (14. ... f6? 15.Dg7: matt) 15.ef6:+ Kd6 16.Dg7: und Weiß hat zwei Bauern mehr bei ausgezeichneter Stellung. Rochiert Schwarz jedoch nicht kurz, haben beide Seiten gute Aussichten auf gleiche Chancen: 7. ... Sg6! (anstatt 7. ... 0-0?) 8.Te1 Ld7 9.c3 De7 10.S1d2 0-0-0 11.Sb3 Lb6 und Weiß hat nun das Feld d4 zu seiner Verfügung, aber er ist ein wenig behindert durch die Schwäche von e5. Die Aussichten sind ungefähr gleich.

5. ... Lf8xc5

Schwarz entwickelt weiter seine Figuren zur Mitte hin. Er hat nun einen festen Aufbau mit zwei Figuren und zwei Bauern im Spiel im Gegensatz zu zwei Bauern und geschwächter Königsstellung bei Weiß.
Weiß könnte natürlich immer noch Vorteil aus der Abwesenheit des schwarzen Läufers vom Königsflügel ziehen und 6.Dg4 fortsetzen – und er hätte es tun sollen -, aber nun erhalten die schwarzen Figuren nach 6. ... Kf8 7.Sf3 Sh6 8.Dh3 Sf5 glänzende Plätze und der Verlust der Rochade schadet nicht viel. Weiß hat keine Angriffskräfte am Königsflügel, und Schwarz könnte mit h7-h5,

g7-g6 und Kf8-g7 fortsetzen. Man beachte, dass der Lc1 durch den eigenen Bauern auf f4 eingeklemmt wird.

6. Lf1-b5?

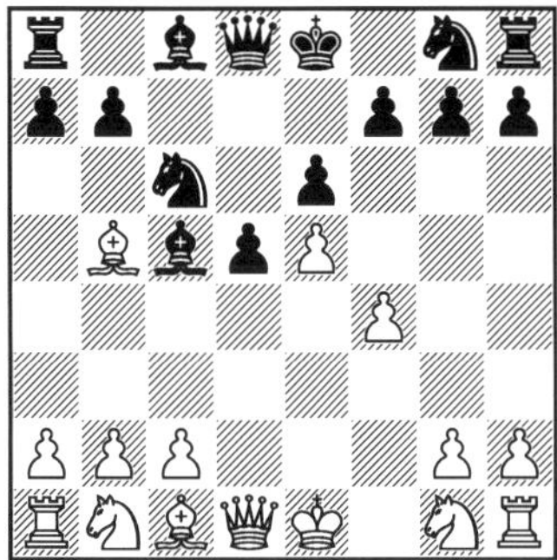

Ein beliebter Anfängerzug in dieser Variante. Weiß fesselt den Sc6. An dieser Stelle ist der Zug schlecht, zum Teil deswegen, weil der Lb5 früher oder später mit Tempo durch Db6 angegriffen werden kann. Weiß muss sich dann mit der Frage auseinandersetzen, ob er den Läufer mit Zeitverlust zurückziehen soll, ob er ihn mit Zügen wie Sc3 oder a2-a4 decken soll, wonach ihn Schwarz wieder mit a7-a6 angreifen kann, oder ob er auf c6 tauschen und für Schwarz Linien öffnen soll.

Der Hauptnachteil dieses Zuges ist strategischer Natur. Mit „strategisch" meinen wir, dass keine direkte Bedrohung der weißen Stellung vorliegt, auf lange Sicht jedoch Nachteile entstehen. Obwohl Anfänger es oft tun, kann Weiß nicht gut daran denken, den Sc6 zu nehmen, weil a) Schwarz danach zwei Läufer behält, b) das schwarze Zentrum gestärkt wird, c) die b-Linie sich für den schwarzen Turm öffnet und d) eine Diagonale für den Lc8 frei wird. Im Allgemeinen wird man einen solchen Tausch nur dann vornehmen, wenn er unvermeidlich ist, z.B. um Materialverlust abzuwehren.

6. ... Dd8-b6

Durch die Doppeldrohung Lg1: und Db5: zwingt Schwarz den Weißen zum Tausch. Weiß hat bereits mehrere Fehler begangen, und diese Irrtümer haben ihn in eine so gefährdete Lage gebracht, dass er nicht mehr anders kann als das schwarze Spiel zu fördern und ihm zu erlauben, seinen Vorteil zu vergrößern.

7. Lb5xc6+ b7xc6

Durch dieses Zurücknehmen öffnet Schwarz eine Diagonale für den sonst untätigen Lc8. Aus diesem Grund sowie um Dame und Lc5 auf der gleichen Diagonalen zu belassen, wo sie starken Druck ausüben und den Sg1 bedrohen, denkt Schwarz nicht daran, auf c6 mit der Dame zu schlagen. In unseren Anmerkungen wird man häufig dem Wort „Druck" begegnen. Mit Druck ist die Kraft gemeint, die eine Figur auf Felder ausübt, die sie beherrscht. Beim Studium der Partien wird der Leser mehr und mehr verstehen, wie Schachkräfte sich durch Druck ansammeln und welche Bedeutung der Druck bei der Überwältigung des Gegners hat.

8. Sg1-f3??

Siehe Diagramm nächste Seite.

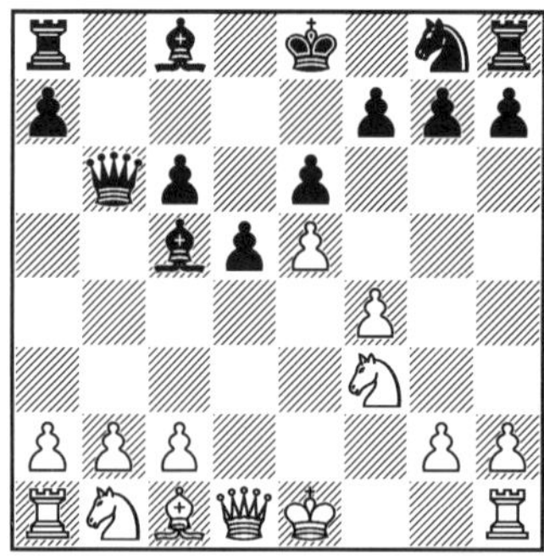

Erforderlich, wenn auch unbefriedigend – denn Weiß kann nicht mehr rochieren – war 8.Se2 oder 8.Sh3. Im Allgemeinen ist es besser, den Sg1 nach f3 als nach e2 oder h3 zu entwickeln. Amateure machen jedoch häufig den Fehler, Schachzüge nur nach allgemeinen Prinzipien zu spielen, anstatt auch die besonderen taktischen Erfordernisse einer Stellung in Rechnung zu ziehen, und geraten so in Schwierigkeiten. In dieser besonderen Stellung ist 8.Sf3 ein Fehler, weil er nicht den Versuch macht, die Diagonale zu schließen, die soeben dem Lc8 durch b7xc6 geöffnet worden ist. 8.Se2 hätte den Springer entwickelt und zugleich die Diagonale a6-f1 geschlossen. 8.Sh3 hätte f2 gedeckt und eine unmittelbare Katastrophe vermieden.
Mit seinem überwältigenden Entwicklungsvorsprung und den offenen Linien hat Schwarz nun das Recht – und die Pflicht – anzugreifen. Tut er es jetzt nicht, kann Weiß mit der Entwicklung gleichziehen, und der schwarze Vorteil könnte verschwinden.

8. ... Lc5-f2+
9. Ke1-e2!

Viel besser als 9.Kf1?, das nach 9. ... La6+ sofort verlöre, oder 9.Kd2?? De3 matt. Obwohl der Textzug nicht viel anders aussieht, gibt es eine versteckte Verteidigung nach 9. ... La6+, wie die Fortsetzung zeigen wird.

9. ... Lc8-a6+
10. c2-c4!

Dies ist die Pointe der weißen Verteidigung. Durch Aufgabe seines c-Bauern schafft Weiß ein Fluchtfeld (c2) für seinen König.

10. ... La6xc4+
11. Ke2-d2

Der weiße König ist noch immer sehr bloßgestellt, und es gibt keinerlei Gegenwert für den verlorenen Bauern oder für die gefährdete Königsstellung, geschweige denn die Tatsache, dass Schwarz die Initiative besitzt. Es ist jedoch kein Matt in Sicht, und solange man lebt, hofft man.

11. ... Db6-e3+
12. Kd2-c2

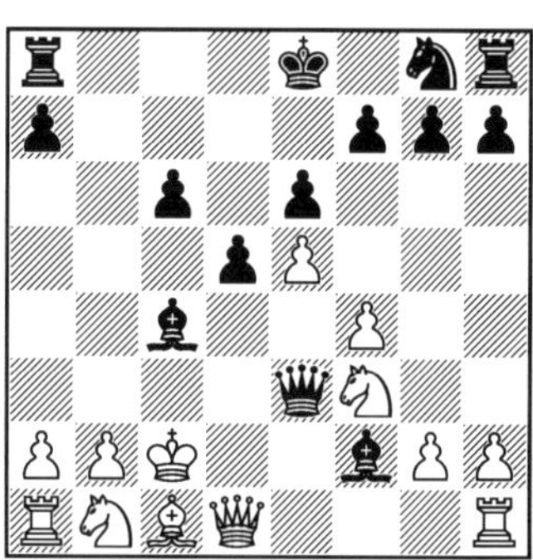

Der König weicht auf sein Fluchtfeld aus. In solcher Stellung, mit drei schwarzen Figuren ungestört in feindlichem Gebiet, dem weißen König im Freien und allen weißen Figuren ohne Wirkung, **muss** Schwarz ein Matt finden oder in der Lage sein, gewaltigen materiellen Vorteil zu erringen.

12. ... De3-e4+!

Dieses Schach treibt den König aus dem Versteck.

13. Kc2-c3

Wenn 13.Kd2 Dd3 matt.

13. ... Lc4-e2!

Wieder ein kräftiger Streich. Die weiße Dame muss nun auf ein Feld ziehen, wo sie die Bewegung des weißen Königs blockiert.

14. Dd1-c2

Wenn 14.Dd2 Dc4 matt. 14.Db3 verliert wegen Dd3+ 15.Kb4 Tb8+ und Schwarz hat die angenehme Wahl, die feindliche Dame zu erobern oder mattzusetzen.

14. ... d5-d4+
15. Kc3-b3 Ta8-b8+

Weiß gibt auf. Er ist gezwungen, seine Dame preiszugeben. Es ist zwecklos, weiterzuspielen, im Allgemeinen wenn man zwei Figuren verloren hat (außer zwei Springern im Endspiel ohne Bauern) oder einen Läufer, Springer bzw. Turm, es sei denn die Stellung bietet positive Gegenchancen. Haben Sie aber einen oder sogar zwei Bauern weniger, geben Sie niemals auf, wenn Ihre Stellung nicht ganz schlecht ist.

Partie 9

Behauptung oder Verringerung der Spannung im Zentrum
Abträgliches Ergebnis hartnäckiger Weigerung, verlorene Schlachten abzubrechen
Motive für Damentausch
Druck auf offener Linie durch indirekten Angriff
Eindringen auf die 7. Reihe
Zusammenarbeit zwischen eingedrungenem Turm und Läufern

In gewissen wohlbekannten Eröffnungen gibt es Abspiele, die im Meisterschach fast nie vorkommen, doch Amateuren als logisch und stark erscheinen und von ihnen nicht selten angewendet werden. Meistens erkennt der unerfahrene Spieler, dem ein solcher unkonventioneller Zug vorgesetzt wird, den ihm innewohnenden Nachteil nicht, versäumt die beste Entgegnung und gestattet dem Partner, viel mehr zu erreichen als gegen jemanden, der die Stellung versteht und sie zu behandeln weiß.
Eine der gewöhnlichsten untheoretischen Varianten, die Amateure einer gewissen Stufe im Damengambit oft spielen, ist 1.d4 d5 2.c4 e6 3.c5. Trotz der Tatsache, dass 3.c5 dem Amateur oberflächlich stark zu sein scheint, ist der Zug aus einer Anzahl von Gründen strategisch schlecht. Das Problem ist, wie 3.c5 zu beantworten ist, um die mangelhafte Strategie des Weißen im Höchstmaß auszubeuten.
Die folgende Partie ist ein glänzendes Vorbild, erstens wie die fehlerhafte Strategie des Weißen dem Schwarzen ein mächtiges Zentrum geben kann, dann wie die Versuche des Weißen, seinen exponierten Vorposten mit Stützungszügen zu behaupten, zum Verlust von zwei Bauern führen, und schließlich wie der Spieler mit Zentrum und materiellem Plus seine verschiedenen Vorteile zum raschen Gewinn verwertet.

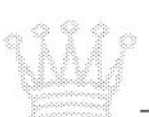

WEISS: AMATEUR SCHWARZ: MEISTER
ABGELEHNTES DAMENGAMBIT
(3.c4-c5?)

1. d2-d4 d7-d5
2. c2-c4

Das Damengambit, ein Spielsystem, das im Turnierschach sehr beliebt ist.

2. ... e7-e6

Gegenwärtig besteht im Zentrum ein Spannungszustand. *Spannung* im Zentrum ist ein grundlegender Schachgedanke, den wir hier zu klären versuchen wollen.
In der Eröffnung streben beide Seiten Figurenentwicklung und Einfluss im Zentrum an. Sie erreichen das, indem sie Figuren und Bauern zum Zentrum hin aufstellen, ein als *Zentralisierung* bekannter Vorgang, und durch Postierung von Bauern auf den Mittelfeldern d4 und e4 (bzw. bei Schwarz d5 und e5). Als Folge dieser Zentralstrategie wird eine Lage wie beim Tauziehen herbeigeführt, die man Spannung nennt.

An dieser Stelle z.B. sehen wir d5 als umkämpftes Feld. Weiß greift an, Schwarz verteidigt. Normalerweise versucht Weiß nun, die Spannung durch 3.Sc3 zu erhöhen, und Schwarz, diesen Punkt durch Sf6 zu verteidigen. Weiß setzt dann 4.Lg5 fort und greift damit indirekt den Angelpunkt d5 an. Die Spannung oder der Kampf um den Besitz des Zentrums, das aufgebaut worden ist, wird an einem Punkt der Partie aufgehoben werden, z.B. wenn Schwarz auf c4 schlägt oder Weiß c4-c5 zieht, wie es in der Partie geschieht. Allgemein ist zu sagen, dass die Auflösung der Spannung das Spiel des Gegners erleichtert und nur dann infrage kommt, wenn es nötig ist oder wenn der Spieler eine besondere Absicht verfolgt. Können Sie Ihren Gegner zwingen, die Spannung aufzuheben, haben Sie einen gewissen Erfolg erzielt.

3. c4-c5?

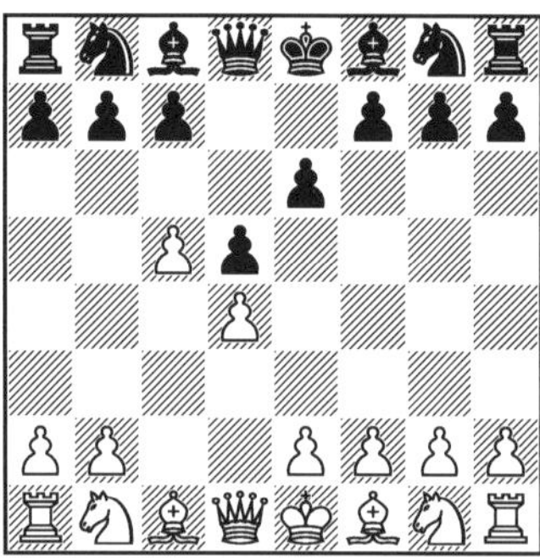

Ein typischer Anfängerzug, den Amateure oft in der irrtümlichen Meinung ausführen, dass ein Vorstoß auf das Gebiet des Gegners seine Entwicklung behindert. Der Zug ist aus mehreren Gründen falsch:

a) Weiß hat die Spannung im Zentrum aufgehoben und damit dem Schwarzen seine Aufgabe erleichtert;
b) er stärkt den Einfluss des Schwarzen im Zentrum, denn dieser kann nun e6-e5 spielen, ohne einen Bauern zu verlieren wie etwa in Albins Gegengambit (1.d4 d5 2.c4 e5 3.de5:). Unsere Partie kann nun weitergehen 3. ... e5 4.de5: Lc5:. Es ist ein allgemeiner Nachteil von 3.c5, dass er dem Gegner den Gegenstoß e6-e5 erleichtert.

c) Weiß kann mit seinem vorgerückten Bauern keinen Druck behaupten, weil er gezwungen ist, zu tauschen, sobald Schwarz b7-b6 zieht;
d) Weiß hat Zeit verloren, indem er denselben Stein zweimal in der Eröffnung gezogen hat, was im Allgemeinen schlecht ist, wenn nicht ein bestimmter Zweck damit erreicht wird. Es ist schwer, in solch einem Fall die Tempi zu zählen, aber nach 3. ... b6 4.cb6: ab6: ist Schwarz einen Zug voraus, weil sein Lf8 bereits frei ist, und er hat ein weiteres Tempo gewonnen, weil sein Ta8 eine offene Linie hat (obwohl dies eine ungewöhnliche Art der Zählung ist).

Eines der Mittel, 3.c5? auszunutzen, ist, das Zentrum mit 3. ... e5 zu besetzen. Zwar verliert Schwarz damit einen Zug, aber er droht 4. ... ed4: und auf 5.Dd4: Sc6, und Weiß hat Sorgen, seinen c-Bauern zu verteidigen. 4.de5: wird vorteilhaft mit Lc5: beantwortet. Weiß hat daher keinen besseren Zug als 4.e3, worauf Schwarz 4. ... Sd7 zieht. In dieser Stellung ist Schwarz ein wenig besser dran, weil er nun d4 angreift. Er hat eine Spannung geschaffen, und Weiß spielt eine mehr oder weniger defensive Rolle. Außerdem hat Schwarz mehr Raum am Königsflügel als Weiß. Eine der unmittelbaren Folgen dieser Lage ist, dass 5.Sf3 mit e5-e4 beantwortet werden kann mit weiterer Raumausdehnung des Schwarzen.

Schwarz hat jedoch eine noch stärkere Antwort als e6-e5. Er spielt:

3. ... b7-b6

Der Textzug ist zwingend, denn er droht einen Bauern auf c5 zu erobern, und bei bestem Gegenspiel erhält Schwarz mindestens eine Bauernmehrheit in der Mitte.

Verhältnismäßig am besten für Weiß (kein Verlust von Material, sondern nur von Zentralherrschaft) ist 4.cb6: ab6:, wonach Schwarz die offene a-Linie hat, mit c7-c5 fortsetzen und ein starkes Zentrum aufbauen kann. Aber unser Amateur glaubt, er könne seinen Bauern auf c5 halten, indem er ihn ein zweites Mal deckt. Darum spielt er:

4. b2-b4?

Obgleich ein natürlicher Versuch, ist der Zug ein zweiter Irrtum, der einen Bauern kostet. Es *gibt* Stellungen, in denen Weiß sich erlauben kann, c4-c5 zu spielen und b2-b4 folgen zu lassen, jedoch gewöhnlich nicht in so frühem Partiestadium.

4. ... a7-a5!

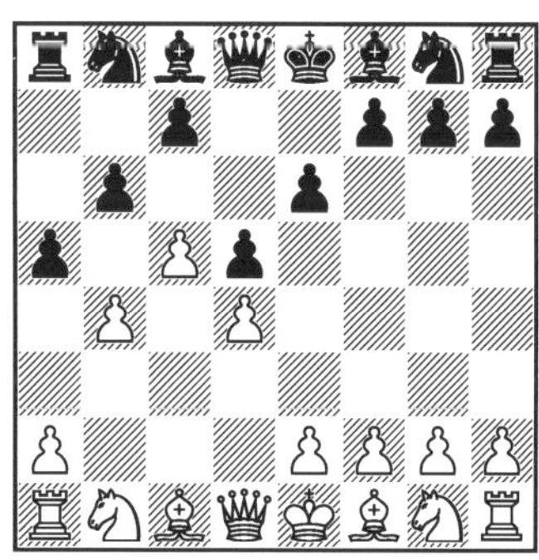

Dies ist die Widerlegung. Beachten Sie:

a) 5.cb6: Lb4:+ 6.Ld2 Ld2:+ 7.Sd2: cb6: und Schwarz hat einen gesunden Bauern gewonnen;
b) 5.ba5: bc5: gewinnt ebenfalls einen Bauern, weil der weiße Ba5 nicht zu halten ist, z.B. 6.Ld2 Sc6;
c) 5.a3 und Schwarz erobert wieder einen Bauern, diesmal durch 5. ... ab4:, weil der Ta1 ungedeckt ist. Wäre der Lc1 schon auf b2, wäre die Sache ganz anders. In diesem Fall hätte a7-a5 wegen der Antwort 5.a3 keinen Bauern eingebracht, und Schwarz hätte den Angriff gegen das weiße Zentrum mit e6-e5 im gegebenen Zeitpunkt versucht.

Es ist interessant festzustellen, dass abgesehen von dieser positionellen Widerlegung Schwarz ein anderes, eher taktisches Mittel gegen das ungesunde 4.b4 hat: 4. ... bc5: 5.bc5: Lc5:?! 6.dc5: Df6 mit Rückgewinn der Figur. Weiß kann sich jedoch etwas Gegenspiel verschaffen mit 7.Ld2! Da1: 8.Lc3 Da2: 9.Lg7: und alles Mögliche kann passieren.

5. Dd1-a4+

Dieser Versuch, den Bauern zu retten, macht die Sache nur schlimmer.

5. ... Lc8-d7

Was soll Weiß nun tun? Auf 6.b5 gewinnt bc5: einen Bauern. Wenn 6.Db3 ab4: und a) 7.Db4: bc5: 8.dc5: Sa6 mit Bauerngewinn oder b) 7.cb6: c5 (besser als 7. ... cb6: und Schwarz behielte einen vereinzelten Doppelbauern) 8.dc5: Lc5: gefolgt von Db6:. Also antwortet Weiß:

6. Da4-a3

Behauptet den Druck auf der a-Linie. Wenn Schwarz jetzt auch nicht 6. ... ab4: spielen kann, gibt es doch eine ausgezeichnete Spielweise, die ihm wenigstens zwei Bauern einbringt.

6. ... Sb8-c6

Der Ta8 ist nun gedeckt, so dass 7. ... ab4: mit Bauerngewinn und Stellungsvorteil droht. Was soll Weiß tun? 7.cb6: kommt wegen Lb4:+ mit Damengewinn nicht infrage. Wenn 7.ba5: Sd4: mit der Drohung 8. ... Sc2+, also 8.Dc3 bc5: und Schwarz hat ein mächtiges Zentrum, während der weiße Doppelbauer auf der a-Linie nicht mehr wert ist als einer. Daher spielt Weiß:

7. e2-e3

So hat Weiß einen seiner verwundbaren Punkte, d4, gedeckt.

7. ... Sc6xb4

Droht die Dame mit Sc2+ zu erobern. Mit 7. ... ab4: gefolgt von 8. ... bc5: konnte Schwarz zwei Bauern kassieren, aber die gewählte Fortsetzung scheint noch stärker zu sein, weil die schwarzen Figuren sich aktiver entwickeln können.

8. Da3-c3 b6xc5

Gewinnt auch noch den c-Bauern, weil die Dame ihn nicht verteidigen kann.

9. d4xc5 Dd8-f6

Erzwingt den Damentausch und danach den Gewinn des Bc5, denn nach dem Verschwinden der Damen lebt die Drohung Sc2+ auf.
Ob man die Dame tauschen soll, ist eine Frage, die sich oft im Lauf einer Schachpartie stellt. Die Antwort hängt von der verhältnismäßigen Wirksamkeit der Dame ab. Der Verteidiger wird den Tausch anstreben, weil er seine Aufgabe häufig erleichtert. Das ist jedoch nicht auf unsere Partie anzuwenden. Auch der Spieler, der materiell im Vorteil ist, wird oft die Damen tauschen wollen, denn es ist für den materiell Schwächeren schwieriger, die Initiative oder Angriff zu bekommen, wenn die Damen sich nicht mehr auf dem Brett befinden.
In der vorliegenden Stellung ist die weiße Dame nicht weniger aktiv als die schwarze. Schwarz hat materiellen Vorteil und die weiße Dame die Aufgabe, c2 und c5 zu verteidigen. Es liegt daher im Interesse des Schwarzen, diese starke Figur zu beseitigen. Der Tausch bringt außerdem die Entwicklung des Sg8 mit sich.

10. Dc3xf6

10.Lb2? wäre ein Fehler wegen Dc3:+ 11.Sc3: Sc2+.

10. ... Sg8xf6
11. Sb1-a3

Feld c2 muss gedeckt werden.

11. ... Lf8xc5

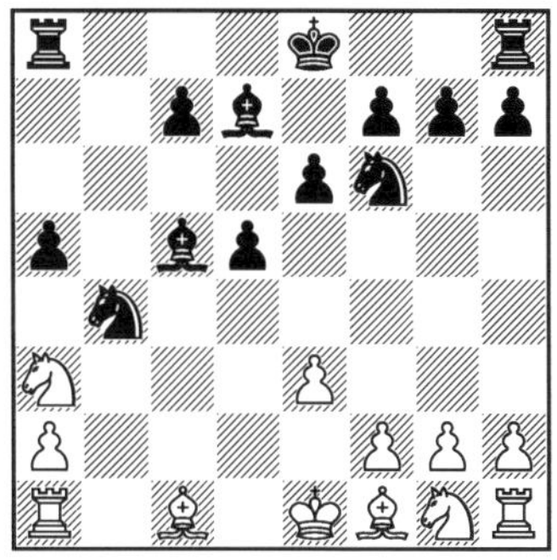

Welche Abfuhr! Der scheinbar unschuldige Bauernzug 3.c5 ist auf die brutalste Weise bestraft worden. Schwarz hat zwei Bauern gewonnen und einen erheblichen Entwicklungsvorsprung.

12. Lc1-b2 Ta8-b8

Dieser Zug zeigt die Verwendung der offenen Linie und den indirekten Angriff auf den Lb2, denn Weiß muss mit Sc2+ rechnen.

13. Lb2xf6

Besorgt Schwarz einen Doppelbauern. In dieser Stellung bedeutet das für Schwarz allerdings keine ernsthafte Schwäche. Er ist mehr als ausgeglichen durch die offene g-Linie und bildet keinen vereinzelten Doppelbauern.
Der Tausch auf f6 ist nicht erzwungen. Weiß könnte 13.Ld4 spielen, und Schwarz würde dann Ld6 antworten und e6-e5 drohen. Das brächte den weißen Läufer in Schwierigkeiten.
Macht Weiß einen einfachen Entwicklungszug wie 13.Sf3, vergrößert Schwarz seinen Vorteil durch 13. ... Sc2+ 14.Sc2: Tb2:.

13. ... g7xf6

14. Sg1-f3 Th8-g8

Dieser Zug illustriert, wie eine offene Linie benutzt werden kann, um die gegnerischen Figuren zu binden. Der Druck des Tg8 verhindert im Augenblick die Entwicklung des Lf1.

15. Sf3-d4

Etwas besser war 15.g3, um demnächst den Lf1 entwickeln zu können.

15. ... e6-e5

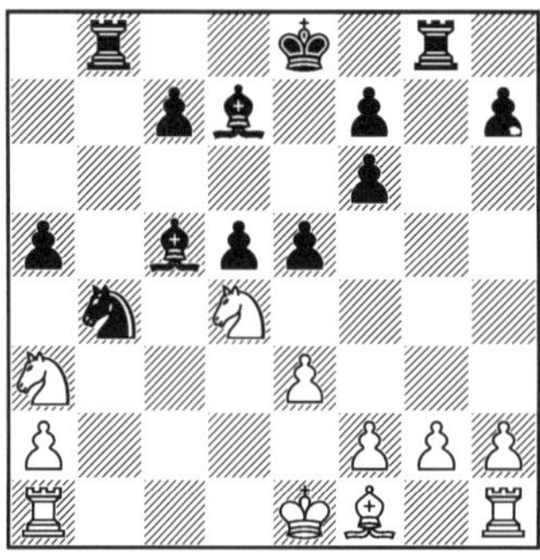

Schwarz verschafft sich ein starkes Zentrum, nachdem er sich überzeugte, dass der Zug dem Weißen keine neuen Felder gibt. Weiß kann mit dem Springer nicht nach f5, und 16.S4b5 ist nicht viel wert: 16. ... Lb5: 17.Lb5:+ Tb5: 18.Sb5: Sc2+ 19.Ke2 Sa1: 20.Ta1: c6! und dann 21.Sc3 Tg2: oder 21.Sc7+ Kd7 22.Sa6 Ld6 und der Springer ist verloren.

16. Sd4-c2

Was kann er sonst tun? Falls 16.Sf3, so hätte er den letzten Zug mit Tempoverlust zurückgenommen. Falls 16.Sb3, so Ld6 mit der Drohung 17. ... Sa2: gefolgt von Tb3: mit Bauerngewinn bzw. 17. ... a4 mit erneuter Vertreibung des Springers. Beantwortet Weiß 16. ... Ld6 mit 17.Sa5:?, so erhält Schwarz nach 17. ... Ta8 eine ganze Figur für seinen Bauern.

16. ... Ld7-a4!

Greift den Springer zum zweiten Mal an, und Weiß kann nicht 17.Sb4: antworten, weil er dann eine Figur einbüßt (Lb4:+ usw.).

17. Ke1-d2

17.0-0-0 verliert sofort durch 17. ... Sa2:+ 18.Kd2 La3: 19.Sa3: Ld1:. 17.Tc1 könnte ebenfalls mit Sa2: beantwortet werden; noch einfacher wäre jedoch 17. ... Sc2:+ 18.Sc2: Tb2 19.Kd2 mit Übergang in die Partiefolge.

17. ... Sb4xc2
18. Sa3xc2 Tb8-b2

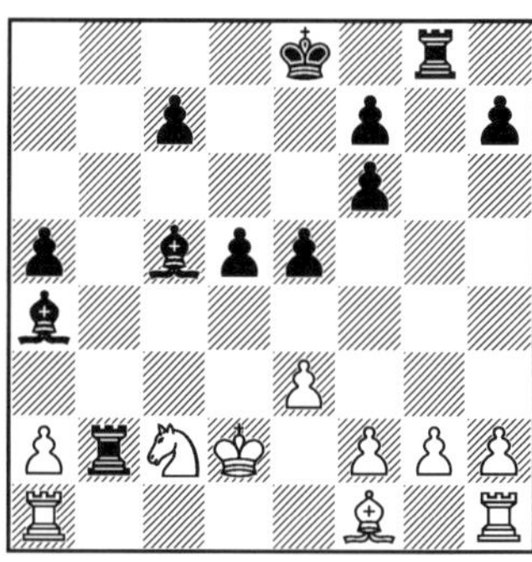

Schwarz ergreift von der 2. Reihe mit gleichzeitiger Drohung Besitz. Weiß muss seine Figuren an die Verteidigung des Sc2 binden.

19. Ta1-c1

Wenn 19.Ld3, so 19. ... e4 20.Kc1 ed3: 21.Kb2: dc2: mit einem starkem Freibauern und entscheidendem Materialvorteil für Schwarz.

19. ... Lc5-b4+
20. Kd2-d1

20.Kd3 kostet nach e5-e4+ eine Figur.

20. ... Tb2xa2

Nun kann Weiß La3 nicht verhindern. Das greift den verteidigenden Turm an und beraubt den Sc2 des notwendigen Schutzes.

21. Lf1-d3

Die offensichtliche Antwort; aber der Läufer kann sich auf diesem Feld nicht behaupten.

21. ... e5-e4
22. Ld3-e2 Lb4-a3

Weiß gibt auf.

Nicht nur sein Springer ist verloren, auch der Turm hat kein Feld. Auf 23.Tb1 erobert Lc2:+ zusätzlich den Turm noch dazu.

Partie 10

Nachteile des frühzeitigen h2-h3 (h7-h6 bei Schwarz)
Wie man Tempogewinne ausnutzt
Behaupten der Initiative durch einen Vorbeugungszug
Angriff gegen den unrochierten König
Festhalten des Angriffs

Einer der Lieblingszüge, den der schwächere Amateur mit den schwarzen Steinen macht, ist ein vorbeugendes h7-h6 im ersten Partiestadium. Dieses unnötige Schutzmittel ist für Schwarz auf verschiedene Weise nachteilig: 1. er schwächt seine Bauernkette am Königsflügel; 2. er verliert ein Tempo und gesteht Weiß eine überlegene Entwicklung zu.

Das Problem für Weiß besteht darin, wie er den leichten Entwicklungsvorsprung verwerten kann. Eine der wirkungsvollsten Methoden ist, seinen Vorteil in der Entwicklung auf Kosten eines Bauern noch weiter zu erhöhen. Während Schwarz noch einen Zug verliert, um den angebotenen Bauern zu schlagen, entwickelt Weiß eine weitere Figur. Von da an muss Weiß versuchen, seine Entwicklungszüge mit Drohungen zu verbinden und den Schwarzen so viel wie möglich zu belästigen, so dass er sich verteidigen und die Entwicklung weiter verzögern muss.

In dieser Partie beseitigt Weiß, sobald er alle Figuren im Spiel hat, alle entwickelten Figuren des Schwarzen durch eine Reihe wohlerwogener Abtauschwendungen. Er macht dann maximalen Gebrauch von seinen verbliebenen Streitkräften, die aktiv stehen, und überwältigt den verwundbaren König seines Gegners, bevor Schwarz selbst irgendetwas Wirkungsvolles tun kann.

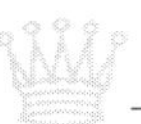

Weiss: Meister Schwarz: Amateur
Italienisch

1.	e2-e4	e7-e5
2.	Sg1-f3	Sb8-c6
3.	Lf1-c4	h7-h6(?)

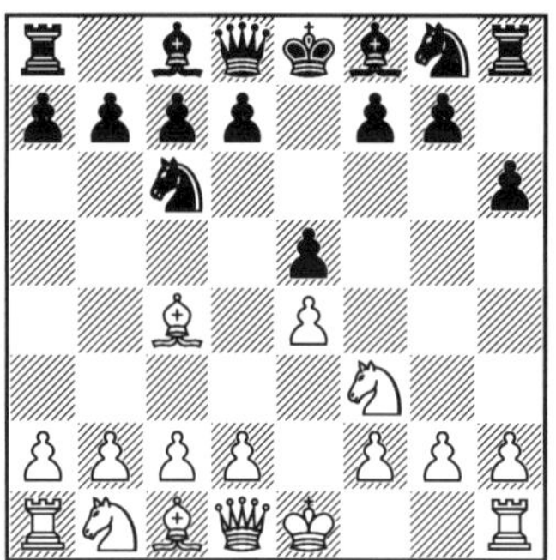

Dies ist ein Lieblingszug des schwächeren Amateurs. Er fürchtet irgendeinen künftigen Angriff des Lc1 (Lg5) oder des Sf3 (Sg5), und bevor der Lc1 überhaupt in der Lage ist zu ziehen, spielt er das vorbeugende 3. ... h6. In gewissen Stellungen kann ein solcher Sicherungszug gelegentlich nötig sein; hier ist er jedoch nicht nur unnötig, sondern kostet wertvolle Zeit in einem Eröffnungstypus, wo Tempi von größter Bedeutung sind. Anstatt die rasch beweglich werdenden Streitkräfte des Gegners mit bewaffneten Soldaten zu bekämpfen (d.h. Figuren herauszubringen), verliert Schwarz nur Zeit und Kraft, und ohne es zu erkennen, schwächt er außerdem seinen Verteidigungswall. Schwarz hätte besser getan, die Herrschaft des Weißen im Zentrum mit Zügen wie 3. ... Lc5 (siehe Partie 25) oder 3. ... Sf6 zu bekämpfen, der den Be4 bedroht, wogegen Weiß etwas tun müsste. Mit dem Textzug ist keine Drohung verbunden, und Weiß kann unbehindert fortfahren. Er geht daher aggressiv auf vollständige Zentralbeherrschung aus und spielt:

4. d2-d4

Weiß hat den ursprünglichen Vorteil des Anzugs und zusätzlich ein Tempo gewonnen wegen des wirkungslosen h7-h6. Weil er nun zwei Tempi im Vorteil ist, beschließt er die Stellung zu öffnen, denn der Wert des Tempos ist in solcher Art Stellungen am größten.

4. ... e5xd4

Schwarz muss nehmen, wie aus einer Analyse der plausibelsten Alternative hervorgeht: 4. ... d6 5.de5: de5: 6.Dd8:+ und 6. ... Kd8: 7.Lf7: bzw. 6. ... Sd8: 7.Se5:. Weiß könnte sogar noch energischer vorgehen mit 6.Lf7:+ Kf7: 7.Se5:+ und Schwarz ist in großen Schwierigkeiten, wie 7. ... Se5:? 8.Dd8: oder 7. ... Ke7 8.Sg6+ zeigt. Nach 7. ... Kf6 jedoch ist die Lage nicht so klar. Das heißt nicht, dass das Opfer unrichtig wäre, denn nach 8.Sd3 hat Weiß zwei Bauern für die Figur, und der schwarze König steht schlecht. Andererseits ist der sichere Gewinn eines Bauern, wie in den anderen Varianten, wohl vorzuziehen.

5. c2-c3

Weiß bietet einen Bauern für raschere Entwicklung an. In offenen Stellungen wie dieser ist Entwicklung von gewaltiger Bedeutung und oft einen oder zwei Bauern wert.

Weiß hätte auch 5.Sd4: antworten können, wonach die Partie weitergehen könnte: 5. ... d6 6.0-0 Sf6, und Weiß hat bestimmt eine gute Partie. Es ist schwer, objektiv zu sagen, welche der beiden Methoden (5.Sd4: oder 5.c3) am besten ist. Durch das Bauernopfer kann Weiß überzeugender die Zwecklosigkeit von 3. ... h6 dartun.

Kann Schwarz jedoch den gewonnenen Bauern behaupten und dann die Stellung halten, so mag der Plusbauer am Ende zählen. Weiß muss daher sehr genau spielen, um den bestmöglichen Gebrauch von seiner überlegenen Entwicklung zu machen, bevor Schwarz sich festigen und den Bauern in die Waagschale werfen kann.

5. ... d4xc3

Schwarz nimmt den Bauern an. Er kann nicht viel anderes tun. Versucht er seine Entwicklung mit 5. ... Sf6 fortzusetzen, folgt 6.e5 d5 (6. ... Se4 7.Ld5 Sc5 8.cd4: führt zu einer gewaltigen Partie für Weiß.) 7.Lb5 Se4 8.Sd4: Ld7 9.e6 fe6: 10.Dh5+ und infolge des schwächenden Zuges h7-h6 verliert Schwarz das Rochaderecht und findet seinen König in bloßgestellter Lage.

6. Sb1xc3

Man vergleiche die Entwicklung beider Lager. Weiß hat drei Figuren im Spiel und einen Bauern auf e4, Schwarz hat eine Figur entwickelt und einen Bauern auf h6.

6. ... d7-d6

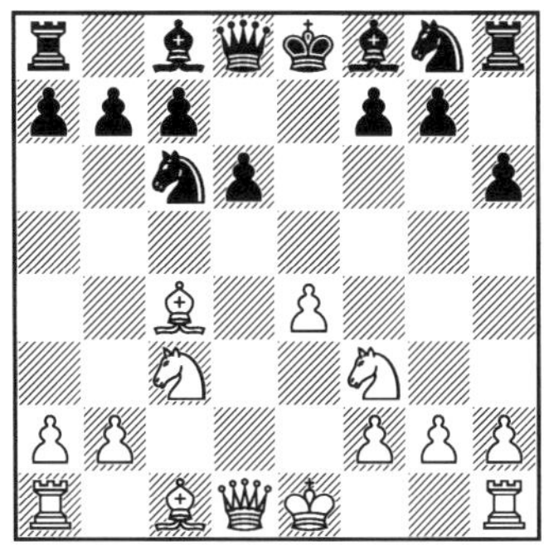

Versucht Schwarz seinen Sg8 zu entwickeln (6. ... Sf6), so kommt er nach 7.e5 in Schwierigkeiten. Antwortet er 6. ... Lb4, so erhalten wir eine Partie von der Natur des Beispiels 18, mit dem Unterschied, dass sich in jener Partie der Sg8 auf f6 und der h-Bauer auf h7 befindet, gewiss ein vergleichsweiser Nachteil für Schwarz. Nach 7.0-0 Lc3: 8.bc3: d6 kann Weiß ein baldiges e4-e5 vorbereiten und 9.Te1 spielen mit der Fortsetzung 9. ... Sge7 10.La3 0-0 11.e5 de5: 12.Se5: und Schwarz kann Qualitätsverlust nicht vermeiden, z.B. 12. ... Se5: 13.Tc5: Dd1: 14.Td1: Sc6 15.T5e1 Lg4 16.f3. Nach 11. ... d5 12.Lb5 hat Weiß ebenfalls eine schöne Partie und viele Möglichkeiten, den Bauern oder mehr zurückzugewinnen, z.B. 12. ... Le6 13.Lc6. bc6: 14.Sd4 und a) 14. ... Te8 15.Le7: nebst Sc6: führt zu nicht mehr als Ausgleich; Weiß muss jedoch 15.f4 spielen, den Druck aufrechthalten und einen Königsangriff vorbereiten. Weiß hat zeitweise einen Bauern für eine starke Stellung gegeben und kann den Bauern jederzeit zurückzuerhalten, sollte dies aber nicht zu rasch tun; b) 14. ... Ld7 15.e6 fe6:

16.Se6: Le6: 17.Te6: Tf7 18.De2 Sf5 19.Tc6: und Weiß ist im Vorteil.

7. Dd1-b3

Weiß greift den Bf7 ein zweites Mal an und drückt auf den Bb7, so dass der Lc8 vorläufig an seine Verteidigung gebunden ist. Im Allgemeinen ist ein rascher Angriff nicht besonders ratsam, aber hier möchte Weiß aus seinem Entwicklungsvorsprung Vorteil ziehen.
Weiß hätte auch 7.e5 ziehen können, wonach die Partie wie beim 4. Zug von Schwarz angegeben weitergehen könnte.
Spielt Schwarz auf sofortige Vereinfachung und zieht 7. ... Sa5, so folgt 8.Lf7:+ Ke7 und a) 9.Dd5 c6 10.Dh5 Sf6 11.Dg6 oder, ein wenig besser, b) 9.Da4 Kf7: 10.Da5:. In beiden Fällen hätte Weiß den Bauern zurückgewonnen, während der schwarze König unsicher postiert wäre. Daher spielt Schwarz:

7. ... Dd8-e7

Zum Schutz von f7, aber 7. ... Dd7 wäre wirkungsvoller, weil Schwarz dann die Vereinfachung 8. ... Sa5 gedroht hätte, weil das Damenschach auf a4 ausgeschaltet wäre. Weiß hätte außerdem den Angriffszug Sd5 nicht zur Verfügung. Nach 7. ... Dd7 hätte die Partie weitergehen können: 8.Lb5 a6 9.Lc6: Dc6: und Weiß hat eine gute Grundlage für einen späteren Angriff durch 0-0, Le3, Tac1 und Sd5 gelegt.

8. Sc3-d5

Es ist wichtig, die Initiative in einer offenen Partie, wo eine Seite ein oder mehrere Tempi voraus ist, festzuhalten. Daher gibt Weiß den Be4 preis und bedroht die feindliche Dame. Wenn ein Spieler Zeitvorsprung und offene Linien hat, kann er es sich leisten anzugreifen, auch wenn er noch nicht voll entwickelt ist.

8. ... De7-d7

Schwarz verzichtet auf den Gegenangriff De4:+, weil Weiß nach 9.Kd1 sowohl 10.Te1 mit Damengewinn als auch 10.Sc7:+ droht. Versucht Schwarz, diesen Drohungen mit 9. ... Kd8 zu begegnen, so tut Weiß nichts Besonderes, sondern verstärkt einfach seine Stellung mit 10.Te1 Df5 11.Ld2 (verhindert Sa5), und nun hat Schwarz keine Züge mehr. Weiß hat alle Figuren entwickelt, Schwarz praktisch keine. Weiß kann zahllose Dinge tun, wie Se3 oder Sf4 und Lf7:. Doch das Spiel ist nicht einfach. Weiß muss sorgfältig spielen, um seine Überlegenheit zu wahren.

9. Lc1-d2

Verhindert den Vereinfachungszug Sa5. Solche vorbeugenden Züge können einen wichtigen Teil des Problems darstellen, wie die Initiative zu behaupten ist. Man sollte nicht zögern, sie auszuführen, obwohl sie ein Tempo kosten und die Kraft der Initiative zu verlangsamen scheinen.
Weiß hätte auch 9.Lb5 spielen können, aber 9.Ld2 ist stärker, weil es

eine neue Figur herausbringt, den Tausch Lc6: vermeidet (der auf a7-a6 notwendig wäre), c1 für den Turm freimacht und die Batterie Db3-Lc4 aufrechterhält.

9. ... Lf8-e7

Um die Entwicklung des Sg8 vorzubereiten, der nicht gut sofort ziehen darf, weil die Bauernstellung des Schwarzen nach 9. ... Sf6 10.Sf6:+ gf6: ernsthaften Schaden leidet und seine Rochademöglichkeiten verringert werden.

10. 0-0 Sg8-f6

Schwarz entwickelt nun seine Figuren normal; 3. ... h6 hat ihn jedoch Zeit gekostet, und er ist immer noch mit der Entwicklung zurück.

11. Ld2-c3!

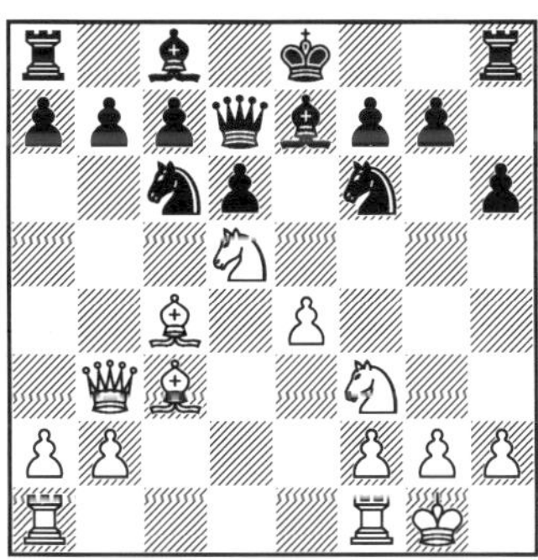

Droht wiederum, die schwarzen Bauern durch Schlagen auf f6 zu verdoppeln.
Ist ein Spieler einem heftigen Angriff ausgesetzt, sollte er versuchen, durch Figurentausch zu vereinfachen. Schwarz kann aber hier zu diesem Zweck nicht die Springer tauschen, weil Weiß nach 11. ... Sd5: 12.ed5: Sd8 13.Lg7: Tg8 14.Ld4 Dh3 15.g3 im Vorteil wäre, denn er hätte den Gambitbauern zurückgewonnen, und der schwarze König ist im Zentrum sehr bloßgestellt. Außerdem ist der Druck des Schwarzen am Königsflügel nur vorübergehend, denn er ist nicht leicht zu verstärken.

11. ... Sf6xe4?

Wer A sagt, muss auch B sagen... Der Zug führt zu rascher Katastrophe, weil die Stellung sich mehr und mehr öffnet. Am besten wäre für Schwarz hier noch die Rochade gewesen, auch wenn Weiß den Königsflügel dann durch 12.Sf6:+ aufreißen könnte.

12. Tf1-e1

Weiß nimmt sofort von der offenen Linie Besitz, die ihm gewiss einigen Angriff auf den unrochierten König geben wird.
Spielt Weiß stattdessen 12.Lg7:, erhält Schwarz nach Tg8 Gegenchancen; z.B. 13.Lh6:? Dh3. Man vergleiche dies mit der Bemerkung zum 11. Zug von Weiß und beachte, wie viel besser es um Schwarz bestellt ist, weil der Königsspringer am Angriff teilnimmt.

12. ... Se4xc3
13. Sd5xe7!

Der Sc3 kann warten. Zunächst ist Weiß darauf aus, die feindliche Königsstellung zu ruinieren.

13. ... Sc6xe7
14. Lc4xf7+

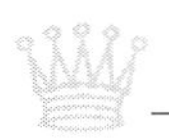

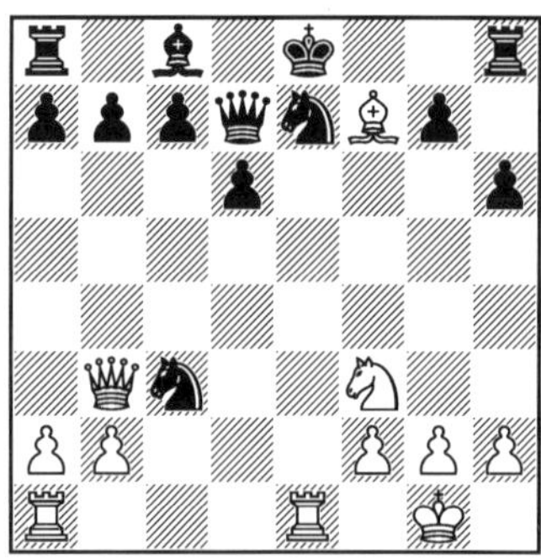

Das erste greifbare Ergebnis der weißen Strategie. Schwarz verliert die Rochade, und dies ist zweifellos den Bauern wert, den Schwarz immer noch guthat.

14. ... Ke8-f8

Auf d8 steht der König noch schlechter. Weiß spielt einfach 15.bc3: und droht bereits den tödlichen Streich Se5 (de5: Tad1).

15. b2xc3 d6-d5

Schwarz muss die Verbindung zwischen Db3 und Lf7 so bald wie möglich unterbrechen, bevor Weiß seine Stellung durch einen Zug wie Sd4 (drohend Se6+) verstärkt.

16. Sf3-e5 Dd7-d6
17. Ta1-d1

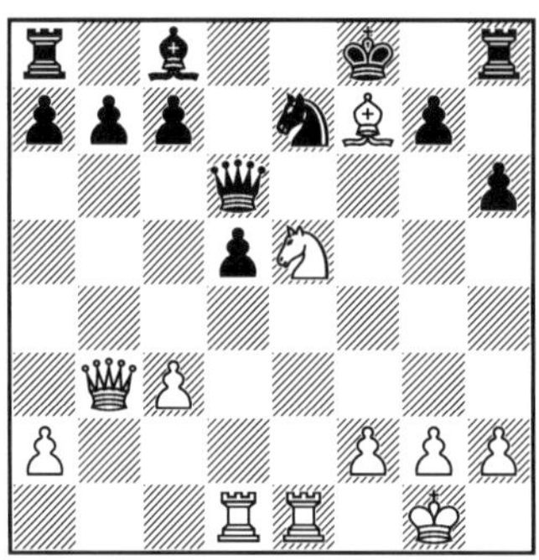

Immer das gleiche Prinzip: führe neue Kräfte heran, wenn ein Entwicklungsvorsprung vorhanden ist. Man vergleiche Partie 14. Hier greift Weiß den Bd5 mit dem gerade entwickelten Turm an und schafft außerdem eine latente Drohung für die schwarze Dame. Immer wenn König oder Dame sich in einer Linie mit Turm oder Läufer des Gegners befinden, besteht eine verborgene Gefahr, auch wenn sich ein oder mehrere Steine dazwischen befinden.

17. ... c7-c6
18. c3-c4

Greift nicht nur den d-Bauern ein weiteres Mal an, sondern öffnet außerdem die 3. Reihe, so dass die Dame sich auf die andere Brettseite begeben kann. Offene Linien sind ein Vorteil für die Partei, die den Angriff hat.

18. ... Lc8-f5

Man beachte, dass 18. ... dc4: sofort verliert: 19.Td6: cb3: 20.Td8 matt.

19. c4xd5 Se7xd5
20. Lf7xd5 c6xd5
21. Td1xd5[1)]

Weiß hat seinen Bauern wieder und steht wunderbar. Sein Angriff läuft, und die schwarzen Figuren kämpfen immer noch um Entwicklung.

21. ... Dd6-f6
22. Td5-d7

1) Nach 21. Db3xb7 (angegeben von Dr. Karl-Heinz Walter) wäre die Partie für Schwarz aufgabereif, z. B. 21. ... Kg8 22. Da8:+ Df8 (22. ... Kh7? 23. Dh8:+ Kh8: 24. Sf7+) 23. Dd5:+ Kh7 24. Sf7 usw.

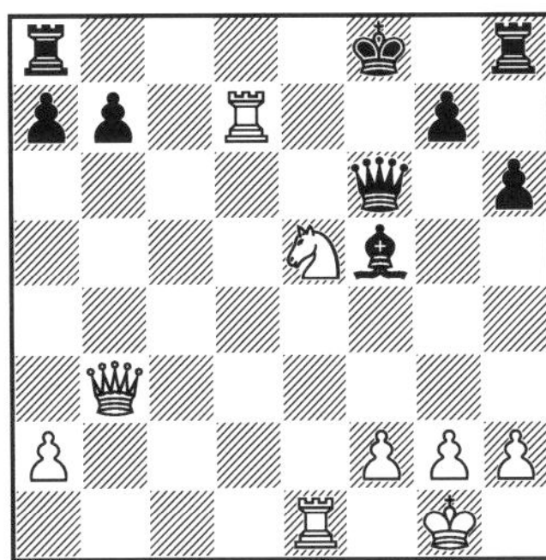

Droht 23.Tf7+. Die Beherschung der 7. Reihe durch den Turm ist immer stark. Hier ganz besonders wegen des dreifachen Angriffs auf f7.

22. ... Lf5-e6

Auf 22. ... Ld7:? gewinnt 23.Sd7:+ die Dame.
Weiß hat nun die Initiative und gewiss eine viel bessere Partie, obwohl Materialgleichstand herrscht. In solchen Stellungen stellt sich häufig das Problem, wie die Initiative zu behaupten, wie der Zeitvorteil in Material zu verwandeln ist oder wie man mit dcn vorhandcncn Figurcn sogar mattsetzen kann. In dieser Lage hat Schwarz es wegen der verletzlichen Königsstellung schwer, sich durch Tausch zu erleichtern. Trotzdem muss Weiß sorgfältig rechnen und zwingende Züge finden. Er fährt daher fort:

23. Se5-g6+

Durch dicsen Zug erzwingt Weiß den Tausch seines Springers gegen die wichtigste Verteidigungsfigur des Schwarzen, den Läufer. Man beachte, dass Schwarz nehmen muss.

23. ... Df6xg6
24. Te1xe6

Nicht 24.De6:. Nach Damentausch hätte Weiß nur einen kleinen Vorteil. Ohne Tausch gewinnt Weiß sofort, wie sich gleich zeigt.

24. ... Ta8-e8

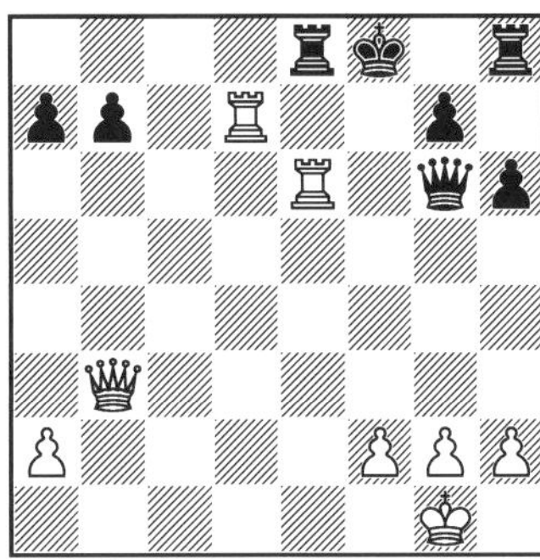

Ein letzter Versuch. Schwarz hofft, das Grundlinienmatt 25.Tg6:?? Te1 anzubringen. Es gab keine Rettung, denn 24. ... Dg5 führt zu 25.Te8+ K/Te8: 26.Df7 matt, und 24. ... Df5 25.T6e7 ist nicht besser.

25. Db3-b4+

Dieses Zwischenschach deckt das Feld e1. Durch das Schachgebot wird Schwarz zu einem Königszug ge zwungen, und Weiß kann im nächsten Zug die Dame schlagen. Schwarz gibt auf.

Partie 11

Die Philidor-Verteidigung
Aufgabe des Zentrums
Zeit gegen Material
Der Angriff gegen den Punkt f7 durch Läufer und Springer
Das Festhalten des Vorteils
Abtausch, um eine gut stehende Figur zu beseitigen

Morphys großer Beitrag zum Schach waren seine Strategie und Technik der Behandlung offener Spiele. Eine Untersuchung seiner Methode lässt sich wie folgt zusammenfassen: „Erziele einen Entwicklungsvorsprung, öffne das Spiel, wenn nötig, durch Opfer von Bauern oder gar Figuren und überwältige deinen Gegner mit allen verfügbaren Kräften, bevor er ausgleichen oder zurückschlagen kann."

In dieser Partie macht der Amateur den Fehler, nach Materialgewinn auf Kosten der Entwicklung zu streben – er gewinnt zuerst einen Bauern, dann einen zweiten. Der Meister erhält dadurch einen erheblichen Entwicklungsvorsprung. Er muss diesen vorübergehenden Vorteil an Zeit und Raum jedoch sofort ausnutzen, wenn er sich nicht auflösen soll. Zuerst sind die günstigsten Felder auszuwählen, auf die die Figuren befördert werden sollen; dann muss er sich entscheiden, wie seine Figuren zusammenarbeiten können, um einen Mattangriff durchzuführen oder materiellen Vorteil zu erlangen – eine Frage der Taktik.

Bei der Lösung dieses taktischen Problems spielen alle Arten von Faktoren eine Rolle. Die unfehlbare Methode wäre, alle Möglichkeiten zu berechnen, dies ist jedoch im Allgemeinen praktisch nicht möglich. Der Meister muss sich auf ein oder zwei Züge in verschiedenen Abspielen beschränken und die sich ergebenden Schlussstellungen dieser Varianten abschätzen. Die Grundlage dieser Abschätzungen kann verschieden sein. In einem Fall kann es sich lediglich um die materiellen Verhältnisse handeln, im anderen um die Tatsache, dass der gegnerische König einer überlegenen Macht schutzlos gegenübersteht, im dritten um eine Kombination dieser beiden Elemente usw. Aus diesen Einschätzungen geht das Urteil des Meisters hervor, wählt er das günstigste Abspiel und entscheidet, wie er seinen Vorteil festhalten wird.

WEISS: MEISTER SCHWARZ: AMATEUR
PHILIDOR-VERTEIDIGUNG

1. e2-e4 e7-e5
2. Sg1-f3 d7-d6

Die Philidor-Verteidigung. Schwarz baut einen festen Verteidigungswall auf, was ein Vorteil ist; er schließt dabei aber den Lf8 ein, ein kleiner Nachteil, und er wählt ein etwas passives Verteidigungsspiel, anstatt ein baldiges d7-d5 anzustreben, das ihm ein unternehmenderes Spiel verschaffen würde.

3. d2-d4

Weiß öffnet die Partie sofort und droht Bauerngewinn auf e5. Schwarz hat nun die Wahl. Er kann spielen:

a) 3. ... Sc6 und die Partie könnte mit 4.Lb5 Ld7 5.Sc3 Sf6 in die Steinitz-Verteidigung der Spanischen Partie übergehen. Weiß kann aber auch auf e5 tauschen und dem Gegner die Rochade verderben.
b) 3. ... Sd7 (um den Be5 zu behaupten) 4.Lc4 c6 (die Hanham-Variante) 5.0-0 Le7 6.Sc3 Sf6. Schwarz steht beengt, aber fest.
c) den Gegenangriff 3. ... Sf6 4.de5: Se4: 5.S1d2 Sd2: 6.Ld2: und Weiß steht ein wenig besser.

Stattdessen zieht er:

3. ... e5xd4

Das ist weniger gut als die angegebenen Züge, weil das Zentrum aufgegeben wird. Schwarz beschränkt sich dabei auf drei Reihen, während Weiß über vier verfügt.

Die normalen Fortsetzungen sind:

a) 4.Sd4: Sf6 5.Sc3 Ld7 6.Lc4 und Weiß hat mehr Bewegungsfreiheit. Das gilt ganz allgemein für die Philidor-Verteidigung.
b) 4.Dd4: Sc6 5.Lb5 (auf diese Weise vermeidet Weiß Zeitverlust und behauptet die Dame in ihrer guten Zentralstellung) 5. ... Ld7 6.Lc6: Lc6: 7.Sc3 Sf6 8.Lg5 Le7 9.0-0-0.

Weiß entscheidet sich jedoch, einen Bauern herzugeben, um ein Tempo zu gewinnen, und spielt:

4. Lf1-c4

Schwarz hat keine Figuren entwickelt und sollte 4. ... Sf6 oder 4. ... Sc6 fortfahren. Er lässt sich aber verleiten, den eben gewonnenen Bauern zu behaupten und spielt:

4. ... c7-c5?

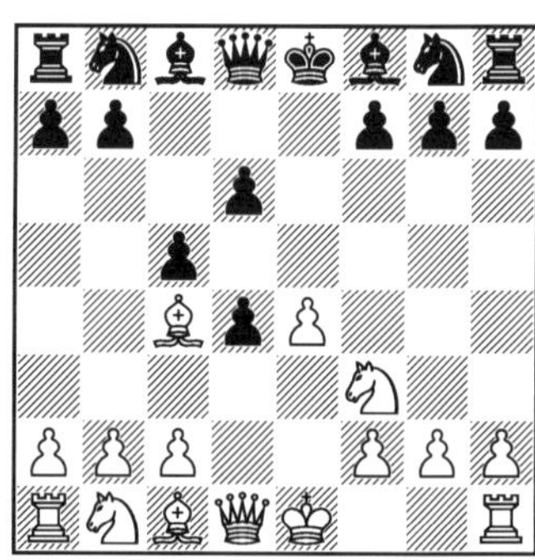

Könnte Schwarz diese Formation halten, könnte es der Mühe wert sein, darauf zu spielen. Das ist jedoch nicht möglich. Außerdem hat er keine Figuren entwickelt, so dass der Vorsprung des Weißen an Entwicklung und Felderbeherrschung schon beträchtlich ist. Andererseits hat Schwarz einen Bauern mehr.

5. c2-c3

Verfrüht wäre 5.Sg5 wegen Sh6.

5. ... d4xc3

Anders ist der Bauer nicht zu behaupten. Weiß würde nun eine gute Partie mit Sc3: haben, denn Schwarz behielte einen rückständigen Bauern auf d6 und ein Loch auf d5. Weiß entschließt sich jedoch, den Kampf von Zeit gegen Material noch weiterzutragen. Er spielt:

6. 0-0 c3xb2?

Schwarz hätte besser getan, den zusätzlichen Bauer nicht anzunehmen, sondern seine Entwicklung mit 6. ... Sc6 zu beginnen.

7. Lc1xb2 Sg8-f6?

Besser wäre zuerst 7. ... Sc6 als Vorbereitung einer Verteidigung des Punktes f7 (z.B. 8.Sg5 Se5). Weiß hat nun rochiert und drei Figuren entwickelt gegen eine schwarze. Er hat einen Bauern im Zentrum im Gegensatz zu der schlechten Bauernstellung c5-d6 des Schwarzen. Mit seinem erheblichen Vorsprung an Entwicklung und Herrschaft über das Zentrum kann Weiß erwarten, mehr als Ausgleich zu erreichen, d.h. er kann einen großen Vorteil anstreben, und er muss es. Gelingt es ihm nicht, das Beste aus seinem zeitweiligen Zeitvorsprung herauszuholen, zieht Schwarz in der Entwicklung gleich und behauptet die beiden gewonnenen Bauern. Weiß zieht daher:

8. Sf3-g5

Bedroht f7. Dieser Typus eines vereinigten Angriffs von Läufer und Springer auf den Punkt f7 ist in Amateurpartien, die mit dem Königsspringerspiel eröffnet werden, sehr oft zu sehen. Er kommt auch in verschiedenen theoretischen Varianten vor. In dieser Stellung ist die Verteidigung nicht leicht. Bei allen Erwiderungen muss Schwarz einen seiner Bauern hergeben.

8. ... Lc8-e6

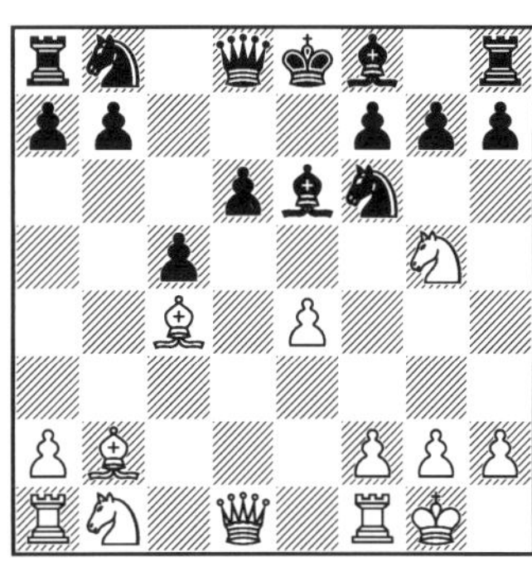

Wenn 8. ... d5, so öffnet 9.ed5: gefährlich die e-Linie, z.B. 9. ... h6? 10.Tc1! Lc7 11.d6 usw.

9. Lc4xe6

Weiß tauscht lieber seinen Läufer als seinen Springer, der in dieser Stellung wertvoller ist, weil er lästig drohen und Schach bieten kann.

9. ... f7xe6

10. e4-e5

Um 10. ... de5: mit 11.Dd8:+ Kd8: 12.Sf7+ und Turmgewinn zu beantworten.

Es ist wichtig zu erkennen, warum und wie der Meister hier seinen Vorteil sichert. Er hätte 10.Se6: Dd7

11.Sg5 spielen können, aber der Textzug öffnet das Spiel, so dass der Entwicklungsvorsprung fühlbarer wird.

10. ... Sf6-d7

Eine Figur verliert 10. ... Sd5 wegen 11.Se6:.

11. Sg5xe6

Der weiße Springer besetzt nun einen beherrschenden Platz im Gebiet des Schwarzen.

11. ... Dd8-b6

Schwarz rüstet zum Gegenangriff. Er hat wirklich kaum etwas anderes, denn 11. ... De7 kostet wegen 12.Sc7+ den Turm. Weiß hat nun eine überwältigende Stellung, und doch fiele es einem Amateur wohl nicht ganz leicht, mit ihr etwas anzufangen. Wie ist der Angriff fortzusetzen, und wie kann Weiß zugleich den bedrohten Läufer schützen? Die Antwort liegt zum Teil darin, dass Weiß den Ta8 gewinnt, wenn Schwarz den Läufer schlägt.

12. Sb1-c3

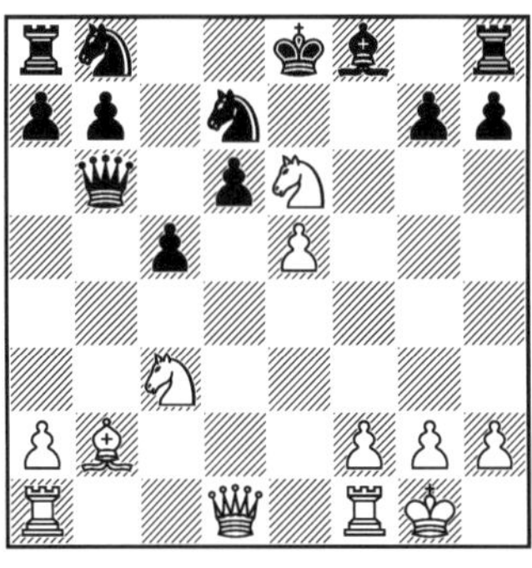

Der Kampf Zeit gegen Material setzt sich fort. Wenn nun 12. ... Db2:, so 13.Sc7+ Kd8 14.S3d5 Se5: 15.Sa8: Sa6 16.Tb1, gefolgt von Tb7:. Weiß befreit den Springer, behält den Materialvorteil und hat außerdem Angriffsmöglichkeiten.

12. ... Sb8-a6

Schwarz entschließt sich, zuerst den Punkt c7 zu decken; aber der Springer steht auf a6 nicht wirkungsvoll. Er übt keinen Einfluss auf die Mitte aus.

13. Ta1-b1 Sd7xe5

Schwarz ist einmal mehr an materiellem Gewinn interessiert; diesmal jedoch mit Recht, denn er beseitigt zugleich den Be5, der eine gefährliche Waffe werden könnte.

14. Sc3-d5

Weiß bringt den Springer mit Tempo auf dieses wichtige Zentralfeld, denn er greift die Dame an.

14. ... Db6-c6

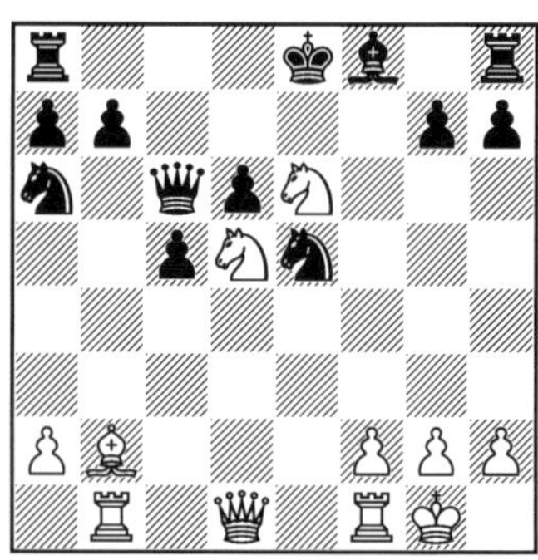

Hier stellt sich wiederum die Frage – wie kann Weiß aus einer starken Stellung das meiste herausholen?

15. Lb2xe5

Weiß tauscht hier, um die einzige gut postierte Figur des Schwarzen zu beseitigen, seine Linien bestmöglich zu gebrauchen und mehr Figuren in beherrschende Stellungen zu bringen.

15. ... d6xe5
16. Dd1-h5+ g7-g6
17. Dh5xe5

Droht 18.Dh8:. Schwarz steht hilflos, denn alle Mittellinien sind offen und drei weiße Figuren wie Pistolen gegen den schwarzen König gerichtet.

17. ... Th8-g8

Weiß steht so stark, dass er nun auf mehrere Arten gewinnen kann. So erobert 18.Sd4+ die Dame. Diese Partie wurde jedoch in einem Simultankampf gespielt, und der Meister, der Neigung mancher Amateure bewusst, die Partie auch in hoffnungsloser Lage weiterzuschleppen, entschloss sich stattdessen auf Matt zu spielen.

18. Sd5-f6+ Ke8-f7

Oder 18. ... Ke7 19.Tbd1 (drohend 20.Sg5+) und nun 19. ... De6: 20.Td7 matt oder 19. ... Lh6 20.Sg5+ Kf8 21.S6h7: matt.

19. Se6-g5+ Kf7-g7
20. Sf6-h5++ Kg7-h6
21. Sg5-f7 matt

Matt liegt hier „in der Luft". Möglich ist auch 20.Sg4+ Df6 21.Df6: matt.

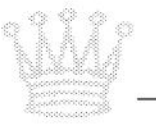

Partie 12

Spanische Partie
Motive für den Tausch
Druck in der Mitte durch einen Bauern
Abschneiden der Verbindung zwischen den Flügeln
Ausnutzen des geschwächten Flügels
Der Schlussangriff auf den König

Die gebräuchlichen Eröffnungsvarianten sind nicht die einzig korrekten. Modeströmungen spielen eine Rolle. Wird eine bestimmte Eröffnung in Turnieren oft gespielt, wird sie Gegenstand vieler theoretischer Analysen. Die Folge ist, dass viele andere Spieler jene Eröffnung ebenfalls anwenden. Das bedeutet nicht, dass selten gespielte Varianten schlecht sein müssen. Es ist ein Verdienst von Weltmeistern wie Steinitz, Lasker, Aljechin, dass sie mit sehr festen Eröffnungen auftraten, die niemand gründlich kannte, weil sie so selten gespielt wurden.

In dieser Partie wählt Schwarz, ein Kaffeehausspieler, eine selten vorkommende Verteidigung der spanischen Partie. Sie ist nicht die stärkste theoretische Variante, und er wird gewiss kein überwältigendes Spiel mit ihr erhalten, aber sie gibt eine sehr feste Stellung, und der Meister wird ihn nicht in wenigen Zügen überrennen können. Im Gegenteil, am Anfang des Mittelspiels scheint mit der Stellung des Amateurs alles in Ordnung zu sein. Hier jedoch zeigt sich das Können des Meisters, der zuerst eine Schwäche schafft und sie dann ausnutzt. Er findet einen feinen Zug, der dem ungeschulten Auge seltsam erscheint, der jedoch zu einer Zersplitterung des schwarzen Verteidigungsaufbaus in zwei Teile führt, die Verbindung zwischen beiden Teilen unterbricht und schwierig gestaltet. Dies ist die Pointe. Wenn die Verbindung zwischen Damen- und Königsflügel so ist, dass der Gegner seine Figuren nicht leicht und rasch von einer Seite zur anderen bringen kann, so kann und muss es geschehen, dass er zu irgendeinem Zeitpunkt nur über eine Minderheit an Kräften auf einem wichtigen Teil des Brettes verfügt.

So geht es auch in dieser Partie. Schwarz ist wegen mangelnder Verbindung nicht in der Lage, seinen Damenflügel zu verteidigen. Nachdem er eine Schwäche geschaffen hat, schreitet der Meister geschickt zu ihrer Ausnutzung.

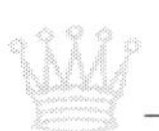

Weiss: Meister Schwarz: Amateur
Spanisch

1.	**e2-e4**	**e7-e5**
2.	**Sg1-f3**	**Sb8-c6**
3.	**Lf1-b5**	

Die spanische Partie, die dem Weißen mehr Möglichkeiten gewährt als die meisten anderen.
Mit 3.Lb5 übt Weiß indirekten Druck gegen die schwarze Stellung aus, denn mit Lc6: droht er schließlich den Be5 zu erobern. Unmittelbar ist das nicht der Fall, denn 4.Lc6: dc6: 5.Se5:? wird mit Dd4 und günstigem Rückgewinn des Bauern beantwortet. Schwarz muss jedoch ständig damit rechnen, dass Weiß Lc6: unter günstigeren Umständen spielt, die eintreten können, wenn vorher der Be4 geschützt worden ist: 3. ... Sf6 4.d3 und nun droht Lc6: wirklich, oder 3. ... a6 4.La4 Sf6 5.0-0 Le7 6.Te1 und wieder droht Weiß, mit 7.Lc6: in Vorteil zu kommen (z.B. 6. ... 0-0? 7.Lc6: dc6: 8.Se5: und Weiß hat einen Bauern gewonnen).

3. ... Sg8-e7

Diesem Zug liegt die Idee zugrunde, den Sc6 zu unterstützen, so dass im Fall von Lc6: der Springer zurücknehmen und e5 verteidigen könnte. Der gebräuchlichste Zug ist hier 3. ... a6.

4. 0-0

Weiß rochiert, um freie Hand für jede Art von Vorgehen im Zentrum zu haben.

4. ... d7-d6

Ein Zug, der eine feste Verteidigungsstellung gibt und wiederum den Nachteil der geringeren Beweglichkeit mit sich bringt (siehe Partie 11). Er ist mehr oder weniger eine Folge des vorhergehenden Zuges.

5. d2-d4

Weiß versucht wieder, das Spiel zu öffnen. Es droht Bauerngewinn durch 6.de5:. Auch 6.d5 könnte für Schwarz unerfreulich sein.

5. ... Lc8-d7

Schwarz hat nun ein beengtes, aber festes Verteidigungsspiel.

6. Sb1-c3

Ein einfacher Entwicklungszug.

6. ... f7-f6

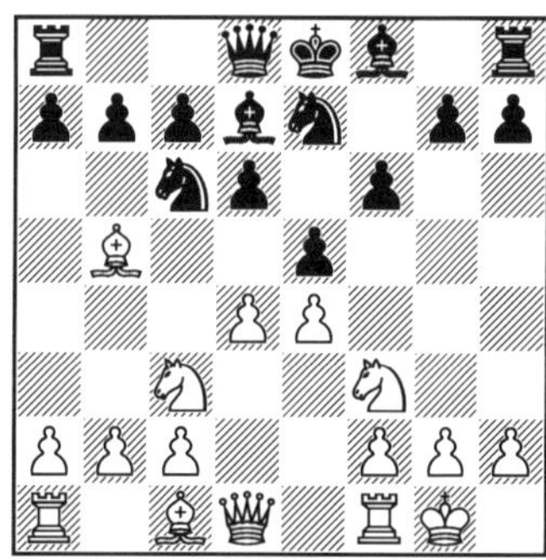

Dieser Zug sieht amateurhaft aus; in vielen Varianten der spanischen Partie ist er jedoch richtig, um das Zentrum zu verstärken. Der Zug kann von Amateuren und auch von einem Weltmeister gespielt werden. In einer Partie Lasker – Steinitz, Moskau 1896, zog Weiß 6.Lg5 (anstelle von 6.Sc3) und Schwarz erhielt ein sehr gutes Spiel, indem er f7-f6 mit Tempo erwiderte.

Weiß, der die bessere Zentralkontrolle und daher einen leichten Vorteil besitzt, versucht nun, Nutzen aus der Lage zu ziehen.

7. d4xe5

Weiß tauscht, um mehr Bewegungsfreiheit zu haben. Solange die Spannung (siehe Partie 9, 3. Zug von Weiß) d4 kontra e5 besteht, muss Weiß die Möglichkeiten d6xe5, f6xe5 und Sxe5 in Rechnung ziehen. Der Tausch befreit ihn von der Notwendigkeit, alle drei im Auge zu behalten. Könnte Schwarz Sg6, Le7 und 0-0 durchsetzen, wäre seine Stellung befriedigend, wenn auch beengt. Aljechin hatte eine große Vorliebe für solche Stellungen.
Man beachte, dass 7.Lc4, um Schwarz an einer baldigen Rochade zu hindern, strategisch gut, aber taktisch schlecht ist wegen 7. ... Sa5.

7. ... Sc6xe5

Gleichwertig sind die Alternativen d6xe5 und f6xe5.

8. Sf3xe5

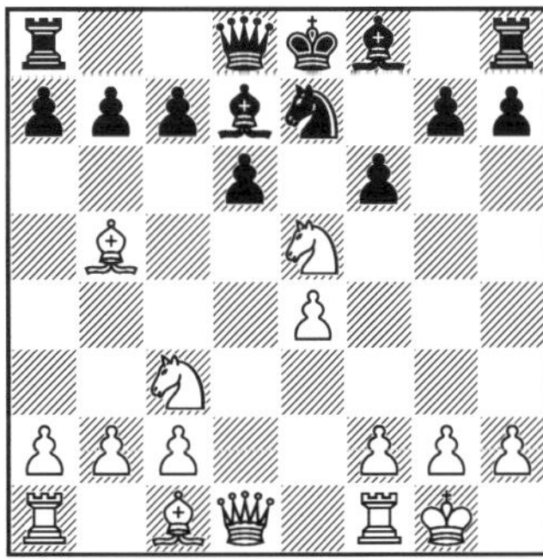

Diesmal tauscht Weiß, um die Diagonale für die Dame zu räumen. 8.Ld7:+ wäre nicht so gut, denn der weiße Läufer steht besser als der schwarze. Der Textzug gibt zwar dem Schwarzen Gelegenheit, selbst die Läufer zu tauschen, die Bedingungen wären aber für ihn nicht so günstig (siehe b zum 8. Zug von Schwarz).

8. ... f6xe5

Eine verdächtige Öffnung des Königsflügels. Jedoch:

a) 8. ... de5: 9.Lc4 und Schwarz hat größere Probleme. Die Formation c7-d6-e5 ist natürlicher als f6-e5.
b) 8. ... Lb5: kann mit 9.Sf7! (der Springer geht auf jeden Fall verloren) beantwortet werden. Nach 9. ... Kf7: 10.Sb5: ist es Weiß gelungen, den schwarzen König schlecht zu stellen; oder 9. ... Dd7? 10.Sd6:+ cd6: 11.Dh5+ gefolgt von 12.Db5: und Weiß hat einen Bauern gewonnen.

9. Lb5-c4

Weiß stellt seinen Läufer auf die wichtige Diagonale, die geöffnet worden ist. Für Weiß sollte etwas in der Stellung stecken, wenn man die beengte Stellung des Schwarzen und die offenen Linien des Weißen betrachtet.

9. ... Dd8-c8

Schwarz plant, Weiß die Herrschaft über die gefährliche Diagonale durch Le6 streitig zu machen – eine ausgezeichnete Idee.

10. Dd1-f3

Entwickelt die Dame und droht 11.Df7+. Zu erwägen ist 10.Dh5+ g6

11.Df3 Le6 12.Df6, aber dann gleicht Lc4: 13.Dh8: Lf1: aus.

10. ... Ld7-e6
11. Lc4xe6

Die Rückzüge 11.Le2 oder 11.Lb3 würden lediglich ein Tempo verlieren und den schwarzen Läufer an einem Ort belassen, wo er nicht schlechter stünde als der weiße.

11. ... Dc8xe6

Man mag nun wohl fragen: Nachdem es Schwarz gelungen ist, den weißen Angriff durch Entgegenstellen des Läufers zu stoppen, was hat Weiß erreicht? Wo liegt sein Vorteil?
Weiß hat hier tatsächlich nur wenig mehr als Ausgleich, nämlich den Vorteil der besseren Entwicklung und des beweglicheren Läufers. Dass der schwarze Nachteil so gering ist, liegt an folgendem:
a) Schwarz hat eine feste Verteidigungsstellung aufgebaut;
b) Schwarz war in der Lage, den weißen Angriff zu neutralisieren;
c) Schwarz hat keine wirklichen Bauernschwächen.
Unter diesen Umständen kann ein Meister auch gegen einen Kaffeehausspieler keinen Vorteil davontragen. Bis zu einem gewissen Grad muss er auf einen schwachen Zug oder einen Fehler warten.

12. Sc3-d5

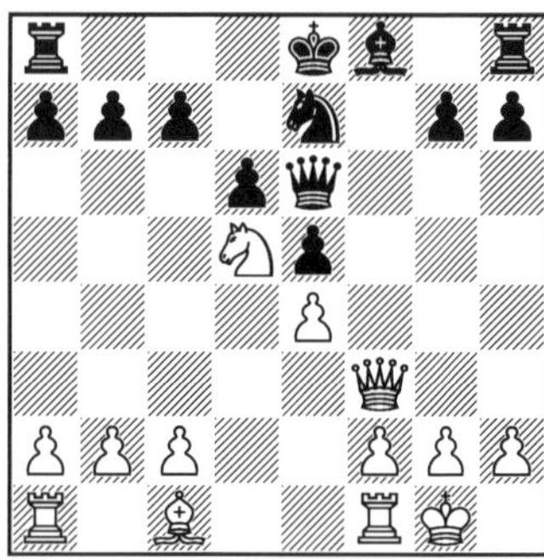

Warum zieht Weiß den schon entwickelten Springer, wenn sein Läufer und die Türme noch unentwickelt sind? Er möchte den folgenden Tausch erzwingen, wonach der Bd5 auf die schwarze Stellung drückt und das schwarze Lager in zwei Teile zerschneidet, zwischen denen die Verbindung schwierig sein wird. Außerdem wird dann das Feld e4 für eine Figur frei.

12. ... Se7xd5

Praktisch erzwungen. Nach 12. ... 0-0-0 13.Lg5 Te8 14.Db3 (droht Sb6+ mit Damengewinn) 14. ... Sd5: 15.ed5: wird der Tausch doch erzwungen.

13. e4xd5

Die Stellung ist für Weiß etwas günstiger, denn Schwarz hat einen offenen Königs- und einen verwundbaren Damenflügel, die sich als Schwächen herausstellen können. Wie bereits festgestellt, erschwert der Bd5 auch die Verbindung zwischen den Flügeln. Das braucht aber keine allzu große Rolle zu spielen, weil sich zu wenig Figuren auf dem Brett befinden.

13. ... De6-g6?

Der entscheidende Fehler. Schwarz sollte 13. ... Dd7 spielen. Die Partie könnte dann weitergehen: 14.De4 Le7 (besser 14. ... 0-0-0) 15.Le3 und Weiß könnte versuchen, einen Königsangriff zeinzuleiten. Dieser wird durch den Druck ausübenden Bd5 nahegelegt und ist sicher nicht chancenlos.

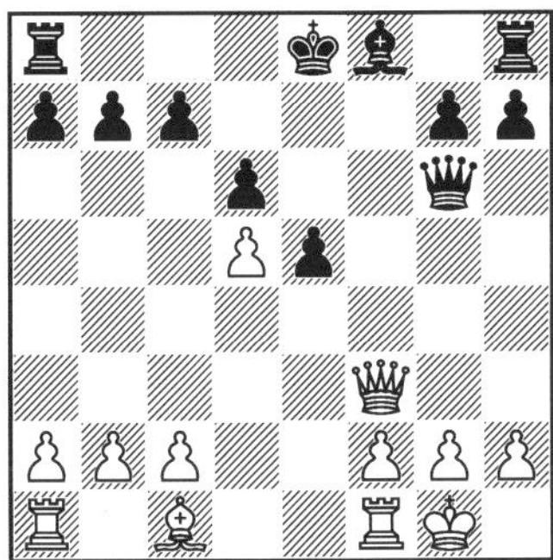

14. Df3-b3

Schützt den Bc2 und greift den Bb7 an. Dies zwingt Schwarz, einen schwächenden oder sonst nachteiligen Zug zu machen.

14. ... b7-b6

Nun hat Schwarz eine unvorteilhafte Bauernstellung, weil Diagonalen für Weiß geöffnet sind. Andere Versuche: a) 14. ... 0-0-0 15.Le3 Kb8 16.Da4 a6 17.b4 mit starkem Angriff; oder 16. ... b6 17.Da6 gefolgt von a2-a4 (17. ... Dc2: macht die Sache nur schlimmer.); b) 14. ... Tb8 15.Da4+ und 16.Da7:.

Nachdem nun eine Schwäche vorhanden ist, hat Weiß das Recht, auf größeren Vorteil zu spielen. Er beginnt, indem er die schwarze Königsstellung verschlechtert und die Rochade unterbindet.

15. Db3-b5+ Ke8-f7

Schwarz sieht 16.Dd7+ Le7 17.Dc7: Thc8 mit voller Entwicklung. Ein schwacher Zug ist 15. ... Ke7, weil der Lf8 blockiert wird. Es käme 16.Dc6 usw.

16. f2-f4

Weiß macht zuerst diesen Zug, der Linien zum Angriff öffnet, als Vorbereitung von Dd7+.

16. ... e5xf4

Auch andere Züge genügen nicht:

a) 16. ... Kg8? 17.fe5: de5: 18.d6 mit der Drohung eines tödlichen Damenschachs auf d5, c4 oder b3;
b) 16. ... Dc2:? 17.Dd7+ Le7 18.fe5:+ Kg8 19.De6 matt;
c) 16. ... e4 17.f5 Df6 18.Dc4 De7 19.Le3, wonach die schwarze Entwicklung sich nicht verbessert hat und Weiß den entscheidenden Schlag in Ruhe vorbereiten kann, z.B. Tf4, Taf1, f6.

17. Db5-d7+ Kf7-g8

17. ... Le7? kostet nach 18.Tf4:+ den Läufer.

18. Tf1xf4 h7-h6

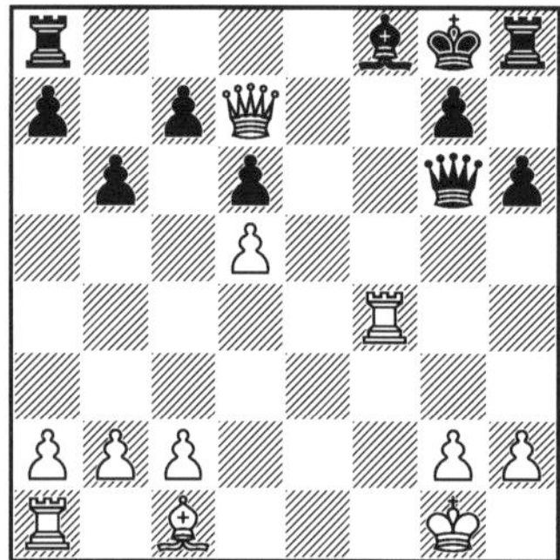

Im Hinblick auf die unbewegliche Stellung des schwarzen Königs ist es klug, ein Fluchtfeld zu schaffen.

19. Lc1-d2

Um den Druck gegen g7 mit Lc3 verstärken zu können.

19. ... Dg6xc2?

Gehe nicht auf die Jagd, wenn dein Haus brennt! Besser war 19. ... Kh7, wonach Weiß den Angriff mit 20.Taf1 fortsetzt.

20. Ld2-c3

Der Druck wird spürbarer.

20. ... Dc2-g6
21. Ta1-f1

Weiß droht nun 22.Tg4 und die Dame muss den Schutz von g7 aufgeben. 21.Tg4 sofort hätte den ausgleichenden Zug Df7 zugelassen.

21. ... Kg8-h7

Schwarz übersieht die Drohung. Es gab aber keine Rettung.

22. Tf4-g4 Dg6-e8
23. Dd7xg7+ Lf8xg7
24. Tg4xg7

matt

Partie 13

Das Wesen des Fianchettospiels
Die Bedeutung des Einflusses von Schwarz im Zentrum, wenn er Fianchetto spielt
Der Flügelangriff (h2-h4-h5) gegen das Fianchetto
Zerstörung einer geschwächten Bauernstellung durch Opfer

Das Vorrücken eines Springerbauern auf die 3. (bei Schwarz 6.) Reihe ist der Beginn eines als Fianchetto bekannten Manövers, d.h. einer Flankenentwicklung.

Gewöhnlich wird das freigewordene Feld (g2, b2, g7, b7) vom Läufer besetzt, der entlang der ganzen Diagonale beträchtlichen Druck ausübt, besonders auf die Mittelfelder, die einen Teil der Diagonale bilden.

Um 1946 sahen die Meister dieses Fianchetto als ungenügend zum Ausgleich an, wenn nicht vorher Maßnahmen getroffen wurden, den Gegner an der vollen Beherrschung des Zentrums zu hindern. Die anerkannte Methode, ein Fianchetto zu spielen, war z.B. 1.d4 Sf6 (verhindert e2-e4) 2.c4 und nun g7-g6, oder auf dem anderen Flügel 1.d4 Sf6 2.Sf3 b6. Schwarz fürchtete 1.d4 Sf6 2.c4 b6? wegen 3.Sc3 Lb7 4.f3 gefolgt von e2-e4. Andererseits fürchtete man nicht 1.d4 Sf6 2.c4 g6 3.Sc3 Lg7 4.e4, denn man war überzeugt, im Zentrum Gegenchancen zu bekommen durch 4. ... d6 und späteres c7-c5 oder e7-e5.

Wann also das Zentrum des Gegners als unangreifbar angesehen werden muss, oder wann es nicht so stark ist, dass es nicht zu zerstören oder zu neutralisieren wäre, ist – in den Augen eines Meisters – Sache der Erfahrung in praktischen Partien. Der Meister schließt aus seinen eigenen Partien und denen seiner Kollegen, dass er in manchen Fällen dem Gegner ein starkes Zentrum überlassen darf, in anderen nicht.

Später spielten einige verhältnismäßig weniger bekannte Spieler das Fianchetto, ohne den Weißen vorher am vollständigen Besitz des Zentrums zu hindern, und es gelang ihren Gegnern nicht, dies überzeugend zu widerlegen. Heute ist die Lage nicht klar. Es scheint, dass Schwarz das Fianchetto sofort spielen kann, er muss jedoch sicher sein, im richtigen Augenblick und auf die richtige Weise Gegenspiel im Zentrum zu haben.

In den beiden folgenden Partien spielt Schwarz, der Amateur, das sofortige Fianchetto. In Partie 13 behandelt er es planlos, ohne Versuch, einigen Einfluss auf das Zentrum auszuüben, während er sich in Partie 14 bemüht, im Zentrum Fuß zu fassen.

Es ist ein von Steinitz begründetes Prinzip im Schach, dass ein Spieler einen Flügelangriff sicher – und vorteilhaft – in die Wege leiten kann, sobald das

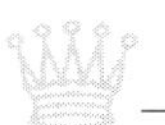

Zentrum befestigt und gesichert ist. Das Fianchetto ist besonders anfällig für einen Angriff des gegnerischen Turmbauern (bei g7-g6 also h2-h4-h5). Ein solcher Angriff ist umso stärker, wenn der Angreifer in der Entwicklung voraus ist, weil er dann alles, was er hat, gegen die Punkte werfen kann, die er durch seinen Flügelvorstoß geschwächt hat.

WEISS: MEISTER SCHWARZ: AMATEUR
DOPPELFIANCHETTO

1. d2-d4 b7-b6
2. e2-e4

Wenn Schwarz sofort fianchettiert, ist es üblich für Weiß, das Zentrum vollständig mit beiden Mittelbauern in Besitz zu nehmen.

2. ... Lc8-b7

Weiß ist nun verpflichtet, den Be4 zu schützen und spielt daher:

3. Sb1-d2

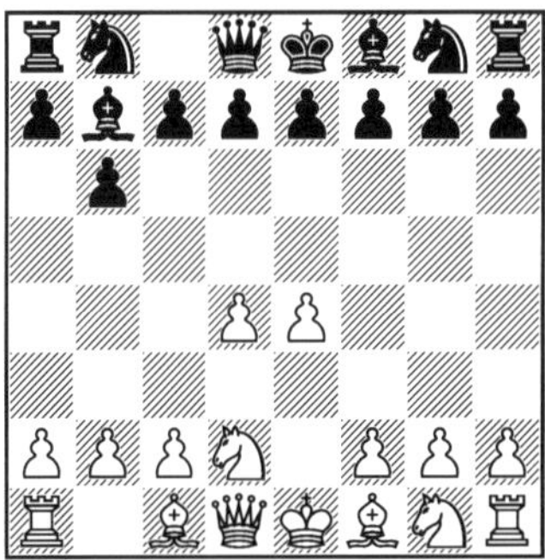

Man vergleiche diese Methode, e4 zu decken, mit 3.Sc3. Mit dem Textzug a) bewahrt der c-Bauer seine Bewegungsfreiheit; b) ist die Fesselung Lf8-b4 vermieden; c) kann der Sd2 einmal hoffen, an einem Königsangriff teilzunehmen – für den Sc3 wäre das weniger leicht; d) blockiert jedoch der Sd2 die Dame und den Lc1; e) bleibt der Bd4 zeitweise ohne Deckung und f) übt der Sd2 keinen Druck auf das Zentralfeld d5 aus.
Die Entwicklung Sd2 taucht in mehreren Eröffnungen auf, so im Colle-System und in der Tarrasch-Variante (Französisch).
Weiß hätte den Be4 auch mit 3.Ld3 decken können; es ist jedoch eine alte Vorschrift Laskers, dass die Springer vor den Läufern entwickelt werden sollten. Der Grund dafür ist, dass das beste Feld für die Läufer davon abhängt, wie die gegnerische Zentrumsformation aussehen wird. Daher sollte man mit dem Läufer warten, bis der Gegner seine „Karten“ aufgedeckt, seine Formation offengelegt hat.

3. ... g7-g6(?)

Ein planloses Fianchetto – ohne eigentliche Begründung. Schwarz sagt sich einfach: „Nun, wir werden auf der anderen Seite ebenfalls fianchettieren.“
Amateure, besonders jene, die keine Meisterpartien studiert haben, wenden häufig dieses Doppelfianchetto an im Glauben, dass die Läufer einen außerordentlichen Druck auf ihren Diagonalen ausüben. Das tun sie, es muss jedoch beachtet werden, dass sie durch die weißen Mittelbauern eingeschränkt werden und ihre volle Kraft nur ausüben, wenn die

schwarzen Bauern in der Lage sind, das weiße Zentrum aufzureißen oder zu neutralisieren. Spielt Schwarz z.B. im gegebenen Zeitpunkt c7-c5 nebst c5xd4, so erhöht dieser Tausch den Bereich des Lg7 erheblich.

An diesem Punkt muss 3. ... g6 als Fehler angesehen werden, weil es dem Weißen zu viel Freiheit in der Mitte lässt. Schwarz könnte stattdessen 3. ... c5 spielen, um etwas Druck gegen das Zentrum zu richten. Wenn dann 4.d5, so e7-e6 usw.

4. Sg1-f3 Lf8-g7
5. c2-c3

Dieser Zug ist noch nicht notwendig, aber vorzüglich. Er verfolgt mehrere Zwecke: a) er stärkt d4; b) er formt eine Abwehrmauer auf der Diagonalen des Lg7, nachdem der d-Bauer weg ist; c) er öffnet eine Diagonale für die weiße Dame, die nach c2 oder b3 entwickelt werden kann; d) er bietet dem Lf1, der nach c4 entwickelt wird, eine Zuflucht über b3 oder d3 nach c2, falls er auf diese oder jene Art bedrängt wird – verhindert einerseits, dass er in eine Falle gerät (wie es in vielen Varianten der spanischen Partie vorkommt), andererseits ermöglicht er die Deckung des e-Bauern von c2 aus.

Weiß hätte auch zuerst Lc4 und danach c2-c3 spielen können. Weiß hat nun ein starkes Zentrum, Schwarz nur seine beiden Läufer auf die Flanke entwickelt, und er sieht, dass auf Sf6 6.e5 käme. Ein gewisser Einfluss im Zentrum scheint nötig zu sein, und er spielt daher:

5. ... d7-d6

Dieser Zug, dessen Zweck es ist, die gegnerischen Mittelbauern vom Vorstoß in ein bauernloses Zentrum abzuhalten und einen Gegenstoß wie c7-c5 oder e7-e5 vorzubereiten, ist ein üblicher Weg nicht nur in Eröffnungen, wo Schwarz sofort fianchettiert, sondern auch in gewissen anderen Spielweisen, bei denen er absichtlich die Bildung eines weißen Bauernzentrums zulässt, um es später zu zerstören. Er ist u.a. in der Aljechin-Verteidigung (1.e4 Sf6) zu finden.

Hier führt er zu der Bauernstruktur a7-b6-c7-d6, die Löcher in der schwarzen Stellung schafft (vgl. Partie 12). Eine solche Formation ist im Allgemeinen schlecht, obwohl Weiß im Augenblick keinen Vorteil daraus ziehen kann. Nach Tausch der weißfeldrigen Läufer könnten die Löcher jedoch ernsthafte Schwächen werden.

6. Lf1-c4

Dies ist das richtige Feld für den Läufer, erstens weil er Druck auf den verhältnismäßig schwachen Bf7 ausübt, zweitens weil er auf c2 passiv und auf d3 ziemlich unwirksam stünde in Bezug auf die schwarze Bauernstellung am Königsflügel. Außerdem, falls sich Schwarz zu e7-e5 entschließen sollte, behielte Weiß eine schöne Diagonale für den Läufer.

6. ... e7-e6

Schwarz hebt die Aktivität des Weißen auf der Diagonalen nach f7 in der einfachsten Weise auf, schafft

dabei freilich neue Löcher auf der Königsseite.
Man beachte die Verwicklungen nach 6. ... Sd7 7.Lf7:+ Kf7: 8.Sg5+ Ke8 9.Se6 Dc8 10.Sg7:+ Kf7. Es ist zweifelhaft, ob diese Kombination zugelassen werden sollte: 11.Sh5 gh5: 12.Dh5:+. Sie zeigt die Verwundbarkeit der schwarzen Königsstellung als Folge des Fianchettos. Man beachte ferner, dass auf 6. ... Sf6 noch stets 7.e5 folgen könnte. Auf 6. ... e5 setzt Weiß seinen Angriff wie in der Partie mit 7.h4 fort, und die offene Diagonale c4-f7 für den Lc4 bedeutet gewiss eine Stärkung des weißen Angriffs.
Ein Blick auf das Brett zeigt, dass Weiß nun das Zentrum vollständig beherrscht und Schwarz diese Lage in den nächsten paar Zügen nicht ändern kann. Weiß ist daher bereit, einen Flügelangriff einzuleiten. Flügelangriffe sind ein wichtiger Teil der Schachstrategie; man sollte sie jedoch nur unternehmen, wenn das Zentrum fest ist.

7. h2-h4

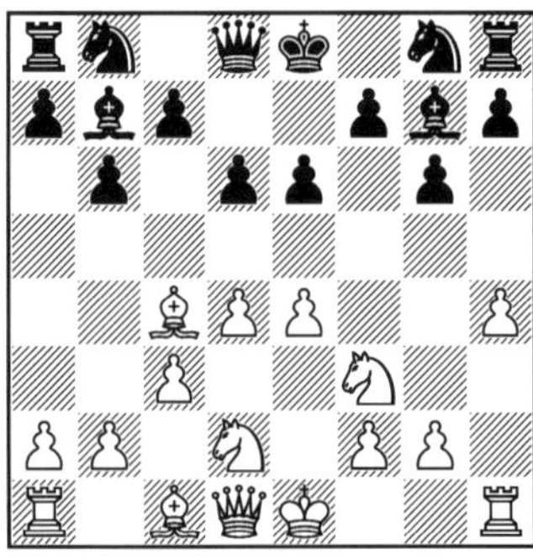

Einer der beliebten Angriffe gegen das Fianchetto, der sich auf die Verwundbarkeit der Bauernkette am schwarzen Königsflügel gründet. Diese Vorgehensweise ist sicher stärker, wenn Schwarz bereits rochiert hat; sie ist aber auch hier wirkungsvoll, umso mehr als Schwarz die Antwort h7-h5 versäumt.
Durch 7.h4 fordert Weiß den Schwarzen auf, sich zu entscheiden, ob er h4-h5 zulassen will oder nicht. Die Entwicklung der weißen Streitkräfte hängt von diesem Entschluss ab und wird im einen Fall ganz anders sein als im anderen.
Begegnet Schwarz dem Angriff mit 7. ... h5, so bedeutet das eine weitere Schwächung seines Königsflügels, der Felder g6 und g5, wie wir bald zeigen werden. Dennoch wäre 7. ... h5 das kleinere Übel für Schwarz gewesen.
Ein anderer, ruhigerer Plan an dieser Stelle wäre 7.0-0, 8.Te1, 9.Sf1 usw. gewesen.

7. ... d6-d5

Um den weißen Läufer zurückzutreiben.

8. Lc4-d3

Man beachte, dass im Allgemeinen Ld3 besser ist als ed5:, weil das Zentrum nach dem Tausch gleichmäßig besetzt ist; wenn Schwarz schlägt, behauptet Weiß die Überlegenheit in der Mitte (8. ... de4: 9.Se4:). Wir wissen bereits, dass man die Spannung im Zentrum so lange wie möglich erhalten sollte, wenn man dort mehr Einfluss und Raum besitzt.

8. ... Sg8-f6

Schwarz macht diesen Zug, der 9.e5 zulässt, weil sein Springer dann nach e4 gehen kann. 8. ... h5 ist noch immer der beste Zug. 8. ... de4: 9.Se4: gäbe Weiß die Möglichkeit, mit 10.Lg5 fortzusetzen und so Vorteil aus den Löchern in der schwarzen Stellung zu ziehen.

9. e4-e5 Sf6-e4
10. Dd1-c2

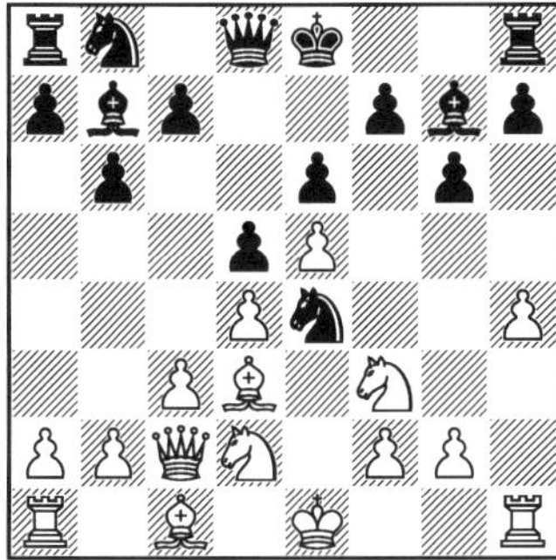

Der zusätzliche Druck einer dritten Figur zwingt Schwarz, zu vereinfachen und das Feld e4 preiszugeben.

10. ... Se4xd2

Wenn 10. ... f5 11.ef6: Sf6: 12.h5 oder Se5 oder sogar Lg6:+.

11. Lc1xd2

Nun ist es bereits zu spät für Schwarz, h4-h5 zu verhindern: 11. ... h5 12.Lg6:+ fg6: 13.Dg6:+ Kf8 14.Sg5 De7 (14. ... De8 15.Se6:+ Kg8 16.De8:+) 15.Se6:+ Kg8 16.Th3 Df7 17.Df7:+ Kf7: 18.Sc7: und Weiß hat bereits vier Bauern für die Figur und erhält noch die Qualität dazu. Aus dieser Variante ist zu ersehen, was die Schwächung von g6 bedeutet. Daher spielt er:

11. ... Sb8-d7

Nun kommt der lang erwartete kritische Zug der weißen Strategie:

12. h4-h5!

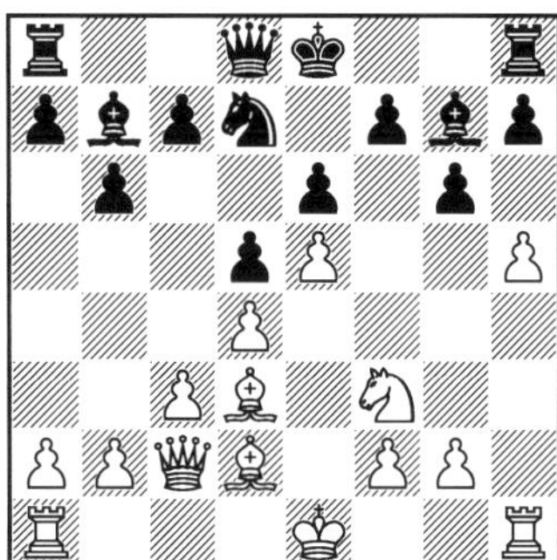

Schwarz ist nun in einer misslichen Lage:

a) 12. ... Sf8 13.h6 mit Gewinn des Läufers.
b) 12. ... De7 13.h6 Lf8 14.Lg5 f6 15.ef6: Sf6: 16.Lg6:+ hg6: 17.Dg6:+ mit Rückgewinn der Figur und zwei Mehrbauern.
c) 12. ... 0-0. Schwarz rochiert damit natürlich in den Angriff hinein: 13.hg6: hg6: 14.Lg6: fg6: 15.Dg6: und der weiße Angriff cntschcidct, z.B. 15. ... De7 16.Sg5 oder 15. ... De8 16.Dh7+.

Die Bedeutung von h2-h4-h5 wird nun klar. Es droht 13.hg6:, wonach g6 nur einmal gedeckt ist und daher zu dem Opferangriff Lg6: einlädt. Stünde der Bauer noch auf h2, wäre der Bg6 noch vom f- und h-Bauern gedeckt, und das Opfer nicht spielbar. Gegen einen doppelt gedeckten Bauern kann man keine Figur opfern.

12. ... c7-c5

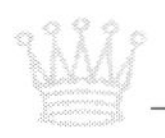

Schwarz hat keine guten Verteidigungszüge und muss daher einen Gegenangriff finden.

13. Ld2-g5

Bringt Kraftzuwachs insofern, als Schwarz seine Dame aus der Gefahr bringen muss, bevor er seinen Gegenangriff fortsetzen kann.

13. ... Dd8-c7

13. ... f6 kostet einen Bauern oder mehr: 14.ef6: Lf6: 15.Lf6: und 16.hg6:, oder sogar 14.Lg6:+ hg6: 15.Dg6:+ Kf8 16.h6 Lh6: (erzwungen) 17.Lh6:+ Th6: (erzwungen, denn 17. ... Ke7 18.Dg7+) 18.Dh6:+ und Matt in wenigen Zügen.

14. h5xg6 h7xg6

Auf 14. ... fg6: folgt eine typische „petite combinaison“: 15.Th7: Th7: 16.Lg6:+ mit Rückgewinn des Turms und zwei Mehrbauern.

15. Th1xh8+ Lg7xh8

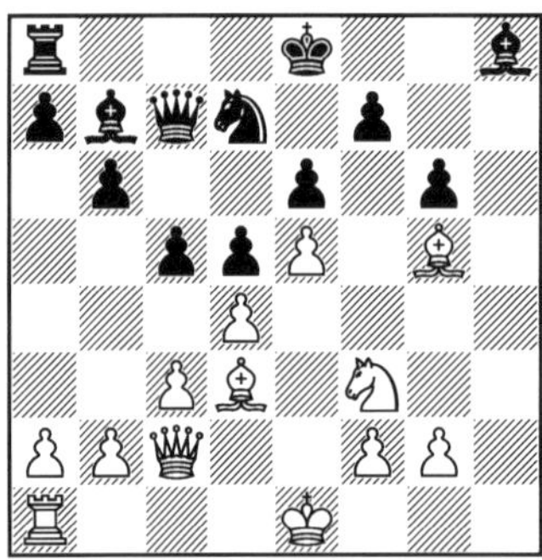

Wir wollen innehalten, um hier die Stellung zu untersuchen. Obwohl das Material gleich ist, bemerken wir, dass a) alle schwarzen Figuren wirkungslos stehen; b) die schwarzen Königsflügelbauern so weit geschwächt sind, dass g6 nur einfach gedeckt ist; c) der Lg5 eine wichtige Diagonale beherrscht und dabei dem König den Fluchtweg abschneidet;

d) Dc2 und Ld3 auf der gleichen Diagonale zur Aktion bereit stehen;

e) als Folge des Fianchettos des Lc8 der Be6 schwach werden könnte (wie sich später zeigt).

Wie könnte Weiß diese Ansammlung der Kräfte verwerten und so den Schwarzen wirkungsvoll lahmlegen? Erstens hat das Fianchetto des Lc8 den Schwarzen zwei Züge gekostet; zweitens erlaubte er dem Weißen, seinen Königsflügel durch h2-h4-h5 zu schwächen. Die Kräfteansammlung ist eindrucksvoll; sein Vorteil könnte jedoch verschwinden, wenn er Schwarz gestattet, in der Entwicklung gleichzuziehen oder durch mehrfachen Abtausch zum Endspiel zu kommen. Stellt man alle Elemente in Rechnung, muss ein Opfer in der Stellung stecken.

16. Ld3xg6!

Schwarz kann sich nicht erlauben, das Opfer anzunehmen, denn 16. ... fg6: 17.Dg6:+ Kf8 18.Lh6+ Ke7 19.Dh7+ erobert den Läufer.

16. ... c5xd4

Am besten wäre hier 16. ... Sf8. Weiß setzt fort mit 17.Lh5 cd4: 18.Da4+ Lc6 19.Dd4: und besitzt einen gesunden Bauern mehr; zudem ist Schwarz an der Rochade gehindert; jedoch es gibt keinen Mattangriff.

17. Lg6xf7+!

Du willst mich nicht nehmen? Du musst!

17. ... Ke8xf7

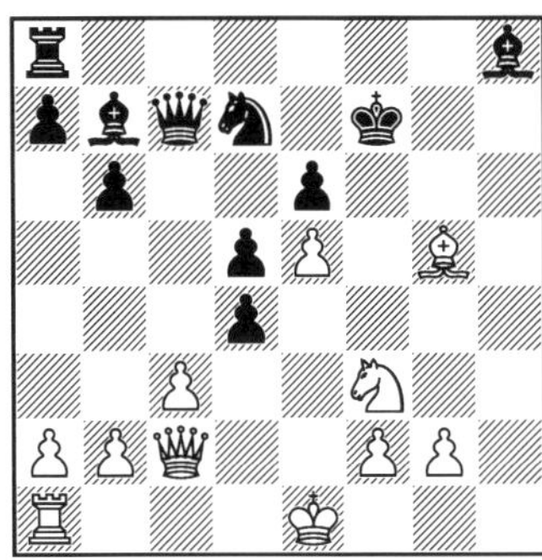

Die Stärke der weißen Stellung liegt darin, dass alle drei Figuren des Weißen (Dame, Springer und Läufer) äußerst wirkungsvoll stehen und sein Vorpostenbauer e5 einen stark einschränkenden Einfluss auf alle Maßnahmen ausübt, die Schwarz unternehmen kann, während der schwarze König offen dasteht und keine seiner Figuren irgend etwas tun kann. Dies ist die Folge der Ansammlung von Stärke auf Seiten des Weißen. Der Be5 ist unter diesen Umständen sehr stark, weil er den König an der Flucht hindert. Dieser e-Bauer würde unter normalen Umständen nicht lange leben – er ist dreimal angegriffen, nur einmal verteidigt –, die Umstände sind hier jedoch *nicht* normal.

18. Dc2-h7+ Lh8-g7
19. Lg5-h6 Ta8-g8

Der einzige Zug. Weiß hat eine Figur weniger, doch alle seine verbleibenden Figuren mit Ausnahme des Turms sind aktiv, während die schwarzen in Passivität verharren.

20. Sf3-g5+ Kf7-e7

Erzwungen, denn 20. ... Kf8 21.Se6:+ kostet die Dame. Bedauerlich für Schwarz: sein e-Bauer ist ungeschützt, weil der Lc8 flankiert worden ist, und muss daher gedeckt werden.

21. Lh6xg7

Nun verteidigt der Läufer den wertvollen Vorposten e5 und droht das tödliche Doppelschach 22.Lf6++. Nach 21.Dg8: De5:+ 22.Kf1 Lh6: wäre ein Sieg des Weißen sehr zweifelhaft.

21. ... Tg8xg7
22. Dh7xg7+

Weiß hat nun die Qualität und, ein sehr wichtiger Angriffsfaktor, die Initiative. Der nackte König ist schutzlos gegen den fortgesetzten Ansturm von Dame und Springer.

22. ... Ke7-e8

Hinrichtungsaufschub, erzwungen wegen der weißen Drohung gegen e6.

23. Dg7-f7+ Ke8-d8
24. Sg5xe6+ Kd8-c8
25. Df7-e8+ Dc7-d8
26. De8xd8 matt

Partie 14

Das Zentrum neutralisieren
Den Gegner zu schwächenden Zügen zwingen
In der Entwicklung voraus
Strategische Planung in Phasen
Verwendung einer Ansammlung von Macht
Den Angriff festhalten
„Treppenschachs"

Das wesentlichste Problem im Schach besteht darin, wie ein Vorteil aus einer annähernd gleichen Eröffnungsstellung zu entwickeln ist. Wie geht man zweckmäßig vor? Amateure spielen oft einfach weiter und hoffen, der Gegner werde einen Fehler machen, an den sie günstig anknüpfen können. Die Idee ist gesund – genau das Gleiche tut auch der Meister, aber mit mehreren grundsätzlichen Unterschieden. Erstens erfasst der Meister viel rascher auch eine kleine Ungenauigkeit, und zweitens ist er viel geschickter, daraus Vorteil zu ziehen. Außerdem plant der Meister seine Strategie in Anpassung an die Erfordernisse der ständig wechselnden Lage.
Die meisten Partien durchlaufen eine Serie von strategischen Phasen. Jede Phase entsteht als Ergebnis der vorhergehenden. In jedem dieser Stadien mag der Spieler ein unterschiedliches Ziel verfolgen, und sobald dieses erreicht ist, wendet er sich der nächsten Phase zu.
Diese Partie ist ein ausgezeichnetes Beispiel, wie sich der Gewinn durch strategisches Planen in einer Kette aufeinanderfolgender Partiestadien entwickeln lässt. Schwarz spielt ein Königsfianchetto. Er achtet auf die Erfordernis, einigen Einfluss im Zentrum zu erlangen, wählt jedoch den falschen Weg. Sein Irrtum ist kaum erkennbar, aber Weiß erlangt hierdurch Entwicklungsvorsprung und strebt durch eine Kette aufeinander aufbauender Stadien verschiedener Strategietypen dem Sieg entgegen. Die strategischen Phasen sind so deutlich erkennbar, dass sie in Zuggruppen eingeteilt werden können:

1) 5.-9. Zug: Weiß gewinnt Tempi und zwingt Schwarz, seine Stellung zu schwächen.
2) 10./11. Zug: Weiß baut seinen Angriff gegen den Bd6 auf.
3) 12. Zug: Weiß vervollständigt den Aufbau einer Ansammlung von Kräften gegen den Be6.
4) 13.-15. Zug: Weiß unternimmt einen Opferangriff gegen den Be6.
5) 16.-23. Zug: Weiß löst die Lage so auf, dass er viel Bauern und Initiative für seine geopferte Figur behält.

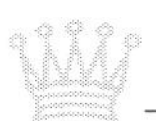

6) 24.-27. Zug: Durch eine Reihe von Schachgeboten, die Schwarz an der Figurenentwicklung hindern, bringt Weiß seine Dame in eine günstigere Stellung.
7) 28.-31. Zug: Durch eine Serie von Springermanövern erobert Weiß den schwarzen Läufer.
8) 32./33. Zug: Bei Figurengleichstand und einem überwältigenden Bauernplus erzwingt Weiß den Damentausch.

Weiss: Meister Schwarz: Amateur
Königsfianchetto

1. d2-d4 g7-g6

Diesmal beginnt Schwarz mit einem Fianchetto auf dem Königsflügel. Im Allgemeinen verspricht dies mehr als die Flankierung des Damenläufers, weil der Unterstützungszug c7-c5 im Zusammenhang mit dem Königsfianchetto gespielt werden kann, während der unterstützende Zug f7-f5 beim Damenfianchetto viel weniger wahrscheinlich ist, denn er würde eine ernsthafte Schwächung darstellen.

2. e2-e4 Lf8-g7
3. Sg1-f3

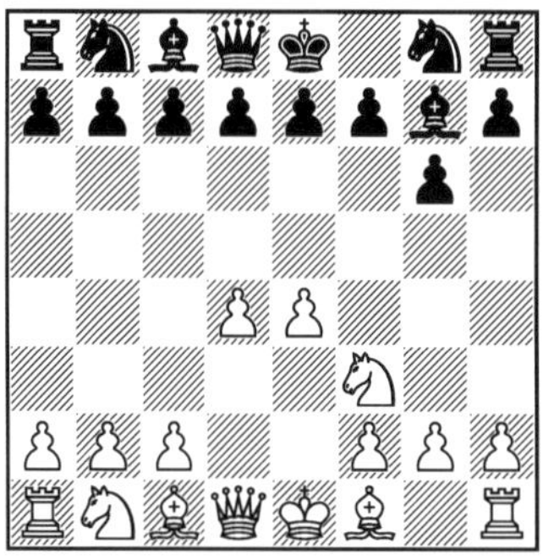

Zwar nur ein Entwicklungszug, jedoch einer, der wichtige Mittelfelder beherrscht.
Weiß spielt nicht 3.Sc3, weil er die Möglichkeit c2-c3 offenlassen möchte. Er spielt nicht 3.Le3, weil Schwarz 3. ... c5 4.c3 Db6 antworten und Gegenchancen erlangen könnte, z.B. 5.Dd2 d6 6.Sf3 Sf6 und Weiß hat mehrere Sorgen – e4 zu decken, Sg4 (zum Abtausch des Le3, der zu früh ins Spiel gebracht wurde) zu verhindern – und gerät etwas in die Defensive. Mit Gegenchancen meinen wir, dass der Gegner Gelegenheit erhält, die Initiative zu ergreifen. Man strebt eine Spielweise an, die dem Gegner am wenigsten Gelegenheit gibt, etwas zu unternehmen. Man vergleiche die Variante zu 3.Le3 mit der Partie, in der Schwarz diese Gelegenheit nicht erhält.

3. ... d7-d6

Wie beim 5. Zug des Schwarzen in der 13. Partie ausgeführt, ist es wichtig für Schwarz, einigen Einfluss im Zentrum auszuüben, um zu einer

Gegenmaßnahme im richtigen Augenblick bereit zu sein. Man beachte, dass hier d7-d6 zwei Züge früher als dort erfolgt und keine Löcher in der schwarzen Stellung schafft.
Hätte Schwarz statt 3. ... d6 versucht, einen Springer herauszubringen, verlöre er Zeit. Ein solcher Zug zeigt die Gefahr eines fehlenden Bauernzentrums, z.B. 3. ... Sf6 4.e5 oder 3. ... Sc6 4.d5. An dieser Stelle ist es für Schwarz unmöglich, die Springer im Zentrum zu behaupten.
Mit 4.c4 Sf6 5.Sc3 erhalten wir nun eine richtige königsindische Verteidigung. Aber Weiß spielt:

4. Lf1-c4

Weiß setzt seine Entwicklung auf logische Weise fort, indem er Figuren herausbringt und zugleich das Zentrum kontrolliert. Er sorgt sich jedoch nicht zu sehr darum, Schwarz am Aufbau seines Zentrums zu hindern. Schwarz sollte nun, entsprechend den Grundregeln des Fianchettospiels, versuchen, einen Stützpunkt im Zentrum durch e7-e5 oder c7-c5 zu erhalten. Unglücklicherweise ist jedoch keiner der beiden Züge an dieser Stelle befriedigend.
Die Nachteile von 4. ... c5 zeigt diese Partie. Nach 4. ... e5? 5.de5: de5: 6.Lf7:+ Ke7 hat Weiß einen Bauern gewonnen und die schwarze Stellung durcheinandergebracht. Versucht Schwarz, e7-e5 vorzubereiten und 4. ... Sd7 zu spielen, so gewinnt 5.Lf7:+ Kf7: 6.Sg5+ wie folgt:
a) 6. ... Ke8 7.Se6 und erobert die Dame;
b) 6. ... Kf8 7.Se6+ mit dem gleichen Ergebnis; c) 6. ... Kf6 7.Df3 matt.
Aus diesen beiden Versuchen geht klar hervor, dass Schwarz im Augenblick nicht mit e7-e5 Zentrumskontrolle und Gegenspiel anstreben kann. Er muss jedoch irgendwie Gegenchancen in der Mitte finden. Das beste, was er tun kann, ist 4. ... c6 oder 4. ... e6, gefolgt von d6-d5, um die Wirkung des Läufers zu neutralisieren.
Der Ausgleichsprozess bedeutet gewöhnlich, dass Gleichstand im Zentrum erreicht und ein Nachteil in der Beherrschung des Raumes behoben ist. Darum wird Weiß versuchen, den Bauerntausch zu vermeiden, falls ein schwarzer Bauer auf der 5. Reihe auftaucht.
Wir wollen die Züge des Ausgleichsprozesses durchgehen:
4. ... e6 5.0-0 d5
a) 6.ed5: ed5: 7.Lb3, wobei das Zentrum ausgeglichen ist, Weiß jedoch ein Tempo gewonnen hat und Möglichkeiten besitzt, die offene e-Linie auszunutzen;
b) 6.Ld3 mag noch stärker sein: 6. ... de4: 7.Le4: Sf6 8.Ld3 0-0 9.Lg5, wobei das Zentrum nicht ausgeglichen ist und Weiß einen Raumvorteil behält, denn er hat einen Bauern auf der vierten Reihe gegen einen schwarzen auf der dritten.

4. ... c6 plant nicht nur d6-d5, sondern eventuell auch ein Vorgehen am Damenflügel mit b7-b5. Weiß antwortet am besten 5.Lb3, damit beides nicht mit Tempo geschieht.

Es könnte dann z.B. weitergehen mit 5. ... Sf6 6.De2 0-0 7.0-0 und Weiß steht etwas freier, aber Schwarz hat gute Chancen auf langfristigen Ausgleich; im Fall von e4-e5 findet der Sf6 einen guten Platz auf d5.

4. ... c7-c5?

Der Fehler! Schwarz versucht, auf andere Weise in der Mitte zum Ausgleich zu kommen, hat dabei jedoch ebenfalls keinen Erfolg. Hier überspielt Weiß den Schwarzen strategisch, nicht taktisch wie bei 4. ... e5 und 4. ... Sd7.

5. d4xc5

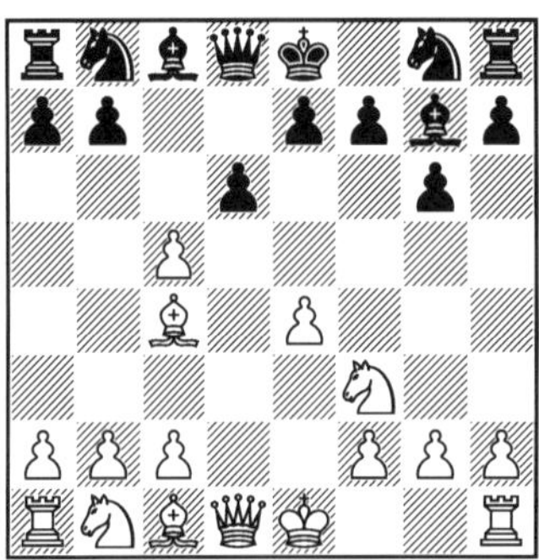

Ein wichtiger strategischer Entschluss. Weiß gibt die Mitte auf, um die Entwicklung seiner Figuren zu beschleunigen. Nach Erwägung der schwarzen Hauptantworten (5. ... dc5: und 5. ... Da5+) ist sich Weiß im Klaren, dass er besser stehen wird, gleichviel wie Schwarz antwortet.

Darüber hinaus sind andere Wege für Weiß nicht vielversprechend. Nach 5.c3 wird Schwarz auf die Dauer ausgleichen: 5. ... cd4: 6.cd4: e6 gefolgt etwa von 7.Sc3 Se7 8.0-0 d5, und nach 9.Ld3 de4: hat Weiß den vereinzelten Bd4, nach 9.ed5: ed5: haben beide einen einzelnen d-Bauern. Ein Grund mehr für Weiß, sofort auf c5 zu nehmen, um den Einzelbauern zu vermeiden.

5. ... Dd8-a5+

5. ... dc5:? hätte nach 6.Lf7:+ die Dame gekostet. Dies wäre eine taktische Widerlegung von 4. ... c5. Schwarz plant stattdessen, seinen Bauern durch ein Damenschach zurückzugewinnen, die Pointe seines ganzen Aufbaus.

6. c2-c3

In der Regel ist es besser, eine Figur zu entwickeln als einen Bauern zu ziehen. In diesem besonderen Fall jedoch öffnet der Bauernzug eine Diagonale für die weiße Dame, und wir werden bald sehen, was dies bedeutet. Allgemeine Prinzipien kann man verletzen, wenn es besondere Gründe gibt.

6. ... Da5xc5

Nun hat Schwarz sein Ziel erreicht und einen der weißen Mittelbauern ausgeschaltet. Dafür bekommt Weiß einen noch wichtigeren Vorteil, der von unmittelbarem Wert ist – Entwicklungsvorsprung. Sehen wir, wie er ihn nutzt. Schwarz hätte 6. ... dc5: antworten können. Aber nach 7.0-0 betrachte man seine Entwicklung und die mangelnde Zusammenarbeit seiner Figuren. Seine Dame ist ganz außer Spiel.

7. Dd1-b3

Die erste Folge der strategischen Entscheidung 5.dc5:. Der Zug droht. Er schützt den Lc4 und zwingt Schwarz, f7 zu verteidigen, so dass Weiß ein weiteres Tempo mit Le3 gewinnen kann.

7. ... e7-e6

Die einzige Antwort, und sie hat den Nachteil, den Bd6 zu schwächen. Einen Zug zu machen, der den Gegner zwingt, mit einem schwächenden Zug zu antworten, ist das Wesen des Positionsspiels. Außerdem entstehen Löcher in der schwarzen Stellung; vgl. Partie 13.

8. Lc1-e3

Der zweite Schritt in der Strategie des Weißen. Der Zug entwickelt nicht nur den Lc1 auf ein Feld, wo er zwei wichtige Diagonalen beherrscht, sondern gewinnt außerdem ein Tempo durch Angriff auf die Dame.

8. ... Dc5-c7
9. Sb1-a3

Ein aggressiver Zug, der den Angriff fortführt. Dies ist der dritte Schritt in der Strategie des Weißen. Gewöhnlich sollten Springer zur Mitte hin entwickelt werden, wo sie die meisten Felder kontrollieren. Hier jedoch ist die seitliche Entwicklung berechtigt, weil 10.Sb5 mit mehreren Angriffsmöglichkeiten droht. Antwortet Schwarz mit a7-a6, blockiert Weiß den schwarzen Damenflügel vollständig mit 10.Lb6. Schwarz setzt daher fort:

9. ... Lc8-d7

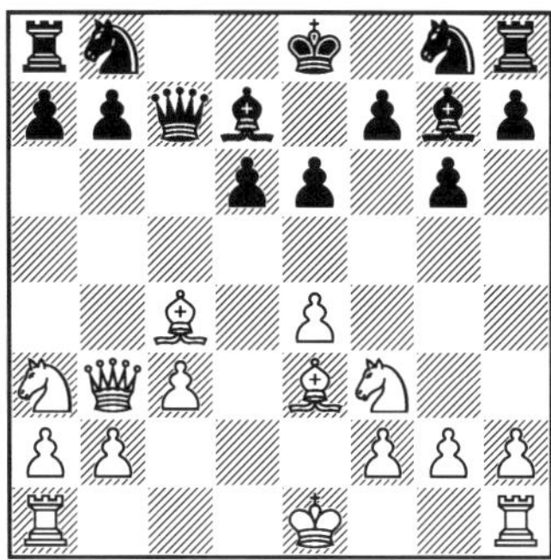

Bisher war es die weiße Strategie, Tempi zu gewinnen und Schwarz zur Schwächung seiner Stellung zu zwingen. Die Partie tritt nun in eine neue Phase ein, während der die Strategie des Weißen sein wird, die neu geschaffene Schwäche d6 auszunutzen.
Wichtig ist, die Reihenfolge der Züge zu überlegen. 10.0-0-0 sieht sehr stark aus, stärker als der Textzug, nach 10. ... Sf6 11.Lf4 Se4: 12.The1 f5 jedoch ist es schwierig, eine scharfe Fortsetzung zu finden. Weiß spielt daher:

10. Le3-f4

Der Zug widerspricht der Regel, die gleiche Figur zweimal in der Eröffnung zu ziehen. Hier ist das jedoch gerechtfertigt, weil Weiß einem genau ausgearbeiteten Plan folgt: Angriff auf den schwachen d-Bauern. Außerdem befindet sich die Dc7 nun auf der Diagonale des Lf4, und wie bereits ausgeführt, bedeutet das stets eine Gefahr, auch wenn beide Steine durch Bauern oder Figuren getrennt sind.

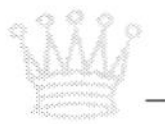

10. ... Sg8-e7

Nun würde 10. ... Sf6 die starke Antwort 11.e5 hervorlocken: 11. ... de5: 12.Le5:, und 10. ... e5 ist wegen 11.Lf7:+ unmöglich.

11. 0-0-0 Se7-c8

Der Springer kommt gerade zurecht, um d6 zu decken. Dabei werden aber die schwarzen Figuren nicht entwickelt.

12. Sf3-d4

Eine weiteres taktisches Detail der allgemeinen Strategie. Weiß droht nun 13.S4b5 mit Gewinn von d6 und 13.Se6:, ein Opfer zwecks Angriffs auf den schwarzen König in der Mitte.

Beachten Sie, dass Weiß, anstatt 12.Sb5 sofort zu spielen, zuerst den Sf3 heranbringt, um Lb5: mit Sb5: beantworten und die Bedrohung des Bd6 fortsetzen zu können. Der Angreifer darf dem Verteidiger nicht Gelegenheit geben, die wichtigen Angriffsfiguren abzutauschen. Spielt Schwarz nun:

a) 12. ... Ld4:, dann 13.Td4: e5? 14.Lf7:+ Kf8 15.Lh6+ usw. mit Bauerngewinn und Angriff für Weiß. 13. ... e5 war nicht unmittelbar erforderlich, sah jedoch gefährlich für Weiß aus und musste überlegt werden. Ohne e6-e5 hat Schwarz seinen starken Läufer ohne Gegenwert abgetauscht.
b) 12. ... 0-0 13.S4b5 Lb5: 14.Sb5: mit mindestens Bauerngewinn.
c) 12. ... e5 13.Lf7:+ Kf8 (13. ... Ke7 14.Lg5+) 14.Se6+ Le6: 15.De6: (droht Matt) 15. ... Df7: 16.Dc8:+ mit materiellem Vorteil für Weiß.

Daher entschließt sich Schwarz, die Drohung gegen d6 zu parieren. Aber das ist eher schlimmer als die obigen Abweichungen.

12. ... a7-a6

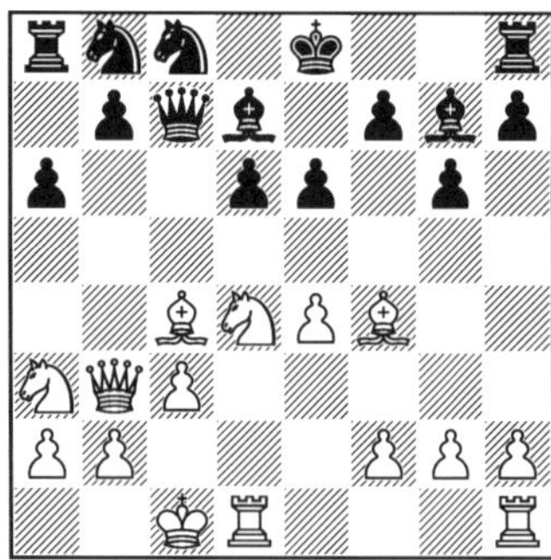

Weiß hat sechs Figuren wirkungsvoll entwickelt, Schwarz höchstens zwei. Weiß beherrscht das Zentrum vollständig, Schwarz kontrolliert nur eine lange Diagonale. Weiß hat rochiert und den Ta1 ins Spiel gebracht, Schwarz hat noch nicht rochiert, und seine Türme sowie Springer sind sämtlich auf die Grundlinie verbannt. Der schwarze König befindet sich noch in der Mitte. Nach nur zwölf Zügen greifen die weißen Figuren die schwarzen d- und e-Bauern direkt an und Dame bzw. König hinter ihnen indirekt.

Die weiße Strategie hat zu einer furchtbaren Vereinigung von Kräften geführt. Die weißen Figuren dringen direkt in das Herz der schwarzen Stellung ein. Bei einer solchen Machtverdichtung muss eine Kombination für Weiß vorhanden sein.

Dass Weiß die Partie durch ein Opfer entscheiden kann, ist kein Zufall. Immer wenn ein Unterschied in der Entwicklung beider Seiten besteht, muss die überlegene Seite nach einer Kombination Ausschau halten, besonders wenn der König der Gegenseite noch nicht rochiert hat. In solchen Stellungen ist es angezeigt, Materialopfer zu erwägen, um die Stellung zu öffnen und den feindlichen König bloßzustellen.

Auch mit einem solchen Vorteil, wie ihn Weiß in dieser Stellung hat, ist es schwierig, einen zwingenden Gewinn zu finden. Weiß muss sehr sorgfältig und genau spielen. Das macht Schach so schwer und zugleich so attraktiv. Aber entweder Sie opfern und finden notwendigerweise die richtigen Züge, die dem Opfer folgen müssen, oder Sie versäumen die Gelegenheit, die niemals wiederkehrt.

13. Lc4xe6

13.Se6: wäre unzureichend, weil Schwarz nach 13. ... fe6: 14.Le6: auf e6 nicht zu nehmen braucht.

13. ... f7xe6
14. Sd4xe6 Ld7xe6

Was sonst? Der Se6 bedrohte Dame und Lg7 gleichzeitig.

15. Db3xe6+ Ke8-f8

Oder a) 15. ... De7 16.Dc8:+ usw.; b) 15. ... Kd8 16.Td6:+! Sd6: 17.Lg5+ usw.; c) 15. ... Se7 16.Sc4! Kf8 (sonst Sd6:+ usw.) 17.Sd6:.

16. Td1xd6

16.Ld6:+ würde den Angriff aufgeben, aber doch drei Bauern für die Figur mit guten Gewinnchancen behaupten.

16. ... Sb8-c6

Denn auf 16. ... Sd6: erobert 17.Ld6:+ die Dame.

17. Th1-d1

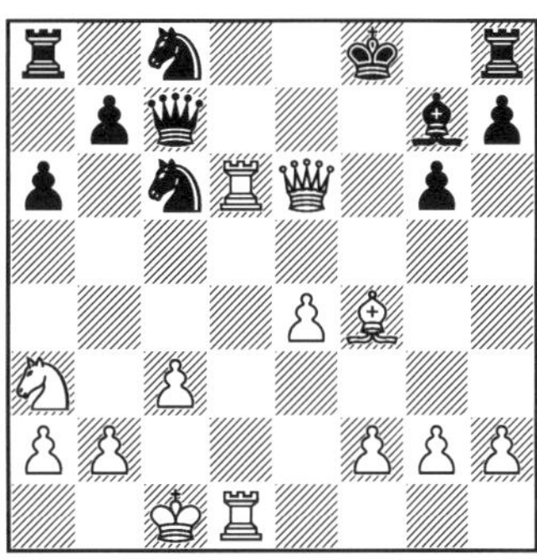

Weiß konnte den Td6 nicht entfernen wegen Df4:+. Er musste 17.g3 überlegen (deckt den Läufer und droht 18.Td7), aber dieser Zug könnte mit 17. ... Sd8! 18.Dd5 Sc7 beantwortet werden. Nun droht jedoch 18.g3.

17. ... Dc7-e7
18. Td6xc6!

Andere Züge sind weniger überzeugend – sie beziehen den Damentausch ein und führen zu einem Endspiel, in dem Weiß drei Bauern für eine Figur hat. Das *kann* zum Gewinn reichen; dies ist aber durchaus nicht sicher.

18. ... b7xc6
19. De6xc6

Weiß hat nun vier Bauern und die Initiative für den zeitweilig geopferten Turm. Ohne die Initiative wären sogar vier Bauern nicht ausreichend, denn die Praxis hat gezeigt, dass Schwarz das bessere Endspiel hätte, falls es ihm gelänge, die Damen zu tauschen.

19. ... De7-f6

Was sonst? Wenn 19. ... Da7, so 20.Td8+ und gewinnt.

20. Dc6xa8 Df6xf4+
21. Kc1-b1 Df4-c7

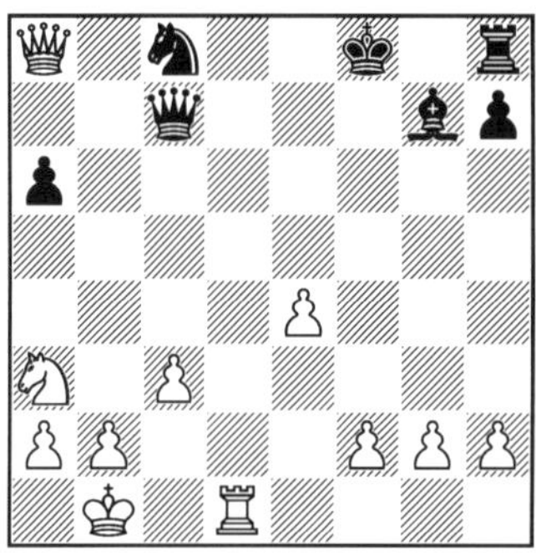

21. ... Kf7 ist nicht besser für Schwarz: 22.Td7+ Se7 (Ke6? 23.Dd5+ oder 22. ... Kf6 23.Da6:+ gefolgt von Tg7:.) 23.Dd5+ und gewinnt.
Weiß hat nach seinem nächsten Zug fünf Bauern für die Figur und die Initiative. Wir wollen sehen, wie er sie benutzt.

22. Da8xa6 Kf8-e7

Um den Turm ins Spiel zu bringen und De6 zu verhindern (das Td7 droht). Weiß bringt nun endlich seinen Springer ins Spiel – mit Tempo.

23. Sa3-b5 Dc7-b6

Im Hinblick auf die große Zahl weißer Freibauern ist der Tausch kaum erwünscht, bleibt jedoch die beste Chance, denn der schwarze König steht sehr unsicher, solange die weiße Dame sich auf dem Brett befindet. Tauscht Weiß nun (24.Db6: Sb6:), so könnte er durch 25.b3, gefolgt vom Vormarsch der Bauern am Damenflügel, gewinnen (26.a4 usw.). Der Sieg ist jedoch leichter mit Damen auf dem Brett. Weiß vermeidet daher den Tausch und bringt seine Dame durch eine Kette von Schachgeboten näher und in eine günstigere Stellung – ein typisches Beispiel für „Treppenschachs“. Die Technik taucht häufig in Problemen auf.

24. Da6-a3+ Ke7-e6

Nach 24. ... Kf6 ist die Fortsetzung schwierig, aber 25.e5+ lockt den König ins offene Feld. Nach 25. ... Ke5: 26.c4! droht Weiß z.B. 27.Dc3+.

25. Da3-b3+ Ke6-e7

Auf 25. ... Kf6 wieder 26.e5+.

26. Db3-b4+ Ke7-e6

Wenn 26. ... Kf7, so 27.Td7+.

27. Db4-c4+ Ke6-e7
28. Sb5-c7

Droht Damengewinn durch 29.Sd5+.

28. ... Th8-d8
29. Td1xd8

Um den Läufer zu erobern. Weiß hätte auch die Qualität gewinnen und 29.Sd5+ Td5: 30.Td5: spielen können.

29. ... Ke7xd8
30. Sc7-e6+ Kd8-d7
31. Se6xg7 Db6xf2

Der einzige Versuch, die Ruhe des weißen Königs zu stören.

32. Dc4-d4+

Erzwingt den Tausch der Damen. Weiß hätte auch z.B. 32.De6+ spielen können. An diesem Punkt jedoch, wo Weiß ein überwältigendes Bauernplus hat, ist es am einfachsten, die Damen zu tauschen und die Bauern vorzurücken.

32. ... Df2xd4
33. c3xd4 Kd7-e7

Die letzte Hoffnung des Schwarzen – den Springer durch Kf7 zu erobern.

34. d4-d5

Gibt dem Springer einen Ausweg über e6. Schwarz gab auf.

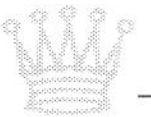

Partie 15

Skandinavische Verteidigung
Die Ansammlung von Tempi, also von Kraft
Spiel gegen den vereinzelten Doppelbauern
Analysieren und Ausnutzen vielfacher Schwächen
Endspiel Springer gegen Läufer
Doppelbauer hemmt Beweglichkeit des Läufers

In einer gegebenen Stellung kann man die verhältnismäßige Stärke der beiden Parteien in den verschiedenen Aspekten schachlicher Kraft nur annähernd einschätzen. Sogar der Vergleich materieller Stärke durch das Zählen der Figuren und Bauern kann ungenau sein. Das Zählen von Tempi, wie wir es tun, um einen Maßstab für die Entwicklung zu finden, ist ein sehr grobes Maß, das zwischen wertvoll und wertlos schwanken kann.
In vielen bisherigen Partien haben wir die Bedeutung eines Zeitvorsprungs betont. Die Zeit ist jedoch keine unbedingte Mengeneinheit. Die Zeit hat verschiedene Werte:

- In wilden Stellungen kann sie entscheidend sein.
- In offenen Stellungen ist sie gewöhnlich bedeutsam.
- In geschlossenen Stellungen bedeutet sie nicht viel.
- In sehr geschlossenen Stellungen bedeutet sie gar nichts.
- Im Endspiel kann sie den Unterschied zwischen Gewinn und Verlust in beiden Richtungen bedeuten (d.h. ein Tempo kann sogar den Verlust der Partie verursachen).

In der vorliegenden Partie spielt die Zeit eine ganz eigenartige Rolle, weil die weißen Läufer zwei Züge brauchen, um ihre wirkungsvollsten Felder zu besetzen. Wir sprechen davon, dass Weiß zwei Tempi gewinnt, weil zweimal in der Eröffnung ein weißer Springer sich mit Angriff auf die feindliche Dame entwickelt. Wenn wir jedoch die Stellung nach dem 10. Zug von Schwarz untersuchen, scheint es, als ob die beiden Tempi in den Läuferzügen nach e2 und d2 bestehen. Sind dies Halbzüge oder überhaupt keine Züge? Die weißen Läufer müssen noch einmal ziehen, um ihre wirkungsvollsten Posten einzunehmen (hier g5 und b5). Wenn nun, wie in dieser Partie, der Läufer zuerst nach e2 und später nach b5 gespielt wird, können wir sagen, dass dies nur wie ein Zug zählt? Manchmal ja, manchmal nein. Solche Züge kann man aus zwei Blickwinkeln betrachten: a) Im Allgemeinen kann man am Anfang nicht wissen, welches das beste Feld für den Läufer ist – es hängt vom Verlauf der Partie ab. Daher bedeutet Le2 eine Art Wartezug. Aber b) Le2 ist ein Entwicklungszug, auch wenn der Läufer auf e2 keine Arbeit leistet, weil dadurch die Rochade und die Entwicklung des Th1 ermöglicht wird. All dies finden wir in der Partie.

Zusammenfassung der Tempifrage in dieser Partie:

1) Die schwarze Dame kommt sehr früh heraus.
2) Dies gibt Weiß Gelegenheit, sich mit Tempo zu entwickeln (Sc3, Sf3, Te1).
3) Andererseits zwingen die schwarzen Drohungen mit der Dame den Weißen zur „Halb“-Entwicklung (Le2, Ld2).
4) Die Schlussabrechnung jedoch ergibt ein leichtes Plus für Weiß, das sich allmählich zu einem wichtigen Vorteil vergrößert.

Dieser Vorgang ist im Schach bezeichnend – ein Vorteil vergrößert sich, wenn er richtig verwendet wird. In dieser Partie führen die Züge Lg5 und Lb5 zur Vereinfachung und zum Endspiel, in dem Schwarz mit einem Paar vereinzelter Doppelbauern belastet ist.

WEISS: MEISTER
SCHWARZ: AMATEUR
SKANDINAVISCH

1. e2-e4 d7-d5

Nicht zufrieden damit, langsam auf Ausgleich zu spielen, kämpft Schwarz unmittelbar um den Besitz des Zentrums und öffnet eine Linie für die Entwicklung seiner Figuren. Diese skandinavische Verteidigung ist theoretisch schwächer als die sizilianische oder französische, weil Weiß nach 2.ed5: Dd5: 3.Sc3 ein wichtiges Tempo für die Entwicklung gewinnt in einer Eröffnung, in der ein Mehrtempo zählt. Zu erwägen ist auch, dass in Sizilianisch oder Französisch der Zentrumsaufbau des Weißen einen anderen Charakter hat als der des Schwarzen. Das bedeutet, dass jede Seite bestimmte Chancen hat. Bei Skandinavisch jedoch ist die Lage im Zentrum gleich – der weiße e- und der schwarze d-Bauer sind verschwunden. Das bedeutet, dass Schwarz kaum Chancen haben kann, die Weiß nicht viel eher hätte. Der einzige Faktor zugunsten des Schwarzen ist ein taktischer Umstand: die schwarze Dame könnte gefährlich werden, aber nur, wenn Weiß sorglos spielt.

2. e4xd5

Weiß tauscht normalerweise an dieser Stelle, denn er erhält dadurch, wie man sehen wird, einen leichten Vorteil, gleichviel wie Schwarz antwortet.

Setzt Weiß, statt zu tauschen, mit 2.e5 fort, so verliert er ein Tempo, anstatt eins zu gewinnen, und nach 2. ... Lf5 3.d4 e6 hat Schwarz eine Art Französisch, wobei der weißfeldrige Läufer besser steht als gewöhnlich. Er setzt mit c7-c5 und Sc6 fort und hat eine wundervolle Partie.

2.d4 führt zum Blackmar-Gambit, das zweifelhaft, wenn auch voller Möglichkeiten ist. Es entsteht sonst nach 1.d4 d5 2.e4.

2. ... Dd8xd5

Dieser Zug wäre gut, könnte die Dame sich in der Brettmitte behaupten. Aber sie ist zu empfindlich, wenn sie angegriffen wird. Zeit muss investiert werden, sie außer Gefahr zu bringen, in dieser Zeit entwickelt sich Weiß.

Hier wird auch 2. ... Sf6 gespielt. Weiß gelingt es auch dabei, nach 3.d4 Sd5: etwas besser als Schwarz herauszukommen. Er kann nun Schwarz durch 4.c4 zwingen, ein Tempo zu verlieren (4. ... Sb6 5.Sc3), oder er kann 4.Sf3 Lg4 5.Le2 e6 6.0-0 fortsetzen und sich c2-c4 für später aufheben. Spielt Weiß jedoch nach 2. ... Sf6 3.c4, um den Gambitbauern festzuhalten, dann scheint 3. ... c6 4.dc6: Sc6: Schwarz die bessere Entwicklung zu geben, die den Plusbauern des Weißen ausgleichen könnte. Schließlich kann Weiß nach 3.c4 c6 mit 4.d4 fortsetzen und in Caro-Kann, Panow-Variante, einlenken, die nach 4. ... cd5: 5.Sc3 entsteht.

3. Sb1-c3

Weiß gewinnt ein Tempo, indem er die schwarze Dame zum Ziehen zwingt.

3. ... Dd5-a5

Indem er auf die Diagonale zieht, die zum weißen König führt, hofft Schwarz einigen Druck auszuüben, obwohl diese Diagonale im Augenblick völlig geschlossen ist. Bescheidener wäre 3. ... Dd8. Dabei zieht Schwarz einfach die Dame zurück und hat überhaupt nichts als Gegenwert für das eingebüßte Tempo.

4. d2-d4

Nun öffnet Weiß *sein* Zentrum und nimmt dabei in Kauf, dass Schwarz ein wenig Druck auf der Diagonalen a5-e1 erhält.

4. ... e7-e5

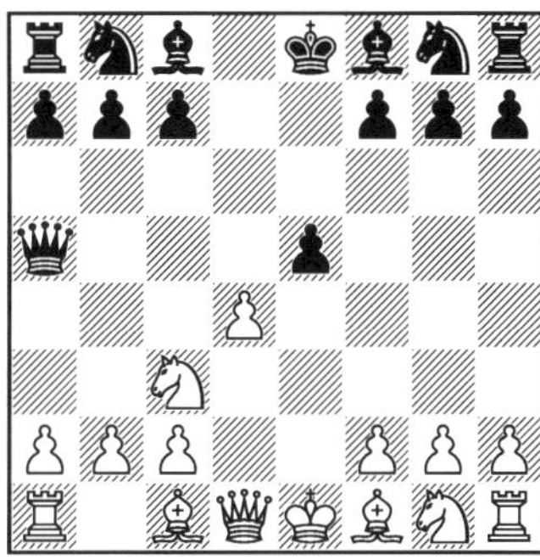

Zwecks Ausgleichs im Zentrum. Unternehmend, aber zweifelhaft. Die Folge ist, dass Schwarz ein weiteres Tempo verliert. Mehr Festigkeit verspräche 4. ... Sf6 5.Sf3 Lg4 6.h3 Lf3: 7.Df3: c6 8.Ld2 Sbd7 9.0-0-0 e6 10.Lc4 Dc7 und Weiß steht etwas besser, weil freier.

5. d4xe5

Ein wenig schärfer als 5.Sf3, was Weiß ebenfalls spielen könnte. Die Fortsetzung könnte sein: 5. ... Lb4 6.Ld2 Lg4 7.Le2, und nach 7. ... Sc6 8.a3 muss Schwarz vereinfachen, so dass Weiß im Vorteil bleibt.

5. ... Da5xe5+

Dies verliert ein weiteres Tempo, aber Schwarz hat kaum etwas Besseres. Er könnte einen verfrühten Angriff versuchen mit 5. ... Lb4, und die Theorie gibt 6.Ld2 Sc6 7.a3 Sd4 (besser ist 7. ... De5:+ und Schwarz steht genauso schlecht wie in der Partie) und Weiß kann den Läufer nicht nehmen: 8.ab4:? Da1: 9.Da1: Sc2:+ usw. Er kann aber 8.S1e2 spielen, steht ausgezeichnet und behält seinen gewonnenen Bauern.

6. Lf1-e2

Der Textzug ist 6.Le3 überlegen, weil Weiß dann nach 6. ... Lb4 7.S1e2 kein weiteres Tempo mit Sf3 gewinnt. Natürlich bietet Weiß nicht mit 6.De2 den Damentausch an. Gründe: a) In Stellungen ohne Damen bedeutet ein Tempo gewöhnlich nicht viel. So ist nach 6. ... De2:+ 7.Le2: die Stellung ungefähr ausgeglichen. b) Weiß möchte seine „gute“ Dame nicht gegen die exponierte schwarze tauschen.

6. ... Lf8-b4
7. Lc1-d2 Sg8-f6

Nach 7. ... Lg4 8.Sb5! Ld2:+ 9.Dd2: droht Weiß 10.Sc7:+ Dc7: 11.Lg4: mit Bauerngewinn. Daher muss Schwarz vereinfachen: 9. ... Le2: 10.De2: De2:+ 11.Se2: Sa6 12.0-0-0 und genau wie in der Partie ist Weiß mehrere Tempi voraus, was *hier* zählt wegen der wirkungsvollen Stellung der weißen Figuren, ungeachtet des Damentauschs.

8. Sg1-f3

Entwickelt und gewinnt ein weiteres Tempo.

8. ... De5-e7
9. 0-0 0-0

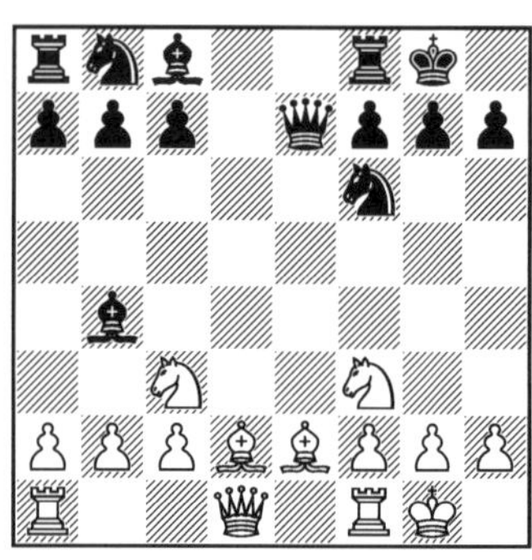

Man betrachte die Stellung. Weiß ist Züge voraus; allerdings machen diese Tempi keinen besonderen Eindruck. Die Läufer d2/e2 müssen beide einen Zug verlieren, um tätig zu werden. Dennoch hat der Zeitvorsprung des Weißen einige Bedeutung, wie sich zeigen wird. Einer der Gründe ist, dass die De7 immer noch gefährdet steht.

10. Tf1-e1

Besetzt die offene Linie und droht ein weiteres Tempo durch einen Zug des Le2 zu gewinnen. Schwarz wird sich nun nicht sicher fühlen, solange seine Dame auf der gleichen Linie wie der weiße Turm steht.

10. ... Sb8-c6

Weiß hat die etwas bessere Position. Sein Königsturm steht besser, und sein Damenläufer ist etwas entwickelt. Er sieht sich nach einem Plan um und beschließt, den Sf6 mit Lg5 zu fesseln, und dann Sd5 zu spielen, um die schwarze Bauernstellung am Königsflügel aufzureißen.

11. a2-a3

Bevor Weiß Lg5 spielt, macht er diesen Zug, um nicht nach Lg5 Unannehmlichkeiten mit einem Doppelbauern zu haben. Er muss jedoch die taktischen Seiten des Zuges beachten, aufgrund derer er nicht immer die beschlossene Strategie beibehalten kann. Nach 11. ... Lc3: 12.Lc3: besitzt Weiß das Läuferpaar, was sehr zu seinen Gunsten spricht, und ein freies Spiel. Versucht Schwarz, einen der Läufer mit 12. ... Se4 zu beseitigen, so kann Weiß dies zwar nicht vermeiden, behauptet jedoch den Vorteil durch 13.Lb5 Sc3: 14.Te7: Sd1: 15.Lc6: Sb2: 16.Ld5. Weiß droht nun sowohl Sg5 als auch Tc7:. Schwarz kann den gewonnenen Bauern nicht halten, und es wird sogar schwierig sein zu vermeiden, dass ein zweiter Bauer abhanden kommt: a) 16. ... Sa4 (baldmöglicher Rückzug des Springers) 17.Sg5 erobert zwei Bauern, so dass Weiß wenigstens einen mehr behält; b) 16. ... c6 17.Lb3 Le6! befreit das Spiel auf Kosten des Mehrbauern; 18.Tb7: Sc4 19.Sd4 und Weiß gewinnt vielleicht noch einen Bauern, jedoch behält Schwarz Remisaussichten.

Der naheliegende Zug 11.Lb5 (anstelle des Textzuges) hätte die Antwort 11. ... Dc5 zur Folge, die Figurengewinn durch Lc3: nebst Db5: droht. Weiß setzt fort: a) 12.Le3 Dh5 13.Lc6: Lc3: 14.bc3: bc6: und Weiß hat nichts; oder b) 12.Lc6: Dc6: 13.Se5 Da6 mit gleichen Aussichten.

11. ... Lb4-d6
12. Ld2-g5

Weiß führt seinen Plan aus und droht jetzt mit 13.Sd5 einen zweiten Angriff gegen den gefesselten Sf6, um die Schwächung des schwarzen Königsflügels zu erzwingen. Dieser Angriff ist umso schwerwiegender, als er zugleich die Dame bedroht.

Der Angriff auf den gefesselten Sf6 durch Sd5 ist ein Standardmotiv, gegen das der Verteidiger sich sorgfältig schützen muss. Die Folgen eines solchen Angriffs sind oft innerhalb weniger Züge vernichtend. Dieses Motiv kommt in manchen Varianten der Partie 17 vor.

Man sieht, dass Weiß den Le2 nicht zieht, denn dies würde lediglich die De7 auf ein weniger gefährdetes Feld bringen. Allerdings macht dies in der Folge keinen nennenswerten Unterschied.

12. ... De7-d8

Die Dame zieht sich freiwillig zurück und pariert die Drohung des Weißen. Wenn nun 13.Sd5 (oder 13.Se4, was auf dasselbe herauskommt), so entfesselt sich Schwarz mit 13. ... Le7, dem Standardverfahren. In dieser besonderen Stellung hat Schwarz auf 13.Sd5 eine noch stärkere Antwort: 13. ... Lh2:+ 14.Kh2: Dd5: 15.Lf6: Dd1: 16.Tad1: gf6: und Schwarz hat einen Bauern mehr.

13. Le2-b5

Wie man sieht, kann man diese Stellungen nicht ausschließlich durch Abzählen der Tempi werten. Weiß ist nun weniger Tempi voraus als nach 10. ... Sc6; seine Läufer stehen jedoch besser.

Weiß hat die e-Linie geöffnet und verfügt über die kleine Drohung 14.Lc6:, die dem Schwarzen einen vereinzelten Doppelbauern und sich selbst größere Kontrolle über die Felder d4 und e5 einträgt. Ein anderes Ziel des weißen Zuges zeigt sich nach 13. ... Ld7? 14.Sd5 Le7 15.Lc6: Lc6: 16.Se7:+ mit Figurengewinn, denn der Tausch 15.Lc6: raubt dem Le7 seinen zweiten Schutz.

Untersuchen wir die weiße Drohung näher und fragen, was Weiß täte, könnte er noch einmal ziehen: 14.Lc6: bc6: (der Doppelbauer zählt nicht zu sehr, solange Schwarz das Läuferpaar hat – es sei denn, Weiß kann sofort in Vorteil kommen) 15.Se4 Le7 (erzwungen) 16.Dd8: und a) 16. ... Td8: 17.Sf6:+ Lf6: (gf6: 18.Te7: fg5: 19.Sg5:) 18.Lf6: gf6: 19.Tad1 – zwei Doppelbauern ohne Gegenwert; oder b) 16. ... Ld8: 17.Sf6:+ Lf6: (gf6:? 18.Lh6) 18.Lf6: gf6: – ungefähr das gleiche. Die Pointe ist, dass einer der schwarzen Läufer verschwindet, wonach die vereinzelten Doppelbauern ernstlich gegen Schwarz sprechen.

13. ... Ld6-e7

Entfesselt und vereinfacht. Nach einem Zug wie 13. ... Lg4 fährt Weiß mit 14.Lc6: fort wie oben ausgeführt.

14. Lb5xc6

Weiß tauscht, um Schwarz einen vereinzelten Doppelbauern zu verschaffen. In den Partien 13 und 14 fürchtete der Angreifer die Vereinzelung seines Bauern nicht, weil er die Initiative behielt. In dieser Partie hat Schwarz keine Angriffsaussichten. Außerdem stellt ein vereinzelter *Doppel*bauer einen viel ernsteren Nachteil dar als ein einziger Einzelbauer. Der Nachteil rührt von dem nächsten Angriffszug des Weißen her, der bald zum Tausch eines der schwarzen Läufer führt.

14. ... b7xc6

14. ... Dd1:? verlöre nach 15.Tad1: bc6: 16.Te7: eine Figur. Wenn beim Tauschen ein Zwischentausch eingeschaltet werden soll, ist es geraten, die Folgen genau zu analysieren.

15. Sf3-e5

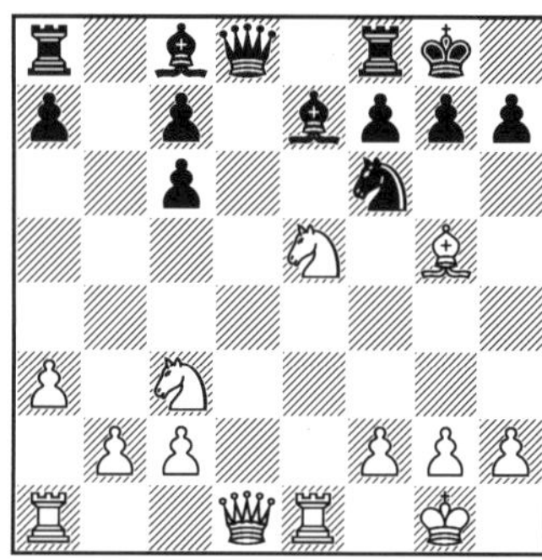

Die logische Fortsetzung. Weiß besetzt das von ihm beherrschte Feld e5 und bedroht den vereinzelten Doppelbauern.

15. ... Lc8-b7

15. ... Ld7 büßt nach 16.Lf6: Lf6: 17.Sd7: eine Figur ein; 15. ... Dd1: 16.Tad1: kostet nach 16. ... Lb7 17.Sc6: einen Bauern, weil Le7 hängt.

16. Se5-d7

Ein interessantes Scheinopfer, mit dem Weiß auch die Verdopplung des f-Bauern erreicht. Beachten Sie, dass die schwarzen Züge erzwungen sind, denn Weiß droht Sf8: mit Qualitätsgewinn, bzw.:

a) 16. ... Sd7: 17.Le7: erobert die Qualität.
b) 16. ... Dd7: 17.Dd7: Sd7: 18.Te7: S bel. 19.Tc7: gewinnt einen Bauern (oder 18. ... Tad8 19.Td1 Lc8 20.Lf4).

16. ... Tf8-e8
17. Lg5xf6 Le7xf6

Wenn 17. ... gf6:, so 18.Dg4+ Kh8 19.Tad1 mit starkem Angriff für Weiß.

18. Te1xe8+ Dd8xe8
19. Sd7xf6+ g7xf6

Schwarz hat nun zwei vereinzelte Doppelbauern, sehr ernsthafte Stellungsschwächen.

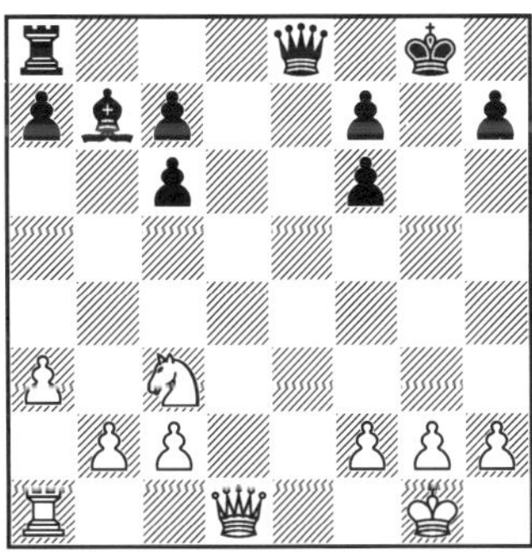

Wir werden sehen, wie Weiß diese Schwächen ausnutzt.
Oft lassen sich solche Stellungen im Angriff entscheiden, weil der schwarze Königsflügel aufgerissen ist und der schwarze Läufer nicht viel Bewegungsfreiheit hat. Nach 20.Df3 De6? beispielsweise wäre Schwarz verloren: 21.Se4 Kg7 22.Sc5 Dc8 23.Td1 nebst Td4 oder Td7 und gewinnt sofort. Aber Schwarz spielt 20. ... De5! und macht zeitweise den Sc3 unbeweglich. Dann ist die Sache nicht so einfach. Die schwarzen Figuren beginnen zu spielen.
Darum entscheidet sich Weiß dafür, die Schwäche des Schwarzen im Endspiel zu verwerten.

20. Dd1-d4 De8-e5
21. Ta1-d1

Nun sind alle weißen Figuren im Spiel. 21.De5: hätte die schwarze Bauernstellung verstärkt.

21. ... Ta8-e8

Droht De1+ nebst Matt.

22. Dd4xe5!

Und nun spielt Weiß, was einen Zug früher den Schwarzen begünstigt hätte. Zu dessen Unglück geht der natürliche Zug 22. ... fe5:, der die Bauern entdoppelt, nicht: 23.Td7 Tc8 24.Se4 mit vielerlei Drohungen, z.B. 25.Sc5 (lästig für Schwarz) oder 25.Sf6+ Kg7 26.Sg4 mit Bauerngewinn. Schwarz muss daher mit dem Turm zurückschlagen, und seine isolierten Doppelbauern bleiben bestehen.

22. ... Te8xe5

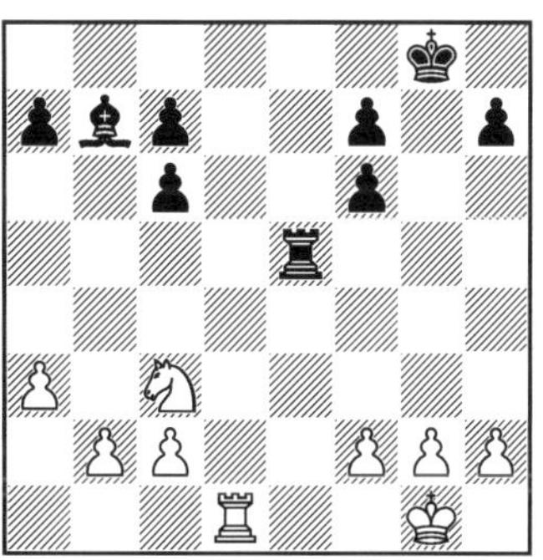

Welcher Strategie wird Weiß nun folgen? Schwarz hat *drei* Schwächen: 1) Bauern (zwei vereinzelte Doppelbauern), 2) Läufer (steht schlecht und kann möglicherweise gefangen werden); 3) König (einerseits eingeschränkt, andererseits von Bauern wenig geschützt).

Jede dieser Schwächen ist die Folge der vereinzelten Doppelbauern. Wären der Bc6 auf b6 und der Bf6 auf g6, stünde Schwarz sehr befriedigend, sogar besser als Weiß, weil ein tätiger Läufer im Allgemeinen einem Springer überlegen ist.

Welchen Plan kann Weiß bei den gegebenen Schwächen entwerfen? Es ist nicht immer möglich, ein einziges Gewinnschema aufzuzeigen. Die Züge hängen oft von den Verteidigungsmöglichkeiten des Gegners ab. Hier gründet sich der Gewinn auf Gelegenheiten, bei denen alle Schwächen des Schwarzen eine Rolle in der Strategie spielen.

Weiß hat drei Motive im Auge: a) die Schwierigkeiten, in die der Lb7 durch Sc5 in Verbindung mit verschiedenen Bauernzügen gerät (die Fortsetzung wird zeigen, was damit gemeint ist); b) die Möglichkeit, schwarze Bauern zu erobern, die alle sehr schwach sind, wobei aber der schwarze Turm einen Ausfall des weißen womöglich mit gleicher Münze beantworten kann (wobei Weiß seine gesunden für die ungesunden schwarzen Bauern tauschen würde); c) die Möglichkeit, auf direktes Matt zu spielen.

So ist es verständlich, dass Weiß sich nicht auf einen einzigen Plan beschränkt. Er wartet einfach auf seine Gelegenheit.

23. h2-h3

Sorgt für einen Schlupfwinkel des Königs. Weiß droht nun 24.Td7.

23. ... Te5-e7

Zu überlegen war 23. ... Kf8 24.Td7 Te7. Tatsächlich wäre aber nach dem Turmtausch der weiße Springer noch stärker als jetzt.

24. Sc3-a4!

Droht Läufergewinn durch 25.Sc5 Lc8 (oder La8) 26.Td8+, ein bekanntes Motiv.

24. ... Lb7-a6
25. b2-b3

Um den Läufer einzuschränken. Weiß droht 26.c4 mit Einschließung und eventueller Eroberung.

25. ... La6-e2

Entflieht der Einschließung.

26. Td1-d2

26.Te1 sieht stärker aus, weil der Läufer gefesselt wird und durch 27.Sc3 erobert zu werden droht. Schwarz deckt jedoch mit 26. ... Kf8 seinen Turm und zieht dann den Läufer fort. Freilich haben wir nach Turmtausch die gleiche für Weiß günstige Lage wie nach 23. ... Kf8. Der Textzug scheint jedoch noch mehr zu ergeben.

26. ... Kg8-g7

Weicht dem Turmtausch aus und schützt f6.

27. f2-f3

Erlaubt dem König, in den Kampf einzugreifen, und beschränkt den Läufer noch mehr. Ein weiterer Zug (c2-c4), und er wäre nach Kf2 verloren.

27. ... Le2-b5
28. Sa4-c5

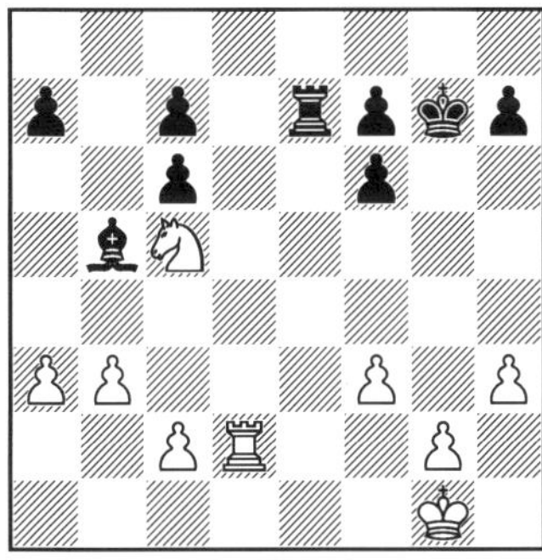

Droht den Lb5 mit c2-c4 oder a3-a4 zu erobern. Der Springer steht nun vor den vereinzelten Doppelbauern und kann nicht vertrieben werden, außer von Figuren.

28. ... Te7-e5

Schwarz treibt den Sc5 fort, um den Läufer zu retten.

29. Sc5-d7

Der Springer geht fort, aber mit Tempo.

29. ... Te5-e1+

Augenscheinlich ist 29. ... Td5 besser, doch nach 30.Td5: cd5: 31.Sc5 kommt Schwarz bald in eine hoffnungslose Lage. Zwei Varianten: a) 31. ... f5 32.Kf2 Kf6 (32. ... f4? 33.a4 nebst Sd3) 33.a4 Lc6 34.Ke3 Ke5 35.f4+ Kd6 36.Kd4. Die Übermacht auf den schwarzen Feldern entscheidet rasch. Ähnlich in b): 31. ... Kf8 32.Kf2 Ke7 33.a4 Lc6 (33. ... Kd6 34.Sb7+) 34.Ke3. Wieder kommt der weiße König nach d4. Schwarz kann nur noch abwarten, wie der Gegner ihn ausmanövriert. Ein Gewinnplan des Weißen wäre, mit dem König nach c5 vorzudringen: Zunächst stellt er die Bauern des Königsflügels auf f4, g3 und h4, die des Damenflügels nach c3, b4 und a5 (nötigenfalls a6) und erzwingt dann mit Hilfe des Springerschachs auf b7 den Vormarsch des Königs. Eine etwas langwierige, aber sichere Methode, bei der Schwarz nichts weiter tun kann, als hilflos mit dem Läufer hin und her zu pendeln.

30. Kg1-f2 Te1-f1+

Gewinnt ein Tempo. Dass der schwarze Turm aus dem Springerangriff mit Schach wegziehen konnte, bedeutet einfach, dass Schwarz durch den Zug Sd7, der „mit Tempo“ erfolgte, dennoch kein Tempo verloren hat.

31. Kf2-g3

Weiß droht nun wieder Sc5 nebst Eroberung des Läufers durch c2-c4 oder a3-a4.

31. ... Lb5-a6
32. Sd7-c5

Wieder schränkt der Springer von seinem starken Feld aus den Läufer ein.

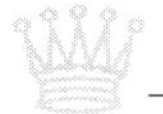

32. ... La6-c8
33. Kg3-f4

Nimmt dem Läufer das Feld f5, und nun droht 34.Td8 Le6 35.Se6:+ fe6: 36.Td7+ mit wenigstens Bauerngewinn. Außerdem wird der König am bald folgenden Angriff gegen den schwarzen Monarchen teilnehmen.

33. ... Tf1-e1

Um 34.Td8 Le6 35.Se6:+ mit Te6: zu parieren.

34. Sc5-e4

Um den Springer zwecks Angriffs auf den Königsflügel zu bringen, wie wir sehen werden.

34. ... Lc8-e6
35. Se4-g3

Plangemäß.

35. ... Te1-a1(?)

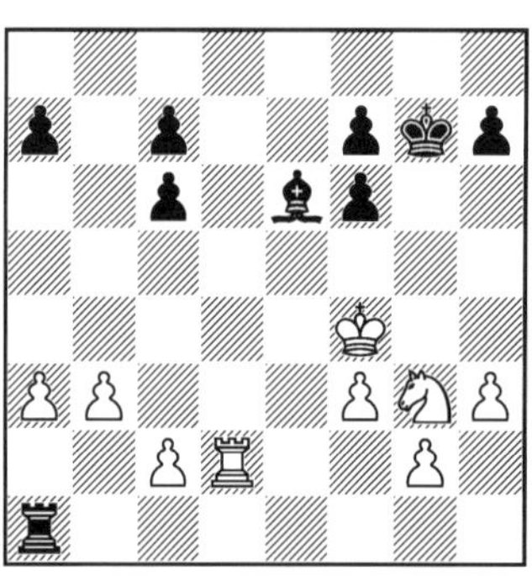

Ein Amateurzug. Weiß kann es sich leisten, diesen Bauern einzubüßen, weil er Mattangriff hat. Besser ist 35. ... Te5, worauf Weiß seinen Angriff mit 36.Td8 fortführt.

36. Sg3-h5+ Kg7-g6
37. g2-g4 Ta1xa3
38. Td2-d8

Zieht Vorteil aus der schlechten Königsstellung des Schwarzen.

38. ... Ta3-a2

Wenn 38. ... h6, so 39.Tg8+ Kh7 40.Sf6: matt; wenn 38. ... f5, so 39.Tg8+ Kh6 40.Sf6 mit der unparierbaren Drohung 41.g5 matt.

39. Td8-g8+ Kg6-h6
40. Sh5xf6

Schwarz gibt auf. Weiß droht 41.g5 matt.

Als allgemeine Regel hängt die Überlegenheit einer Seite im Endspiel Läufer gegen Springer vom Bauerngerippe ab; ob der Läufer „gut“ oder „schlecht“ ist. Außerdem ist es besser für den Springer (weil er sich nur in kurzen Schritten vorwärts bewegen kann), wenn sich nur auf einem Flügel Bauern befinden. Bauern auf beiden Flügeln begünstigen den Läufer.

Diese Regeln greifen hier jedoch nicht – der Springer arbeitet auf beiden Flügeln. Das Besondere an diesem Endspiel ist, dass der Läufer auf dem ganzen Brett kein gutes Feld findet. Er wird fortwährend von den weißen Steinen – Turm, Springer, Bauern – umhergetrieben. Dies ist die direkte Folge der Doppelbauern.

Partie 16

Die Theorie des angenommenen Damengambits
Versuche, den Gambitbauern zu behaupten
Der Befreiungszug c7-c5
Die Anhäufung von Macht
Angriff gegen den unrochierten König
Die Strategie der Mattplanung
Stärke und Schwäche der Dame allein gegen Turm und zwei leichte Figuren

Eine der ausgeprägten Situationen im Schach ist jene, in der der Angreifer einen so entscheidenden Vorteil hat, dass das Matt um die Ecke blinzelt, obwohl noch kein klares Mattbild in Sicht ist. In solchen Stellungen ist eine gut entwickelte schachliche Erfindungsgabe von größter Hilfe.
Der Angreifer kann oft über die unmittelbare Lage hinausblicken und sagen: „Ich könnte mattsetzen, *wenn...* „. So bald diese „Wenn-Stellung“ entstanden ist, ergeben sich die Wege zum Matt oft von selbst. Manchmal kann man die „Wenn-Stellung“ durch ein einfaches Opfer herbeiführen. Ein andermal kann das Erreichen der „Wenn-Stellung“ in eine Drohung verwandelt werden, die den Gegner zu weiteren schwächenden Zügen zwingen mag. In noch anderen Stellungen mögen mehrere Fast-Matts in der Luft liegen, und die gemeinsamen Drohungen dieser Fast-Matts können so gefährlich werden, dass sie den unglücklichen Gegner bald überwältigen.

Weiss: Amateur Schwarz: Meister
Angenommenes Damengambit

1. d2-d4 d7-d5
2. c2-c4 d5xc4

Die Annahme des Gambits führt zum Tausch eines Mittel- gegen einen Flügelbauern. An sich ist das nicht zu empfehlen, es gibt in dieser Eröffnung jedoch noch andere Gesichtspunkte, die die schwarze Strategie motivieren und die nachstehend bzw. im Partieverlauf dargelegt werden.
Verglichen mit den verschiedenen Abspielen des abgelehnten Damengambits hat das angenommene den Vorteil, dass die Entwicklung des Lc8 kein Problem darstellt, andererseits den Nachteil, dem Weißen das Zentrum, wenigstens zeitweise, zu überlassen.
Im Allgemeinen erhält Schwarz bei der Annahme ein freies Spiel, wenn es ihm gelingt, die Überlegenheit des Weißen in der Mitte auszugleichen, eine Überlegenheit, die Schwarz seinem Gegner einräumte, indem er einen Mittel- für einen Flügelbauern gab. Dieser ausgleichende Zug ist das im richtigen Augenblick gespielte c7-c5. Ohne diesen Zug kann Weiß ein ideales Zentrum (Bd4, e4) bilden, aus dem ein Angriff am Königsflügel hervorgehen könnte (Züge wie e4-e5, siehe Partie 19), und Schwarz behielte eine beengte Stellung.
Das Damengambit ist kein Gambit im eigentlichen Sinn dieses Wortes, d.h. Weiß opfert nicht dauerhaft einen Bauern für Entwicklungsvorsprung, denn er kann den Bauern immer zurückgewinnen. Vgl. die Partien 17 und 18, wo die Gambitpartei den Bauer endgültig aufgibt. Viele Amateure nehmen auf c4 in der Hoffnung, den Gambitbauern festzuhalten, und es wird daher nötig sein, die verschiedenen derartigen Versuche bei den folgenden Zügen zu besprechen.

3. Sg1-f3

Entwickelt eine wichtige Figur auf das richtige Feld, verhindert e7-e5, und die Theorie beweist, dass Schwarz nach diesem Zug den Gambitbauern ebenso wenig halten kann wie nach 3.e3 (siehe Anmerkungen zum 3.Zug von Schwarz).
Direkter zum Rückgewinn führt 3.e3. Schwarz könnte jedoch 3. ... e5 antworten: 4.Lc4: (4.de5: Dd1:+ 5.Kd1: Sc6 6.f4 f6 7.ef6: Sf6: 8.Lc4:, und obwohl Weiß einen Bauern mehr hat, ist dieses Abspiel für ihn sicher nicht günstig wegen 8. ... Se4 oder 8. ... Lg4+ nebst 9. ... 0-0-0, und Schwarz hätte beträchtlichen Entwicklungsvorsprung.) 4. ... ed4: 5.ed4:, und der vereinzelte Bd4 wird durch größere Raumbeherrschung ausgeglichen. Schwarz hat aber ebenfalls ausreichende Möglichkeiten, seine Figuren wirkungsvoll einzusetzen.
Der Amateur, der das Hilfsmittel 3. ... e5 nicht kennt, versucht oft, den Gambitbauern mit 3. ... b5? festzuhalten. Weil dieser Zug in Amateurpartien sehr üblich ist, werden wir

die möglichen Fortsetzungen zeigen:

a) 4.a4 c6 (4. ... a6 5.ab5:, und Schwarz kann nicht zurücknehmen) 5.ab5: cb5: 6.Df3! und Schwarz verliert eine Figur.
b) 4.a4 Ld7 5.ab5: Lb5: und 6.Sa3 gewinnt den Bauern mit positionellem Vorteil, 6.b3 mit starkem Zentrum zurück.

Manchmal versucht der unerfahrene Spieler nach 3.e3 auch 3. ... Le6, was strategisch sehr schlecht ist, weil die Entwicklung der schwarzen Mitte blockiert wird. Weiß kann den Bauern sofort mit 4.Sa3 zurückerhalten, oder er kann einfach seine Entwicklung vervollständigen. Die schwarze Stellung bleibt beengt, solange der Le6 die Figurenentwicklung verhindert.

3. ... Sg8-f6

Ein einfacher Entwicklungszug. Spielt Schwarz den Ausgleichszug c7-c5 an dieser Stelle, so setzt Weiß einfach mit 4.e3 fort, oder er spielt 4.d5, und sein Mittelbauer engt die schwarzen Bewegungen ein und stellt beim Bemühen, auszugleichen, einige Probleme.

Versucht Schwarz mit 3. ... b5 den Gambitbauern zu verteidigen, gewinnt ihn Weiß mit 4.a4 c6 5.e3 zurück: a) 5. ... Lb7 6.ab5: cb5: 7.b3!, die typische Weise, den Gambitbauern zurückzuholen, oder b) 5. ... Db6 6.Se5 (droht 7.ab5: cb5: 8.Df3 mit der Doppeldrohung gegen f7 und a8) 6. ... Lb7 7.b3! (wieder dieser starke Zug) 7. ... cb3: 8.Db3: mit der Doppeldrohung gegen f7 und b5.

4. e2-e3 e7-e6

Wieder ein einfacher Entwicklungszug, um Linien zu öffnen. Schwarz schließt den Lc8 ein, plant jedoch, ihn später zu flankieren. An dieser Stelle könnte 4. ... c5 mit 5.Lc4: cd4: 6.ed4: beantwortet werden. Als Gegenwert für den vereinzelten d-Bauern hätte Weiß die freiere Entwicklung, genau wie in der ähnlichen, schon erwähnten Variante.

5. Lf1xc4 c7-c5

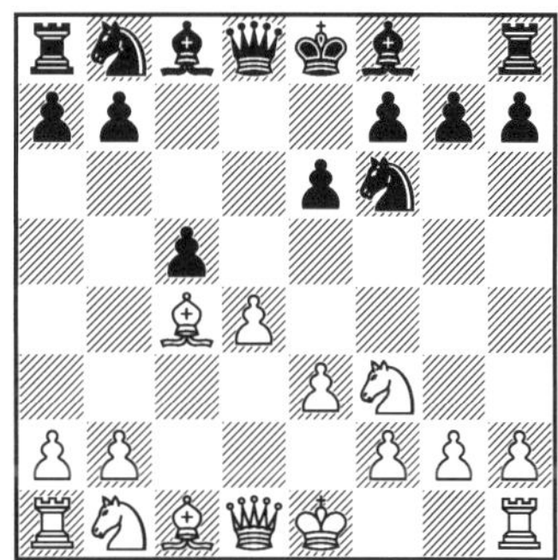

Der Schlüsselzug des angenommenen Damengambits, dessen Zweck es ist, das schwarze Spiel zu befreien, den Ausgleich im Zentrum herbeizuführen und den schwarzen Figuren Bewegungsfreiheit zu verschaffen. Ohne diesen Zug würde Schwarz beengt stehen. Weiß wäre in der Lage, seine Figuren unbehindert zu entwickeln und ginge aus der Eröffnung mit überlegener Kräfteentfaltung hervor, besonders wenn es ihm gelingt, den Zug e3-e4 durchzusetzen, der im Allgemeinen einen Erfolg für Weiß bedeutet und den Schwarzen zu passivem Spiel in beengter Stellung verurteilt.

6. Sb1-c3

Den Springer auf sein natürliches Feld zu entwickeln, was ganz logisch aussieht, ist in dieser Variante und an dieser Stelle trotzdem mit gewissen Gefahren verbunden. Zunächst verzögert der Zug die weiße Rochade, und die Partie zeigt, dass Weiß überhaupt nicht zur Rochade kommt, weil er sie zu lange aufschiebt. Zweitens, wenn es Schwarz gelingt, nach a7-a6 auch b7-b5 durchzusetzen, kann er im richtigen Moment b5-b4 spielen und den Sc3 vertreiben. Dieser stünde also nicht mehr sicher, und die Deckung des Feldes e4 wäre unzuverlässig. Man denke jedoch daran, dass es nur in diesem besonderen Fall ratsam ist, die Entwicklung des Sb1 zu verzögern, nicht im Allgemeinen.

6. ... a7-a6

Der erste von zwei Zügen, die bezwecken, den Lc4 zurückzudrängen, den schwarzen Damenflügel für die Entwicklung des Lc8 auf b7 zu öffnen und b5-b4 zu drohen, um so den Sc3 anzugreifen.

Stattdessen hätte Schwarz 6. ... cd4: spielen können, und gerade wie in einer analogen, früher erwähnten Spielweise hätte Weiß nach 7.ed4: bessere Entwicklung und Beweglichkeit als Ausgleich für die Vereinzelung des Bd4. Zwar ist der weiße Vorteil von Natur aus vorübergehend, der schwarze dauerhaft, solange der Bd4 vereinzelt bleibt; in Stellungen dieser Art ist es jedoch nicht schwierig für Weiß, Bauerntausch durch d4-d5 zu erzwingen, in welchem Fall er einigen Raumvorteil behält und seine einzige Schwäche aufgelöst hätte.

Beantwortet Weiß 6. ... cd4: mit 7.Sd4: und Schwarz versucht, die Mitte sofort durch 7. ... e5 zu besetzen, dann folgt 8.S4b5 mit Drohungen wie 9.Dd8:+ nebst 10.Lf7:, und wenn Schwarz die Damen tauscht, ist die Drohung Sc7+ ärgerlich. Daher würde Schwarz auf 7.Sd4: ebenfalls a7-a6 ziehen und damit die beiden Vorstöße b7-b5 bzw. e6-e5 vorbereiten.

7. Lc1-d2(?)

Ein Amateurzug, der lediglich einfache Entwicklung bezweckt und mangelnde Einsicht in die strategischen Erfordernisse der Stellung verrät. Er hat den weiteren Nachteil, dem d-Bauern einen seiner Bewacher zu entziehen, ist jedoch nicht ganz schlecht. In vielen Varianten, wie in dieser Partie, kann Weiß den Läufer über c3 ins Spiel bringen. Der Zug räumt außerdem c1 für den Turm, was bedeutsam sein kann.

Der logische Zug war 7.0-0. Weiß konnte auch 7.a4 spielen und den Schwarzen daran hindern, sein Manöver am Damenflügel durchzuführen.

Versucht Weiß sein Zentrum sofort mit 7.e4 stark zu machen, dann antwortet Schwarz 7. ... b5 8.Ld3 (8.Lb3 b4 kostet einen Bauern) 8. ...

cd4: 9.Sd4: nebst Lb7 oder e6-e5 (Dd4:?? 10.Lb5:+ mit Damengewinn) und Weiß steht sicher nicht besser als Schwarz.

7. ... b7-b5

Schwarz setzt seinen Plan fort. Das Problem des Lc8 ist gelöst. Die Drohung b5-b4 bedeutet, dass ein indirekter Druck auf das Zentrum vorhanden ist.

8. Lc4-d3 Sb8-d7

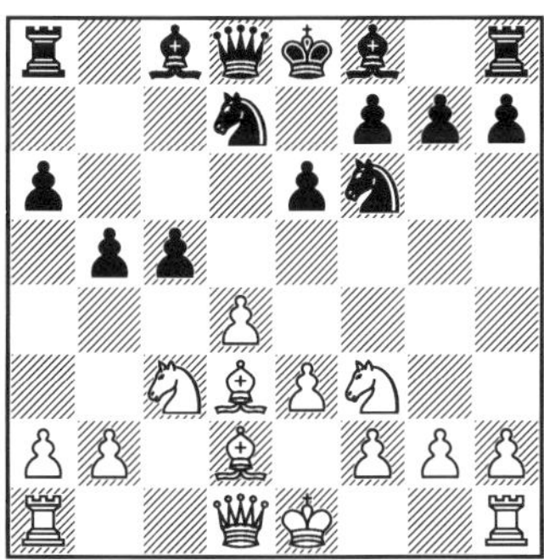

Damit der Springer eventuell nach c5 gehen und den Ld3 angreifen kann. Es ist gewöhnlich sehr wichtig für Schwarz, mit dem Springer wiederzunehmen, wenn Weiß auf c5 schlägt.
In dieser besonderen Stellung, in der Weiß den schwachen Zug 7.Ld2 gemacht und den Ld3 ungedeckt gelassen hat, wäre auch 8. ... Sc6 gut gewesen, denn Weiß hätte 9.Se2 spielen müssen, um Bauernverlust zu vermeiden. Allerdings hätte das dem Weißen wenig geschadet.
Die vorliegende Stellung könnte auch aus der Meraner Variante entstehen: 1.d4 d5 2.c4 c6 3.Sc3 Sf6 4.e3 e6 5.Sf3 Sbd7 6.Ld3 dc4: 7.Lc4: b5 8.Ld3 a6 9.Ld2? c5. In dieser Variante braucht man einen Zug mehr, um die gleiche Stellung zu erreichen, weil Weiß ein Tempo durch Ld3-Lc4: verliert und Schwarz durch c7-c6-c5.

9. Sc3-e4(?)

Der Zug hat den Vorteil, für den Ld2 das Feld c3 zu räumen, jedoch den Nachteil, dass Weiß ein Tempo verliert, um seinen Springer für den des Gegners zu tauschen. Vorzuziehen war die Rochade nebst De2 und d4xc5, gefolgt von e3-e4. Amateure verzögern oft die Rochade zu lange. Ein gesundes Prinzip lautet: Rochiere zuerst, dann denke an deinen Angriff oder deine Strategie.
Aus 9.Se4 geht hervor, dass Weiß keine klare Strategie verfolgt, keinen Plan; dass er im Strudel des Mittelspiels schwimmt, von Zug zu Zug spielt ohne Idee oder Richtung, in die er gehen soll. Zwar hat Weiß mehr Figuren entwickelt als Schwarz, man beachte jedoch, *wie* sie entwickelt sind!

9. ... Lc8-b7

Schwarz führt seinen strategischen Plan aus, den Lc8 zu fianchettieren, und zwar mit Tempo, denn er bedroht den Se4.

10. Se4xf6+

Tauscht Weiß nicht, verliert er einen Zug, z.B. 10.Dc2 c4! 11.Sf6:+ Sf6: 12.Le2 und Weiß ist gezwungen, seinen Läufer zurückzuziehen,

so dass Schwarz die volle Herrschaft über e4 besitzt.
Zwar hat Weiß, nachdem Schwarz auf f6 zurückgenommen hat, ebenso viele Figuren im Spiel wie dieser, der flankierte Lb7 ist jedoch viel stärker als der schlecht entwickelte Ld2.

10. ... Dd8xf6

Droht das weiße Bauerngerippe zu zerstören (11. ... Lf3: 12.Df3: Df3: 13.gf3: cd4:) und eventuell e6-e5 durchzusetzen mit zunehmender Herrschaft im Zentrum. 10. ... Sf6:, das den Druck gegen e4 verstärkt und Weiß an e3-e4 hindert, ist auch gut. Der Textzug hat jedoch den zusätzlichen Vorteil, Weiß an 11.dc5: zu hindern wegen der Antwort Db2:.

11. Ld3-e2

Weiß verliert ein Tempo, um die erwähnte Drohung zu parieren.

11. ... Lf8-d6

Fortsetzung der Entwicklung und Beginn der Anhäufung von Kräften: Läufer auf b7 und d6.
Zu erwägen ist 11. ... cd4: 12.ed4: Ld6, aber in diesem Fall hat der Ld2 die Diagonale nach g5 zur Verfügung.

12. d4xc5

Vorteil: gibt dem Ld2 eine bessere Diagonale; Nachteil: bringt den Sd7 auf ein ideales Feld.

12. ... Sd7xc5
13. Ld2-c3

Der Läufer steht hier besser als auf d2. Er ist aber noch nicht ideal plaziert, denn Schwarz hat Züge wie Se4, e6-e5 und, unter gewissen Umständen, auch b5-b4 in petto.

13. ... Df6-e7

Die Dame zieht sich vorübergehend zurück, um zur richtigen Zeit mit größerer Kraft hervorzubrechen. Sie deckt jetzt auch den Ld6. Schwarz hat nun die bessere Partie. Seine Figuren stehen wirksamer; vgl. die beidseitige Stellung der Läufer und Springer. Weiß sollte nun 14.0-0 spielen und wenn möglich mit Le5 vereinfachen, um die Läufer zu tauschen und so die schwarze Kräftekonzentration verringern. Sofort 14.Le5 hätte nach 14. ... Le5: 15.Se5: Lg2: einen Bauern gekostet (16.Tg1 Le4 17.Tg7: Lg6). Zu bemerken ist, dass 14.Lg7: nicht gut wäre wegen 14. ... Tg8 15.Lc3 (15.Le5 Le5: nebst Tg2:) 15. ... Tg2: (man vergleiche die eben erwähnte umgekehrte Kombination). Beide Seiten verlieren ihren g-Bauern, aber Schwarz hat zum Schluss einen Turm auf g2, wo er eine glänzende Angriffsstellung einnimmt.

14. Dd1-d4?

Weiß, der die Erfordernisse der Stellung nicht versteht, strebt selbst nach größerer Kräfteansammlung. Seine Dame steht hier nicht sicher; sie wird bald auf ein anderes Feld getrieben, wo sie ebenfalls nicht ungefährdet ist. Die Angriffsaussichten des Weißen sind gleich Null – Dame und Läufer sind zu wenig. Hoffte Weiß etwa auf 14. ... 0-0??

14. ... f7-f6
15. Ta1-d1

Der Druck des Weißen auf der d-Linie ist illusorisch. Er zwingt Schwarz, Td8 zu ziehen, was auf jeden Fall gekommen wäre. Besser war 15.0-0 Td8 16.Dh4 Se4 17.Le1. Weiß steht dann zwar nicht hervorragend – das tut er jedoch in keinem Fall.

15. ... Ta8-d8

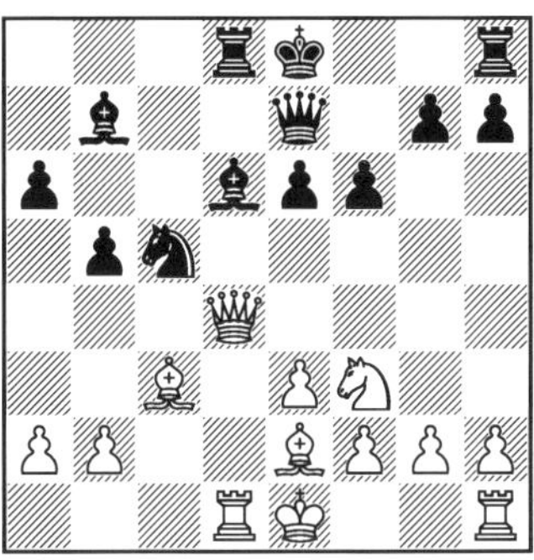

16. b2-b3

Um Platz für den Lc5 zu schaffen im Fall von Sc4 (oder Sa4); der Zug ist jedoch unzureichend. Betrachten wir die Stellung ein wenig näher. Zu beachten ist die indirekte Bedrohung der Dd4 durch den Td8. Das hat zur Folge, dass Weiß wegen Lh2:+ nicht rochieren kann. Andererseits kann Schwarz seinen Ld6 nicht beliebig mit Angriff auf die Dd4 ziehen wegen der Vereinfachung Dd8:+; so wäre auf 16.b3 der Zug Le5 schlecht: 17.Dd8:+ Dd8: 18.Td8:+ Kd8: 19.Se5: usw.
Obwohl die weiße Dame in einiger Gefahr schwebt, gibt es keine direkten Drohungen. Weiß muss jedoch sehr vorsichtig spielen und z.B. den Zug Lc7 einbeziehen, der den Td8 deckt und die Dame angreift. Auf 16.La5 (anstelle von 16.b3) ist aber Lc7 nicht zu fürchten, denn 17.Dd8:+ Ld8: 18.Td8:+ führt zu einem fast gleich stehenden Endspiel. Das bedeutet, dass Schwarz auf 16.La5 Td7 geantwortet hätte. Der Turm wäre dann einmal mehr vom Springer gedeckt, so dass nun der Ld6 auf jedes beliebige Feld zu gehen droht.

16. ... 0-0

Droht 17. ... Le5. Nicht überzeugend ist 16. ... Se4 17.La5 Lc7 18.Dd8:+ mit der gleichen Wendung wie oben.

17. Dd4-g4

17.Dh4 hätte die Dame weniger gefährdet postiert und wäre etwas besser. Warum die Dame auf g4 stärker bloßgestellt ist, werden wir sehen.
Der Schwarze hält nach der richtigen Strategie Ausschau in einer Stellung, in der er beträchtliche Kräfte versammelt hat und an vielen Punkten des Brettes Druck ausübt. Er bemerkt zwei Schwächen in der weißen Stellung: a) der unrochierte König; b) der hängende Lc3. Er ergreift daher die Gelegenheit, den Läufer zu verjagen und den unrochierten König anzugreifen und spielt:

17. ... Sc5-e4
18. Lc3-b2

Weiß schob die Rochade im 7. und 14. Zug auf, vielleicht weil er einen Angriff fürchtete. Dies war schlechte Strategie, denn nun kann er überhaupt nicht mehr rochieren.

Nach 18.Ld2 Sd2: 19.Sd2: Lb4 ist die Situation vergleichbar: Weiß kann nicht rochieren. Er kann die Diagonale auch nicht mit 18.La5 behaupten, denn 18. ... Lb4+ 19.Lb4: Db4:+ kostet nach 20.Td2 oder 20.Sd2 eine Figur und Weiß muss 20.Kf1 spielen unter Verzicht auf die Rochade (wie in der Partie).

18. ... Ld6-b4+

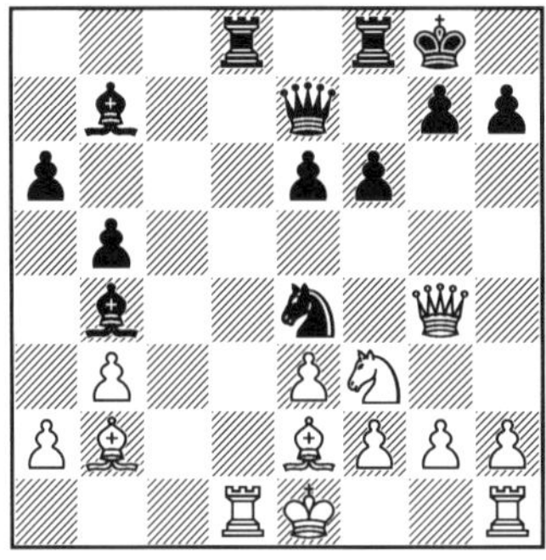

Um Weiß die Rochade zu verderben – ein wichtiger Bestandteil des Planes von Schwarz. Der Zusammenbruch infolge der ausgeschlossenen weißen Rochade wird bald klar.

19. Ke1-f1 Td8xd1+

Schwarz beseitigt den aktiven weißen Turm und bringt seinen zweiten mit Tempo ins Spiel. Der Th1 dagegen bleibt eingesperrt.

20. Le2xd1 Tf8-d8

Der verbleibende Turm greift auf der lebenswichtigen d-Linie mit Bedrohung des Ld1 ein. Von nun an folgt ein Schlag dem andern. Alle schwarzen Figuren arbeiten zusammen und bilden ein Höchstmaß an geballter Kraft. Die weißen dagegen haben sehr wenig Wirkung. Zwischen Dame und Turm gibt es überhaupt kein Zusammenspiel.

21. Kf1-e2

Ein verhältnismäßig guter Zug in schlechter Stellung. Es besteht nun ein wenig Hoffnung, dass der Th1 in den Kampf eingreifen kann.

Bei 21.Sd4? bliebe der Th1 unentwickelt, der Sd4 kann vertrieben werden, und Schwarz wird das Feld d2 besetzen: 21. ... f5 (ein Versuch, die Dame von d1 abzulenken, wo sie den Läufer deckt) und nun:

a) 22.De2 e5 23.Sf5:? (23.Sf3 – siehe d) 23. ... Dd7!, greift gleichzeitig Springer und Läufer an und erobert eine Figur;
b) 22.Dh3 e5 23.Sf5: Td1:+ 24.Ke2 Td2+ mit Gewinn einer Figur;
c) 22.Df3? Sd2+ und gewinnt die Dame;
d) 22.Dh5 g6 23.De2 e5
d1) 24.Sf3 Sd2+ 25.Sd2: (oder 25.Kg1 Sf3:+ 26.gf3: Td2) 25. ... Td2: mit Figurengewinn;
d2) 24.Sc2 Td2 und die Dame ist nicht zu retten (25.Df3 Tf2:+).

Auch 21.Lc2 Sd2+ ist verhängnisvoll: a) 22.Ke2 Sf3: 23.gf3: Td2+ und gewinnt eine Figur; b) 22.Sd2: Td2: und wenn 23.Lf6:, so Df6: 24.Db4: Df2: matt.

Alle diese Abspiele zeigen, dass 21.Ke2 erzwungen ist.

21. ... f6-f5

Um die weiße Dame auf schlechtere Felder zu zwingen und ihre Möglichkeiten zu verringern, in den Kampf einzugreifen.

22. Dg4-h5 g7-g6
23. Dh5-h3

Versucht Weiß 23.Dh4, um den Angriff durch Tausch abzuschwächen, gewinnt Td2+ sofort, denn der Sf3 kann nicht zugleich d2 und h4 schützen.

23. ... De7-d6

Droht Matt auf d3 und erreicht die vollständige Herrschaft über die d-Linie und das Feld d2.

24. Ld1-c2

Wenn 24.Sd4, so e6-e5; wenn 24.Se5, so Dd2+.

24. ... Dd6-d2+!

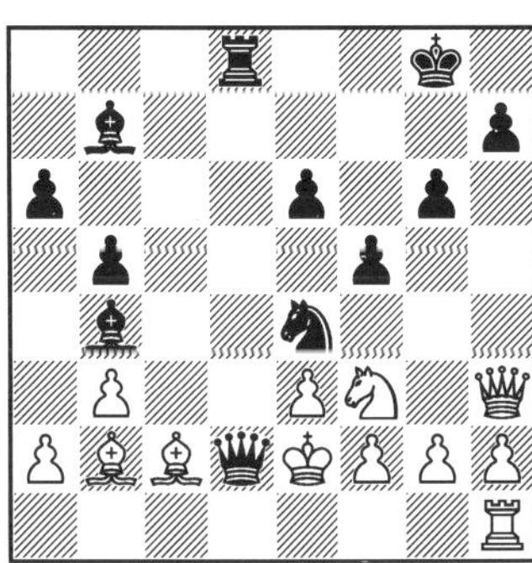

Dieses einwandfreie Damenopfer ist das Ergebnis der Machtkonzentration. Das Ziel des Schwarzen ist zweifach. a) den König zurück auf die Grundlinie zu treiben und den Turm wieder einzusperren; b) Besitz von der 2. Reihe zu ergreifen.

25. Sf3xd2 Td8xd2+
26. Ke2-f1

Oder 26.Kf3? Tf2: matt; wenn 26.Ke1 Tc2:+ und gewinnt mindestens zwei Figuren.

26. ... Td2xf2+
27. Kf1-g1 Tf2xc2
28. Dh3-h4

Weiß bereitet einen Gegenangriff vor, denn er kann seinen verbleibenden Läufer nicht halten (28.Ld4? Tc1 matt.).

28. ... Tc2xb2
29. Dh4-d8+ Lb4-f8

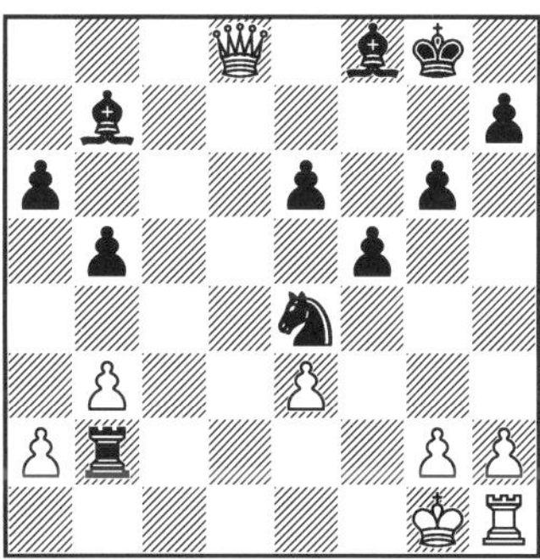

Schwarz droht nun Tb1+ nebst Matt. Was kann Weiß dagegen tun?

a) 30.Kf1 Tb1+ 31.Ke2 Th1:;
b) 30.Dd1 Sc3 31.Dd3 Tb1+ 32.Kf2 Se4+ mit Turmgewinn.

Weiß kann die erste Reihe nicht halten und spielt daher:

30. h2-h4

Ein wenig besser als 30.h3, weil der König auch das Feld h3 erhält.

30. ... Se4-g3

Schwarz droht nun 31. ... Tg2: matt. Wenn 31.Kh2, so Tg2:+ 32.Kh3

Sh1:. Weiß antwortet daher:

31. Th1-h2

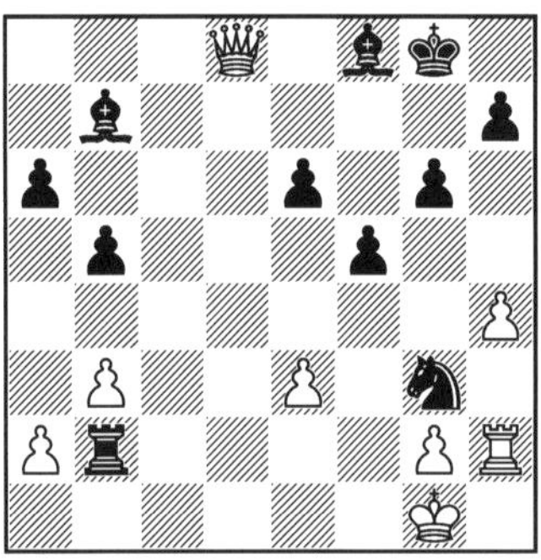

(Die Stellungsanalyse, die in der Partie an diesem Punkt anzustellen ist, ist ziemlich verwickelt und schwer zu verfolgen. Wir geben sie hier, um dem Leser einen Eindruck zu vermitteln vom Ausmaß einer vollständigen Analyse einer komplizierten Stellung, vom Reichtum der Möglichkeiten und überraschenden Wendungen und einer Methode, die für die Analyse gewisser Stellungstypen zu verwenden ist. Der Leser sollte nicht enttäuscht sein, wenn er die Einzelheiten nicht sofort voll und ganz versteht, sondern sie ganz einfach ein paar mal durchspielen, um die abwechslungsreichen Wendungen zu genießen. Wer will, kann bei späterem Studium tiefer forschen.)

Schwarz hat seine Dame für drei Figuren und einen Bauern hergegeben. Er beherrscht die 2. Reihe und die Diagonale a8-g2. Außerdem hat er den weißen Turm völlig festgelegt, der wegen des Angriffs gegen g2 auf h2 verharren muss. Nur die weiße Dame kann ziehen. Freilich ist diese Figur sehr stark, besonders weil sie gleichzeitig Schach bieten und andere Figuren angreifen kann. Das lässt das Problem dieser Stellung weit schwieriger werden, als es auf den ersten Blick erscheint.

In Stellungen jedoch, wo der feindliche König ernsthaft eingeschränkt ist, kann man bereits mit einem nicht allzu fernen Matt oder mit erheblichem Materialgewinn rechnen. Oft ist kein absolutes Matt in Sicht, sondern ein Matt, *wenn* die Stellung nur ein wenig anders wäre. Ist ein Spieler dem Matt so nahe, so kann dieses *Wenn* eine wertvolle Fährte sein, und man sollte sich ganz darauf einstellen. Sehen wir, wie es in der vorliegenden Stellung angewandt werden kann.

Schwarz bemerkt, dass er Matt in nicht einer, sondern drei Arten geben kann – *wenn:*

Matt A – *wenn* kein weißer Bauer auf e3 stünde und *wenn* der Lf8 nicht gefesselt wäre, könnte Schwarz Lc5 matt spielen.

Matt B – *wenn* der Sg3 gedeckt wäre, könnte Schwarz in zwei Zügen durch Tb1+ nebst Tf1 mattsetzen.

Matt C – *wenn* der Th2 zieht, setzt Tg2: in einem Zug matt.

Schwarz denkt auch an 31. ... Se4, das Matt in einem Zug droht, verwirft es jedoch, weil es nach 32.Kf1 keine konkrete Fortsetzung gibt. Der weiße König hat einfach mehr Freiheit als zuvor. Daher beschränkt sich Schwarz auf die Matts A, B und C.

Er überlegt: Ich könnte 31. ... f4 spielen und Matt in zwei Zügen dro-

hen (Matt B). Dies erzwingt praktisch 32.ef4:, denn 32.Dd1 Le4 nebst Tb1 kostet die Dame. Spiele ich dann 32. ... Kg7 und drohe Lc5 (Matt A), erobert Weiß mit 33.Dd4+ meinen Turm. Darauf folgt jedoch 33. ... Kh6 34.Db2: Lc5+ 35.Df2 Lf2:+. Das Endspiel Läufer und Springer gegen Turm könnte noch einige Schwierigkeiten machen. Mal sehen, ob es nichts Besseres gibt. Das Hauptproblem besteht darin, wie der Lf8 beweglich zu machen ist.
Gibt es einen Weg, ihn zu entfesseln, ohne den König ziehen zu müssen? Man könnte 31. ... Tc2 spielen, um später Tc8 folgen zu lassen. Die direkte Drohung wäre 32. ... f4 33.ef4: Tc8, gefolgt von Lc5+ (34.Dd4 Se2+ oder Lc5). Der Rückzug 32.Dd1 wäre wegen der Springergabel nach Tc1 33.Dc1: Se2+ ungenügend. Die einzige Verteidigung gegen 31. ... Tc2 scheint 32.b4 zu sein, das den Nachteil hat, c4 für den Lb7 freizumachen, und nach 32. ... Ld5, das den Be6 deckt und den Lb7 wirkungsvoll ins Spiel bringt, muss etwas in der Stellung stecken. Angesichts des sehr beschränkten Raums, den der weiße König zur Verfügung hat, kann er sich gegen die gemeinsamen Angriffe aller schwarzen Figuren nicht halten.

31. ... Tb2-c2!

Weiß muss nun unter einer Zahl von möglichen Antworten wählen.

a) 32.Db8 (greift gleichzeitig Lb7 und Sg3 an) 32. ... f4! 33.ef4: (33.Df4: Se2+) 33. ... Tc8 und Weiß kann Lc5 matt nur unter Preisgabe seiner Dame verhindern.
b) 32.Dd1 Tc1 33.Dc1: Se2+
c) 32.Dd7 Ld5 33.Dd8 f4 34.ef4: Kg7 (nach einem Damenschach wird der schwarze König nach h6 gehen, wo ihm kein weiteres Schach geboten werden kann, und Weiß hat keine Abwehr gegen Lc5 matt)
d) 32.h5 (oder 32.a3) 32. ... f4 33.ef4: und Schwarz führt seine Drohung Tc8, gefolgt von Lc5+, aus (Matt A).
e) 32.b4 Ld5. Nun droht Schwarz eine Variante von Matt B: 33. ... Tc1+ 34.Kf2 Se4+ und a) 35.Kf3 Tf1+ 36.Ke2 Lc4+ und gewinnt; b) 35.Ke2 Lc4+ 36.Kf3 Tf1 matt. Daher 33.e4 (auf jeden anderen Zug führt Schwarz die Drohung aus) 33. ... f4! und Schwarz kommt nun zu Matt B, das sogar nach 34.Th3 Tc1+ 35.Kh2 Th1 matt funktioniert.

Soweit scheint der Plan des Schwarzen zu gelingen. Weiß findet jedoch den einzigen Zug, der ein völlig neues Problem stellt. Er spielt:

32. Dd8-e8

Dies ist in gewisser Hinsicht eine Verbesserung der Variante c) 32.Dd7. Man beachte, dass Weiß auf 32. ... Kg7 (um den Lf8 zu entfesseln und mit dem König zu entkommen) einfach 33.De6: spielen kann, weil Schwarz nun nicht „eine weitere Drohung“ hat. Das bringt einen auf den

Gedanken, die Zugfolge zu ändern und 31. ... f4 zuerst zu spielen, 32.ef4: zu erzwingen und erst dann 32. ... Tc2 fortzufahren. Aber diese Variante geht nicht mehr: 33.b4! und wegen der veränderten Umstände hat der weiße König nun e3 als Fluchtfeld, und es gibt keine klare Entscheidung. Wir stehen nun vor einem ganz neuen Problem, denn wir können uns nicht leisten, den Be6 einzubüßen, weil dann viele Schachs auftauchen. Es bleibt praktisch nur der Zug:

32. ... Lb7-d5

Die Entfesselung ist jetzt nur durch einen Königszug möglich. Im Augenblick hat Weiß eine Atempause, denn er hat jetzt nicht „noch eine weitere Drohung" zu fürchten. Weiß kann daher versuchen – und er hat praktisch nichts anderes – seinem eingeschlafenen Turm ein gewisses Maß an Aktivität zu verschaffen.

33. h4-h5

Nicht 33.e4 wegen 33. ... f4 nebst Tc1+. 33.Db8 wird leicht mit 33. ... f4 34.ef4: Kg7 35.De5+ Kf7! begegnet, gefolgt von Matt A.

33. ... g6xh5

Zwecklos wäre 33. ... f4 34.ef4: Kg7 wegen 35.h6+. Schwarz droht nun, den Springer mit 34. ... h4 zu decken (35.Th4: Tg2: matt).

34. De8-d8

Der einzige Zug, aber ein guter, der sowohl angreift als auch verteidigt. Er droht 35.Dg5+ nebst 36.Dg3: und verhindert h5-h4.

34. ... f5-f4!
35. Dd8-g5+

Wenn 35.ef4: Kf7 (droht Lc5 matt) 36.Dd7+ Kg6 37.De8+ (37.f5+ Kh6!) 37. ... Kg7 (eigenartiges Zickzack – lehrreich zu beobachten, wie Schwarz den weißen Schachs ausweicht) 38.Dd7+ Kh6! und es gibt keine weiteren Schachs, so dass Lc5 entscheidet (39.Th5:+ Sh5: kostet zu viel Material).

35. ... Lf8-g7
36. Dg5-d8+

36.Df4:? Se2+ bzw. 36.ef4:? Tc1+ 37.Kf2 Se4+ mit Damengewinn durch Springergabel.

36. ... Kg8-f7
37. Dd8-d7+ Kf7-g6
38. Dd7-e8+ Kg6-h6!

Schwarz sucht wieder Zuflucht auf einem Feld, wo ihn kein vernünftiges Schachgebot erreichen kann. Alle drei Matts sind noch in der Stellung. Weiß kann wählen:
Matt A: 39.ef4: Ld4 matt
Matt B: 39.Df7 Tc1+ 40.Kf2 Tf1 matt
Matt C: 39.Th3 Tg2: matt.
Es gibt nur einen Zug, das Matt zu verzögern:

39. Th2xh5+ Sg3xh5

Weiß gibt auf, denn die Stellung ist weder schwierig noch lehrreich – nur amüsant.

Partie 17

Die Natur des Gambits
Ideen, die dem Gambitspiel zugrunde liegen
Das Angriffsziel
Schaffung von Stellungsschwächen zur Förderung des Angriffs
Die Kraft eines direkten Königsangriffs mit Dame und Türmen
Faustregel für Doppelbauern

Ein Gambit ist im Allgemeinen die Aufgabe eines Bauern oder einer Figur gegen ein oder mehrere Tempi, die verwendet werden, um Entwicklungsvorsprung zu erlangen, oder manchmal für eine Übermacht im Zentrum. Ein wirkliches Gambit führt die Partie in eine ganz neue Richtung, denn es erhebt sich die Frage, ob sich Zeit oder Materie durchsetzen wird. Man kann nie sagen, welches überlegen ist, denn es ist fast unmöglich, zwei von Natur so verschiedene Elemente zu vergleichen. Man kann nur nachweisen, welches in einer gegebenen Stellung einer gegebenen Variante vorzuziehen ist. Ferner besteht ein erheblicher Unterschied zwischen Theorie und Praxis. Auch wenn ein Gambit theoretisch nicht korrekt sein mag, kann es sich in der Praxis ziemlich gut bewähren, weil zwei sehr wichtige Faktoren mitspielen. a) Die Aufgabe des Verteidigers ist im Allgemeinen schwieriger als die des Angreifers; b) der Spieler, der das Gambit annimmt, ist mit einem psychologischen Problem behaftet – er hat Material gewonnen, so dass er glaubt, er habe die moralische Verpflichtung, auf Gewinn zu spielen. Die Praxis hat die Bedeutung dieses zweiten Faktors gleichfalls gezeigt. Wir weisen darauf hin, dass der Verteidiger gegen das Gambit seine Ansprüche nicht zu hoch schrauben sollte. Er sollte mit Vereinfachung und Ausgleich zufrieden sein, denn nur auf diese Weise kann er von den schlimmen Folgen des psychologischen Nachteils befreit werden, die er mit der Annahme des Gambits auf sich genommen hat.

Sobald der Gambitspieler ein Höchstmaß an Entwicklung erlangt hat, muss er diesen Entwicklungsvorteil im richtigen Zeitpunkt in eine Art Angriff umwandeln, denn überlegene Entwicklung ist von vorübergehender Natur, und die andere Partei wird in der Entwicklung gleichziehen, wenn sie Zeit bekommt.

Erfolgreicher Angriff muss sich gewöhnlich auf Schwächen in der gegnerischen Stellung stützen. Hat der Gegner keine Schwächen, bietet daher kein Angriffsziel, so besteht der einzige Weg weiterzukommen darin, das Gleichgewicht zu behaupten, zu manövrieren, dem Gegner Probleme zu stellen und nach einer Gelegenheit zu suchen, in Vorteil zu kommen. Daher stellt

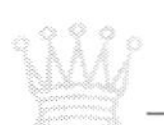

sich für die Seite, die das Gambit anbietet, das Problem, ein Ziel für den Angriff zu finden, um wirksamen Gebrauch von ihrer überlegenen Entwicklung zu machen, während der Verteidiger versuchen wird, so zu spielen, dass keine Angriffsmarke geboten wird, und dann allmählich sein materielles Plus zur Geltung zu bringen.

Weiss: Amateur Schwarz: Meister
Skandinavisches Gambit

1. e2-e4 d7-d5

Wegen der Hauptvarianten dieser Verteidigung siehe Partie 15.

2. e4xd5 c7-c6

Schwarz bietet dem Weißen einen Bauern für schnellere Entwicklung an. Im Schach ist dieses Vorgehen als „Gambit" bekannt. Ein Unterschied ist zu machen zwischen dem Damengambit (siehe Partien 9, 16, 19 und 20), wo Schwarz den angebotenen Bauern nehmen, aber nicht behalten kann, und einem echten Gambit (Partie 18), wo Schwarz den Bauern nehmen und behaupten kann.

3. d5xc6

Weiß nimmt den angebotenen Bauern, und die Schlacht zwischen Zeit und Material beginnt.
Weiß brauchte das Gambit nicht anzunehmen. Er konnte 3.d4 und nach 3. ... cd5: 4.c4 spielen (oder auch 3.c4 cd5: 4.d4), mit einem schon früher erwähnten Übergang zu Caro-Kann (Panow-Variante).

3. ... Sb8xc6

Wünscht nun der Weiße eine feste Partie, in der Schwarz von seinem Zeitvorsprung am wenigsten profitieren könnte, antwortet er 4.d3. Das gibt ihm einen festen Halt, auf dem er seine Entwicklung aufbauen kann. Zwar sperrt 4.d3 den Lf1 ein, Weiß spielt jedoch in diesem Fall eine Verteidigerrolle, und die eingeschränkte Verwendung des Läufers hat den Vorteil, dass er bei der Verteidigung hilft. Zu erwägen ist auch 4.g3. Die Fortsetzung könnte dann sein: 4. ... Sf6 5.Lg2 Lg4 6.f3, und Schwarz hätte einigen Gegenwert.

4. Lf1-b5

Weiß fesselt den Sc6 und droht die schwarzen Damenflügelbauern mit 5.Lc6: zu vereinzeln. Wenn Schwarz will, kann er dies vermeiden, indem er mit 4. ... Db6 den Lb5 angreift. Ein Amateur spielt vielleicht 4. ... Ld7; auch das würde die Vereinzelung seiner Bauern abwehren. Dieser Zug wäre jedoch nicht im Geist des Gambits, das Schwarz gewählt hat. 4. ... Db6 droht und zwingt Weiß zu handeln, während 4. ... Ld7 es nicht tut. Nach 4. ... Ld7 denkt Weiß nicht daran, zu tauschen. Hat Schwarz ein Gambit gespielt, so tat er das, um rasche Entwicklung in einem Partietypus zu erhalten, wo der Stellungsnachteil vereinzelter Bauern unwesentlich ist.

4. ... e7-e5

Schwarz lässt sich von der Drohung des Weißen, die Bauern der Damenseite aufzureißen, nicht beeindrucken. Sein Anliegen ist es weit mehr, aktives Spiel zu erhalten, um die Möglichkeiten des Bauernopfers auszuschöpfen. Dieses hat Schwarz ein Tempo zusätzlich gegeben, und das muss er zur Förderung seiner Entwicklung nutzen, wenn er seinen vorübergehenden Zeitvorsprung behalten will.

5. Lb5xc6+

An dieser Stelle hätte Weiß 5.d3, 5.Sc3 oder 5.Se2 spielen können. Er ist jedoch praktisch gezwungen, auf c6 ohnehin zu tauschen, sobald Schwarz rochiert hat, weil der Lb5 dann mit Zügen wie Sd4 angegriffen werden könnte. Weiß tauscht daher sofort, und das ist auch ganz richtig.

5. ... b7xc6

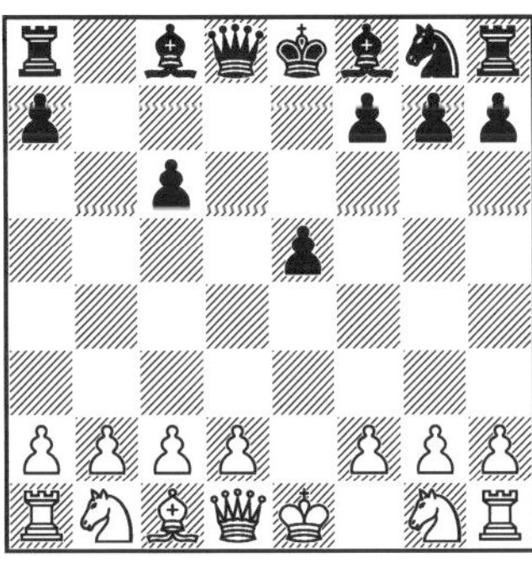

Als Gegenwert für seinen geopferten Bauern hat Schwarz nun die beiden Läufer, zwei offene Linien und offene Diagonalen. Der Be5 behindert die Freiheit des Weißen, sich zu entwickeln. Macht Weiß nun den natürlichen Zug 6.Sf3, so kann sein Springer durch 6. ... e4 verjagt werden. Weiß beschließt daher, das Feld e4 zuerst durch Sc3, später durch d2-d3 zu kontrollieren.

6. Sb1-c3 Sg8-f6

Schwarz drückt ebenfalls gegen e4. Weiß hält es daher für erforderlich, dieses Feld noch einmal zu schützen, und spielt:

7. d2-d3

Weiß mag 7.Df3 erwägen mit Angriff auf den schwachen Bc6. Es ist eine Frage des Systems, dem Weiß folgen will. Er hat bereits Material gewonnen und könnte weiteren Materialgewinn anstreben. Schwarz hätte dann 7. ... Ld7 oder 7. ... Dc7 und später Lg4 spielen können. Dabei gewinnt er ein Tempo, indem er die weiße Dame angreift und sie zwingt, zu ziehen.

7. ... Lf8-b4

Gleicht wieder den Druck des Weißen auf e4 aus. Wenn nun z.B. 8.Sf3, so könnte 8. ... e4 gespielt werden: 9.de4: Lc3:+ 10.bc3: Dd1:+ 11.Kd1: Se4: und Schwarz hat eine gute Partie (12.Te1 Lf5 13.Sd4 0-0-0!).

8. Lc1-d2

Hebt die Fesselung auf und erneuert den Druck gegen e4. Eine andere Möglichkeit wäre 8.S1e2, wonach 8. ... e4 nicht viel nützt: 9.de4: Dd1:+ 10.Kd1: und der Be4 ist gedeckt.

8. ... 0-0

Schwarz verwirft 8. ... Lc3: an dieser Stelle, denn er möchte seinen guten Läufer nicht tauschen, auch wenn er danach e5-e4 durchsetzen könnte. Dieser Vorstoß hat nur dann Zweck, wenn er angreift.

9. Sg1-f3?

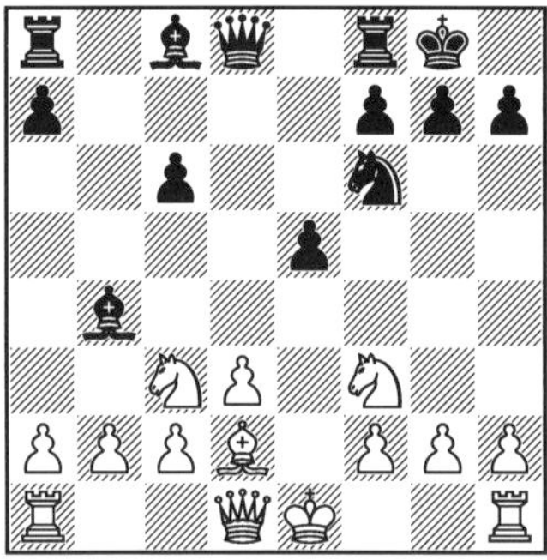

Dieser Zug ist von äußerster Wichtigkeit für die Fortsetzung der Partie, weil er Schwarz ein Angriffsziel gibt und ein Gegengewicht für seinen geopferten Bauern. Bisher hatte er nur den Schatten eines Gegenwerts – die beiden Läufer und ein Tempo.

Nach 9.S1e2 hätte Schwarz nicht viele Chancen. Wäre es zum Endspiel gekommen, könnte er trotz des Minusbauern auf Remis rechnen, dies aber im Höchstfall, und er hätte darum kämpfen müssen. Gewiss hat Schwarz bewegliche Figuren, aber wie kann er sie verwenden? Ein Beispiel: 9.S1e2 Lg4 10.f3 Le6 11.0-0 Db6+ 12.Kh1 Tad8 13.Sa4 Db7 14.Lb4: Db4: 15.b3 und Schwarz hat keine Angriffsaussichten mehr. Die wesentliche Schwierigkeit für Schwarz in dieser Art Stellungen besteht darin, dass jeder Tausch das weiße Spiel verbessert und die schwarzen Chancen verringert, Vorteil aus seiner Bewegungsfreiheit zu ziehen.

Es gibt zwei Wege, eine Schachpartie zu führen: 1) durch herkömmliche, d.h. logische Züge; 2) durch ungewöhnliche Züge wie Bauern- oder Figurenopfer oder die Ausführung gekünstelter, unlogischer Manöver.

Bis zum 9. Zug hat die weiße Stellung keine Schwächen, die einen direkten Angriff des Schwarzen zulassen würden. Der gewöhnliche Weg ist zu langsam, der ungewöhnliche hier nicht möglich. Spielt man ein Gambit, so wird man in vielen Fällen durch gewöhnliche, logische Züge eine aussichtsreiche Partie erhalten. In dieser Stellung kann Schwarz das nicht. Das bedeutet, dass sein Gambit doch nicht viel wert war.

Mit 9.Sf3? zieht Weiß die spätere Fesselung Lg4 auf sich, und dies führt fast immer zu einer Schwächung der Königsstellung, wenn der Königsläufer fehlt. Wäre er noch auf dem Brett, hätte Weiß diese Schwächung niemals zu fürchten. Bisher hat Schwarz lediglich Figuren herausgebracht; von hier an ist sein strategischer Plan klar.

9. ... Tf8-e8

Durch die Drohung e5-e4 wird der Weiße bewogen, kurz zu rochieren. Erst danach hat Lg4 genügend Kraft. Vorher erreicht der Zug nicht viel. Auf sofortiges 9. ... Lg4 käme 10.h3 Lh5 (Lf3: bringt nichts zuwege, sondern gibt einfach das Läuferpaar auf.) 11.Se4 Se4: 12.de4: Lf3: 13.gf3: und obwohl Schwarz den weißen Königsflügel geschwächt hat, ist das für Weiß nicht besonders unbequem, weil er immer noch lang rochieren kann.

In vielen gleichartigen Stellungen könnte Weiß den Angriff auf den Läufer mit 11.g4 fortsetzen. In diesem Fall jedoch ist es vernünftig für Weiß, diesen Zug zu verzögern, weil der Läufer lediglich nach g6 getrieben wird, von wo er ein hochwichtiges Feld in der Schlacht, e4, kontrolliert.

Andererseits wäre 9. ... e4 nicht ganz unlogisch, z.B. 10.de4: Lc3: 11.Lc3: Se4:, denn Schwarz spielt auf Angriff und Initiative, und in vielen Fällen gibt e5-e4 die Initiative. Die taktischen Einzelheiten müssen jedoch untersucht und die Folgen eingeschätzt werden. Nach 12.Dd8: Td8: 13.Ld4 Lg4 14.0-0-0 hätte Schwarz noch immer einen Bauern weniger, ohne dass sich ein Angriff zeigt. Zwar hat er erreicht, Weiß nach 14. ... Lf3: einen vereinzelten Doppelbauern am Königsflügel zu verschaffen, davon hat er jedoch in dieser Stellung nicht viel.

Die Faustregel für Doppelbauern lautet wie folgt: die Verdoppelung am Flügel mit einer Bauernmehrheit schadet, weil sie die Freibauernbildung unterbindet. Die Verdoppelung am Flügel mit einer Minderheit dagegen bedeutet nicht viel, ebenso die Verdoppelung am Flügel mit beidseits gleichen Bauern. Dies ist jedoch nur der Gesichtspunkt im Hinblick auf Freibauernbildung; der andere ist die Verwundbarkeit des vereinzelten Doppelbauern.

10. 0-0

Weiß rochiert kurz, und Schwarz kann nun angreifen. Sehen wir, ob es etwas Besseres gab:

10.De2 sieht nicht sehr vertrauenerweckend aus, denn König und Dame stehen auf der vom schwarzen Turm beherrschten Linie. Dennoch wäre es nicht leicht, die Lage auszunutzen, z.B. 10. ... Lc3: (die nötige Vorbereitung des folgenden Zuges) 11.Lc3: e4 sieht tödlich aus. Darauf:

a) 12.de4:? Te4: gewinnt die Dame.
b) 12.Lf6: ef3: 13.Ld8: Te2:+ 14.Kf1 Tc2: und Schwarz steht weit überlegen.
c) 12.Se5! (der richtige Zug) 12. ... ed3: 13.Dd3: Dd3: 14.ed3: sieht hoffnungslos für Weiß aus und ist es doch nicht. Setzt Schwarz mit 14. ... Sd7 (oder Sg4, in beiden Fällen mit der Absicht 15.d4 f6) fort, antwortet Weiß 15.0-0! Te5:! (Se5: 16.Tfe1 und Weiß erobert die Figur zurück, wonach er gewiss nicht verlieren kann) 16.Le5: Se5: 17.Tfe1 f6 18.d4 Sg6 19.Te8+ Kf7 20.Tae1 Lb7 und es entbrennt ein harter Kampf Turm und Bauer gegen Läufer und Springer mit ungefähr gleichen Chancen.

So bleibt es ein Problem, welches der bessere Zug ist, 10.De2 oder 10.0-0.

10. ... Lc8-g4

Siehe Diagramm nächste Seite.

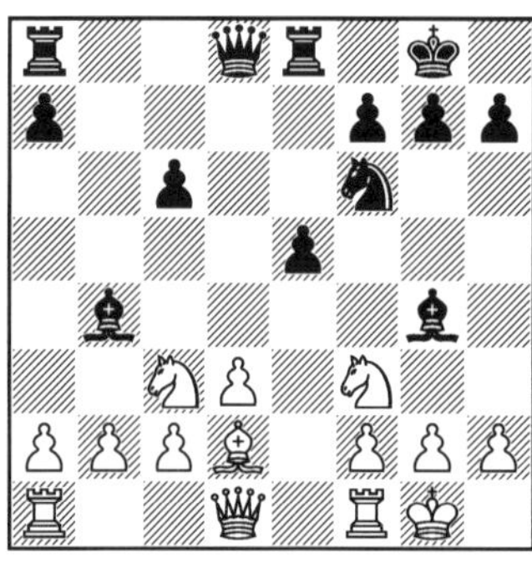

Die Fesselung. Weiß kann sie nicht loswerden, ohne eine andere Unbequemlichkeit in Kauf zu nehmen. Endlich hat Schwarz ein Gegengewicht für den Gambitbauern. Ob es ausreicht, bleibt abzuwarten.

11. Tf1-e1

Kein schlechter Zug, wenn man die wichtige Rolle betrachtet, die das Feld e4 in dieser Partie spielt. Der Zug geschieht in der Absicht, Se4 vorzubereiten.

11.a3 kommt hier nicht in Betracht. Der Lb4 steht nicht so gut, dass er vertrieben werden muss. Schwarz wäre dies willkommen, um seinen Läufer mit Tempo nach f8 zurückzubringen.

11.h3 ist an dieser Stelle ein zweischneidiger Zug. Nach 11. ... Lh5 ist die weiße Stellung nicht gebessert. Möchte Weiß wirklich die Fesselung beseitigen, muss er mit 12.g4 fortsetzen, und dann hat er seinen Königsflügel geschwächt, so dass die wohlbekannte Opferwendung 12. ... Sg4: 13.hg4: Lg4: sehr gefährlich für Weiß sein kann.

11. ... Te8-e6

Früher oder später wird der weiße Königsflügel durch einen Doppelbauern, einen vorgerückten Bauern oder ähnliches geschwächt sein. Der Turm wird bereitstehen, auf der 6. Reihe zum Angriff zu schwenken. Das ist in den meisten Fällen sehr wirkungsvoll. Wenn z.B. 12.h3 Lh5 13.g4 Sg4: 14.hg4: Lg4: geschieht, steht der Turm bereit, den Angriff mit Tg6 oder Tf6 zu verstärken.

12. Sc3-e4

Richtig. Durch Figurentausch hofft Weiß, die schwarzen Drohungen zu beseitigen, dann die schwarzen Einzelbauern anzugreifen und den eigenen Mehrbauern fühlbar zu machen.

12. ... Sf6xe4

Schwarz sieht, dass er den weißen Königsflügel zwangsläufig schwächen und so die Partie wenigstens ausgleichen kann.

13. Te1xe4

Die gegebene Antwort. Nach 13.Lb4: käme

a) 13. ... Sg5! und Weiß kann die Verdoppelung seiner Bauern nicht mehr vermeiden, was ernsthafte Folgen nach sich zieht. Turm und Dame gegen den geschwächten Königsflügel können manchmal die Partie in wenigen Zügen entscheiden (siehe den Schluss im Text).
b) 13. ... Sf2: 14.Kf2: Db6+ nebst Db4: mit Rückgewinn des Bauern.

Es ist auffallend, dass schon nach *einem* schwachen Zug sofort Kombinationen auftreten. Es ist die Eigenart des Gambits, dass sich Kombinationen entwickeln, sobald der Verteidiger den richtigen Zug verpasst. Findet er jedoch stets den richtigen Zug, scheitern die meisten Gambiteröffnungen.

13. ... Lg4xf3

Schwarz setzt nun auf die einfachste Art fort. Durch den Tausch erhält Weiß einen vereinzelten Doppelbauern und öffnet die g-Linie zum Angriff.

14. g2xf3

Erzwungen, weil 14.Df3: eine Figur kostet.

14. ... Lb4xd2

Zieht sich der Lb4 zurück, so ist der weiße Läufer in der Verteidigung nicht schwächer als der schwarze im Angriff.

15. Dd1xd2

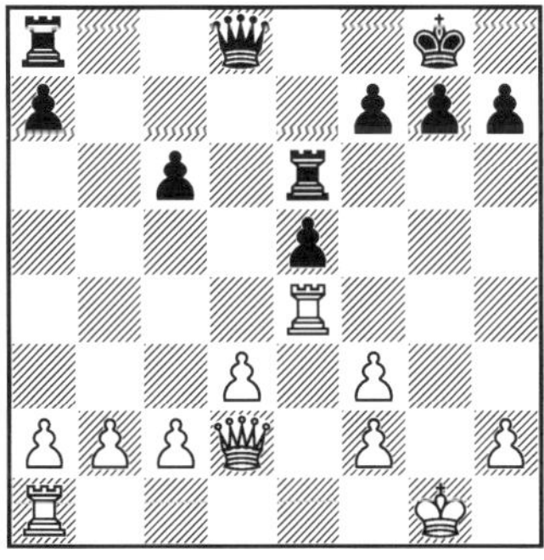

Nun kann Schwarz nur im Angriff gewinnen, denn er hat einen Bauern weniger, und nur schwere Figuren sind übrig geblieben. *Überraschungen* im offenen Feld sind kaum möglich. Ohne leichte Figuren gibt es kaum Doppelangriffe, Fesselungen usw.

Angreifen bedeutet, so viele Figuren wie möglich auf das Schlachtfeld zu werfen, um den gegnerischen König überwältigen zu können.

15. ... f7-f5

Zuerst versucht Schwarz, die weißen Verteidigungskräfte zu verringern, indem er den Te4 verjagt. Dann plant er f5-f4, um die weißen Figuren von der Verteidigung auszuschalten.

16. Te4-e2?

Dies ist tödlich a) weil es der schwarzen Dame ermöglicht, in den Angriff direkt, ohne jede Vorbereitung, über h4 einzugreifen; b) weil es dem König später das wichtige Fluchtfeld e2 nimmt. Richtig war 16.Tc4. Dann kann Weiß bei genauem Spiel nicht unterliegen, weil Schwarz ein Tempo mehr braucht, und gerade dieses *eine Tempo* gibt Weiß Zeit, seine Verteidigung zu organisieren, d.h. die lebenswichtigen Felder h2, f3 und g2 zu schützen: 16. ... f4 17.Kh1 Dh4 18.Tg1 und nun a) 18. ... Dh3 19.De2 (um f3 zu decken) 19. ... Th6 20.Tg2 und der Königsflügel ist gesichert; b) 18. ... Tf8 19.De2 Tf5 20.De4 Df2: 21.Df5: Df3:+ mit Remis (21.Tc6: Th5! 22.Tc8+ Kf7 23.Tc7+ Kf6!).

16. ... Dd8-h4!

Schwarz droht mit 17. ... Tg6+ zu gewinnen: a) 18.Kf1 Dh3+ 19.Ke1 Tg1 matt; b) 18.Kh1 Dh3 19.Tg1 Df3:+ nebst Matt. Daraus geht klar hervor, dass Weiß nicht in der Lage ist, f3 und g2 gleichzeitig zu schützen.

17. f3-f4

Nach 17.T2e1 gewinnt Dh3 (drohend Tg6+) 18.Kh1 Tg6 oder Th6.

17. ... Dh4-g4+

Gewinnt zwangsläufig, denn 18.Kh1 Df3+ führt zum Matt.

18. Kg1-f1 Te6-g6
19. Te2-e1

Der König soll das Fluchtfeld e2 erhalten.

19. ... e5xf4

Weiß gibt auf. Er hat keine ausreichende Abwehr gegen 20. ... f3 – der weiße König ist gefangen. Nach 20.f3 gewinnt Dh3+ nebst Tg2+.

Ein Gambit a) bringt Ihnen leichteres Spiel als Ihrem Gegner; b) nimmt das Risiko in Kauf, dem Gegner einen klaren Vorteil einzuräumen, wenn er alle Probleme löst.

In dieser Partie ist das dem Weißen nicht gelungen (z.B. 9.Sf3?), und so erhält Schwarz ein gewisses Stellungsplus (sein Lg4), was unter allen Umständen zu einer Schwächung der weißen Königsstellung führen muss. Nun ist es für Schwarz nur noch eine Frage von Remis oder Gewinn: drei Schwerfiguren gegen drei. In die richtige Verteidigungsstellung gebracht, hätten die weißen Figuren die Balance halten können. In der Partie verdirbt der Te2 das weiße Verteidigungssystem.

Partie 18

Schottisch, Göring-Gambit
Beseitigung von Kräften durch Abtausch
Auffinden von Angriffsmöglichkeiten
Analysieren taktischer Abspiele
Ein Höchstmaß aus gegnerischen Schwächen herausholen
Der starke Läufer, der seine Strahlen in das Herz der gegnerischen Stellung sendet

Eine der schwierigsten Aufgaben des Schachspielers besteht darin, die günstigste Variante in einer von taktischen Problemen strotzenden Stellung zu finden. Dazu gehört 1) Erfindungsgabe, um die verschiedenen möglichen Abspiele zu entdecken; 2) die Fähigkeit, jedes Abspiel – so viele Züge wie erforderlich – im Voraus zu berechnen; 3) Urteilskraft, um die Ergebnisse jeder Variante zuverlässig abzuschätzen.
In dieser Partie gelingt es dem Gambitspieler, durch ein doppeltes Bauernopfer einen starken Angriff aufzubauen. Sein Gegner ist willens, die Bauern zwecks Vereinfachung und Verringerung der Angriffsmittel zurückzugeben. Er wählt dazu jedoch eine taktisch unzureichende Variante und verbleibt mit einem bloßgestellten König nach der Erzielung von Materialgleichheit. Sein König steht in der Mitte nicht mehr sicher; er kann nicht kurz rochieren, und indem er lang rochiert, schafft er eine ernsthafte Schwäche. An dieser Stelle verpasst er wiederum die beste Verteidigung, worauf der Gambitspieler ein Höchstmaß aus den Schwächen herausholt, die er in der Stellung seines Gegners hervorgerufen hat.

Weiss: Meister Schwarz: Amateur
Schottisch, Göring-Gambit

1. e2-e4 e7-e5
2. Sg1-f3 Sb8-c6
3. d2-d4

Die schottische Partie (siehe Partie 1).

3. ... e5xd4

Schlägt Schwarz an dieser Stelle nicht, kann er nicht so leicht ausgleichen. Untersuchen wir einige Abweichungen, um einen besseren Begriff von den Problemen zu bekommen, die mit der Erringung des Ausgleichs in der Eröffnungstheorie zusammenhängen.

a) 3. ... d6 4.de5: verliert einen Bauern oder das Rochaderecht nach 4. ... de5: bzw. 4. ... Se5:. Weiß kann auch mit 4.Lb5 in die spanische Partie überlenken.
b) 3. ... f6? bringt eine Schwächung des Königsflügels mit sich. Nach 4.Lc4 kann Schwarz nicht rochieren. Andererseits befriedigt 4.de5: nicht, weil bei 4. ... fe5: nicht viel für Weiß herauskäme (dagegen verlöre 4. ... Se5:? 5.Se5: fe5: 6.Dh5+ sofort).
c) 3. ... Sf6 4.de5: Se4: 5.Lc4. Das droht 6.Dd5; Weiß hat gutes Spiel.
d) 3. ... De7 hat den Nachteil, den Lf8 zu blockieren.

Nach 3. ... ed4: kann Weiß neben der schottischen Partie 4.Sd4: mit der schon bei Partie 4 erwähnten Ausgleichsvariante 4. ... Sf6 5.Sc3 Lb4 6.Sc6: bc6: 7.Ld3 d5 auch mit dem Schottischen Gambit 4.Lc4 Sf6 5.0-0 fortsetzen. In dieser Partie wählt der Meister absichtlich eine Fortsetzung, die nicht ganz gesund ist.

4. c2-c3

Das Göring-Gambit, das, obwohl vielleicht nicht ganz korrekt, zu verwickeltem und interessantem Spiel führt.

4. ... d4xc3

Schwarz nimmt den Bauern an. Er hätte auch ablehnen und 4. ... d5 spielen können. Das ist durchaus nicht schlecht, z.B. 5.ed5: Dd5: 6.cd4: Lg4. Im gleichen Sinn war auch 4. ... d3 möglich, um den Weißen daran zu hindern, mit c3xd4 ein ideales Zentrum aufzubauen und es zu beherrschen. Dies ist ein wichtiges Prinzip: muss oder will man einen Bauern aufgeben, so ist es ökonomisch, dies so zu tun, dass der Gegner, wenn er nimmt, irgendeinen Stellungsnachteil in Kauf nehmen muss.

5. Sb1xc3 Lf8-b4

Ein unternehmender Zug, der Schwarz Möglichkeiten des Gegenangriffs offen lässt, jedoch gewisse Gefahren verursacht. Vgl. Partie 8. Friedlicher ist die Fortsetzung 5. ... d6. Schwarz versucht eine feste Stellung aufzubauen, und falls es ihm gelingt, dem weißen Angriff zu widerstehen, so zählt am Ende der Mehrbauer. Weiß ist jedoch in der Lage, die Dinge zu verwickeln. Z.B. 6.Lc4 Sf6 7.Db3 Dd7 8.Sg5 Se5 9.Lb5 c6 10.f4 mit unübersehbaren Komplikationen, wobei Weiß wahr-

scheinlich zumindest ausreichenden Gegenwert erhält.

6. Lf1-c4

Das richtige Feld für den Läufer. Weiß droht Db3.

6. ... d7-d6

Um e5 zu kontrollieren und eine Diagonale für den Lc8 zu öffnen. Hätte Schwarz 6. ... Sf6 gespielt, wäre 7.e5 sehr stark gewesen: 7. ... d5 8.Lb3 Se4 9.0-0 Lc3: 10.bc3: oder 10.Ld5: mit sehr schwierigen Verwicklungen. Der Amateur ist gut beraten, Abspiele zu vermeiden, die derart übermäßig komplizierte Probleme enthalten.

7. 0-0

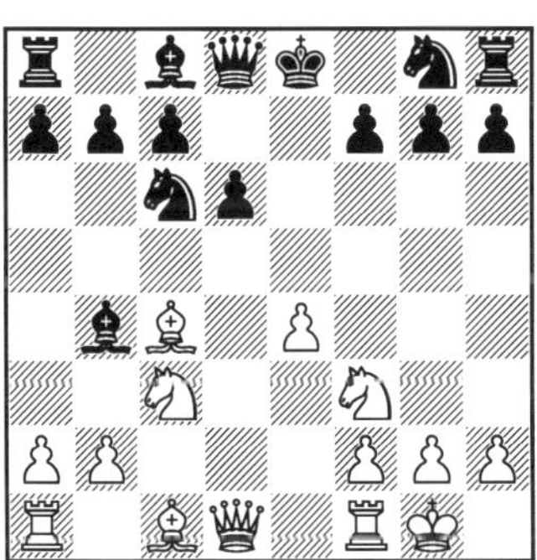

7. ... Lb4xc3

Durch den Tausch will Schwarz den weißen Entwicklungsvorsprung verringern. Dies ist hier besonders berechtigt, weil der Springer nicht mehr gefesselt ist und Schwarz daher mit Sd5 rechnen musste. Z.B. hätte ihn 7. ... Sf6 8.Sd5! in Schwierigkeiten gebracht, denn 8. ... Sd5: kostet nach 9.ed5: Se7 10.Da4+ eine Figur. Hätte Schwarz nun, nachdem Weiß rochiert hat, mit 7. ... Lg4 den Springer gefesselt, hätte es weitergehen können mit 8.Db3 Dd7 9.Sd5 La5 10.Db7: mit der Drohung Lb5. Schwarz spielt daher 10. ... Tb8, und nach 11.Da6 Lf3: 12.gf3: haben bei Bauerngleichstand beide Seiten Chancen. An dieser Stelle wollen wir ein Beispiel einer typischen Amateur-Kombination geben, die auf dem ungesunden Lf7:-Opfer beruht: 7. ... Lg4 8.Lf7:+ Kf7: 9.Sg5+ und es sieht so aus, als ob Weiß die Figur plus Mehrbauer mit 10.Dg4: zurückgewinnt. Schwarz spielt jedoch 9. ... Dg5:! und erobert nach 10.Lg5: Ld1: 11.Tad1: eine Figur.

8. b2xc3

Weiß hat nun einen vereinzelten Bauern, doch bedeutet dies unter den gegebenen Umständen nicht viel. Weiß hat einen Bauern weniger und muss einen Ausgleich dafür finden. Der Einzelbauer wird dadurch ausgeglichen, dass Weiß nun das Läuferpaar gegen Läufer und Springer besitzt. Außerdem hat er offene Linien für Läufer und Türme. Am wichtigsten sind hier die Angriffsmöglichkeiten des Weißen, nicht die besonderen Stellungsmerkmale wie etwa die Bauernstruktur. Nach einer Vereinfachung würden diese positionellen Faktoren wieder zählen. Weiß hat jedoch alles darauf gegründet, im Angriff zu gewinnen. Gelingt das nicht, wäre er mit ebenso wie ohne Einzelbauern im Nachteil.

8. ... Sg8-f6
9. e4-e5

Um das Spiel zu öffnen. Weiß sucht Gegenwert für den geopferten Bauern im Angriff und gibt mit diesem Zug einen zweiten Bauern.
Die ruhigen Fortsetzungen 9.Te1 und 9.Lg5 (obwohl Schwarz noch nicht rochiert hat, ist das spielbar, vgl. Partie 14) sind auch nicht übel, jedoch weniger direkt. Schwächer scheint 9.La3 Lg4 zu sein, und Weiß hat keinen aussichtsreichen Angriff.

9. ... d6xe5

Als kritische Variante wird heutzutage 9. ... Se5: betrachtet, z.B. 10.Se5: de5: 11.Db3 De7 12.La3 c5 13.Lb5+ und Schwarz kann wahrscheinlich sogar auf Vorteil spielen, z.B. 13. ... Ld7 14.Ld7:+ Dd7: 15.Lc5: Se4 mit der Idee einer eventuellen langen Rochade im Fall von 16.La3 Sd2 17.Db4 0-0-0! (zu gefährlich wäre Sf1:? 18.Td1! De6 19.Db5+). Schlecht ist der Textzug aber auch nicht.

10. Sf3-g5

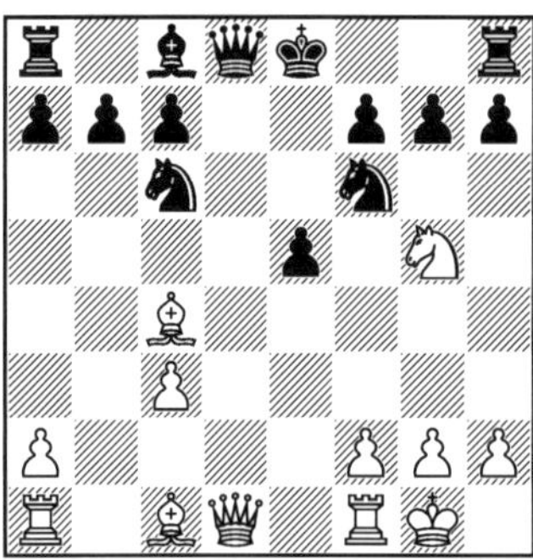

Weiß verletzt das allgemeine Prinzip, jede Figur nur einmal zu ziehen, bis die anderen Figuren entwickelt sind. Hier jedoch rechtfertigen wiederum besondere Umstände einen solchen Zug. Weiß droht 11.Sf7: oder 11.Lf7:+. Dass die Abwehr dieser Drohung nicht einfach ist, rechtfertigt die Verletzung der erwähnten Regel. Spielt Schwarz 10. ... 0-0, so erobert 11.La3 Material. Das bedeutet nicht, dass Weiß dann eine gewonnene Partie hätte, denn Schwarz hat ja zwei Bauern mehr und kann etwas ins Geschäft stecken; jedoch sieht die Theorie das Endspiel nach etwa 11. ... Dd1: 12.Tad1: Lf5 13.Lf8: Tf8: letztlich doch als günstiger für Weiß an.

10. ... Lc8-e6

Schwarz gibt einen Bauern, um seine Entwicklung zu beschleunigen.
Nach 10. ... Dd1: 11.Lf7:+ Kf8 12.Tad1: hätte Weiß immer noch einen Bauern weniger, droht jedoch 13.La3+ Se7 14.Td8 matt. Nach 12. ... g6 13.La3+ Kg7 14.Lb3 hat er mit Drohungen wie 15.Sf7 oder 15.Se6+ (je nach dem Verhalten des Schwarzen) immer noch gute Chancen, die auch ohne Damen gewiss den Bauern wert sind.
Mit dem Textzug jedoch bietet Schwarz die Rückgabe der Gambitbauern an und hofft, so die gefährlichsten Figuren des Weißen zu beseitigen, ein Endspiel zu erreichen, in dem er gewiss nicht schlecht stünde. Das ist die richtige Taktik als Verteidiger gegen ein Gambit, wie bei den ersten Zügen der Partie ausgeführt. Z.B. 11.Le6: fe6: 12.Se6: Dd1: 13.Td1: Kf7 14.Sc7: Tad8 und Schwarz steht gut. Die Bauernzahl ist gleich, einer der weißen Läufer

jedoch verschwunden, und die vereinzelten Bauern mögen zugunsten von Schwarz sprechen.

11. Sg5xe6

Besondere taktische Möglichkeiten geben 11.Se6: den Vorrang vor 11.Le6:. Man kann nicht verallgemeinern in taktischen Stellungen wie dieser.
Wenn nun 11. ... Dd1: 12.Sc7:+ Kd7 13.Td1:+ Kc7: 14.Lf7:, so ist das Endspiel ein wenig besser für Weiß, weil er die zwei Läufer behalten hat. Zwar ist der Bc3 schwach, aber Weiß hat in dieser Variante vollen Gegenwert, weil auch der Be5 vereinzelt ist. Schwarz spielt daher:

11. ... f7xe6

Spielt Weiß nun einfach das offensichtliche 12.Le6:, so könnte folgen: 12. ... Dd1: 13.Td1: Ke7 14.Lb3 Thd8 und Weiß fände sich in einer vereinfachten Stellung mit einem Bauern weniger. Er muss daher nach einer stärkeren Antwort suchen.

12. Dd1-b3

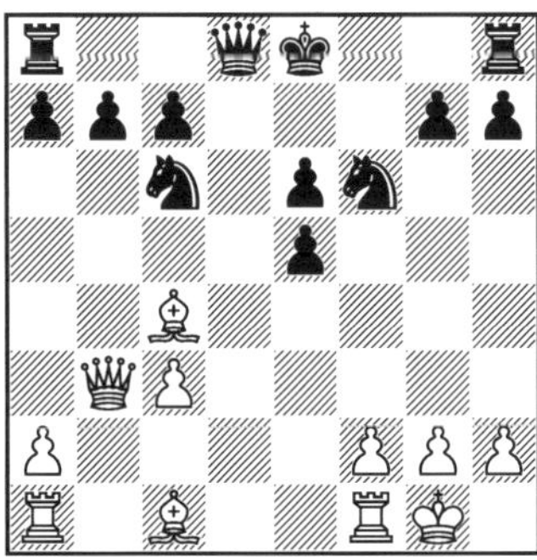

Greift b7 an und droht Le6: mit größerer Kraft, denn die Damen kann Schwarz nicht mehr tauschen (die materiell schwächere Seite sollte Damentausch vermeiden).

12. ... Sc6-a5(?)

Der Wendepunkt der Partie. Schwarz deckt b7 und hofft, mit einer Tauschserie den weißen Angriff abzuschwächen. Er unterschätzt jedoch, dass Weiß sogar nach der Vereinfachung starke Initiative behält.
Es scheint, dass sich Schwarz nach 12. ... 0-0 13.Le6:+ Kh8 14.Db7: Dd6 15.Lb3 Tab8 16.Da6 behaupten kann. Dieses Abspiel ist besser für ihn als die Partie – seine Figuren sind besser zentralisiert, arbeiten besser zusammen; aber Weiß hat die zwei Läufer und die Drohung La3. Schwarz hatte jedoch noch Besseres. Nach 12. ... Sd5 13.Db7: Sa5 14.Lb5+ Kf7 15.Da6 c5 16.La3 Db6 ist er im Vorteil, weil seine Springer gut postiert sind und die weißen Läufer keine Linien haben. Schon Dr. Tarrasch sagte: „Der Läufer ist nur dann stärker als der Springer, wenn er auf offenen Linien laufen kann.“ Wir folgern, dass hier 12. ... Sd5 die stärkste Fortsetzung war und dass der Amateur an dieser Stelle zum ersten Mal fehlgriff. Dies ist umso beachtlicher, als die Stellung sehr verwickelt war.

13. Db3-b5+ c7-c6
14. Db5xe5 Sa5xc4
15. De5xe6+ Dd8-e7
16. De6xc4

Siehe Diagramm nächste Seite.

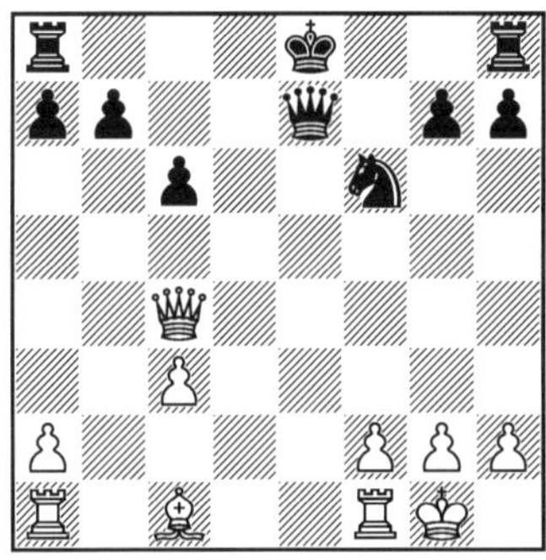

Am Ende der Abwicklung sind also die Parteien materiell gleich stark, und der weiße Einzelbauer, eine Schwäche, wird durch offene Angriffslinien, den Besitz von Läufer gegen Springer sowie dadurch ausgeglichen, dass Schwarz nicht kurz rochieren kann. Weiß steht offensichtlich günstig.

16. ... 0-0-0

Obwohl der Damenflügel kein besonders sicherer Platz für den schwarzen König ist, wenn man die für Weiß offenen Linien betrachtet, konnte der König auch nicht in der Mitte bleiben. Schwarz hätte die kurze Rochade mit 16. ... Sd5 vorbereiten können.

17. Lc1-f4

Nimmt dem König die Felder c7 und b8. Das ermöglicht überraschende Kombinationen, wie wir sehen werden. Der schwarze König steht unsicher.

17. ... Sf6-d5

Schwarz hofft, den weißen Angriff durch Abtausch zu schwächen. Die Idee ist richtig, aber die Ausführung ungenügend. Trotz seiner zentralisierten Stellung gelingt es dem Springer nicht, den weißen Läufer auszuschalten. Um Figurentausch zu erzwingen, wäre 17. ... De4 richtig gewesen, und nach 18.De4: (erzwungen) Se4: 19.Le5 stünde Weiß ein wenig besser wegen des zentralisierten Läufers (der mit f2-f4 befestigt werden kann) und der unsicheren Stellung des schwarzen Königs, die immerhin nach dem Damentausch nicht schwer wiegt. Doch diese beiden Faktoren zählen mehr als der Nachteil des weißen Einzelbauern.

18. Lf4-g3

Der Läufer steht auf g3 ebenso günstig wie auf f4.

18. ... h7-h5

Ein Versuch, den Läufer zu vertreiben, dem leicht zu begegnen ist. Vorzuziehen war, etwa mit 18. ... The8 auf die Mitte zu drücken, möglicherweise gefolgt von 19. ... De4.

19. h2-h3

Schafft eine Zuflucht, von der aus der Läufer weiter die Diagonale beherrschen kann.

19. ... g7-g5

Schwarz möchte den h-Bauern als Angriffsmarke ausnutzen; aber Weiß hat verschiedene Angriffsmöglichkeiten, die beachtet werden müssen. Der Textzug schwächt und bedeutet in gewisser Hinsicht einen unbegründeten Angriff. Immer noch war der Zentralisierungszug 19. ... The8 vorzuziehen. Aber Weiß hat auf jeden Fall schon einigen Angriff. Nach etwa Da4 kann Schwarz a7 nicht mit Kb8 decken und muss daher seine Stellung mit a7-a6 schwächen. Man sieht die erhebliche Kraft des weißen Läufers entlang der Diagonalen.

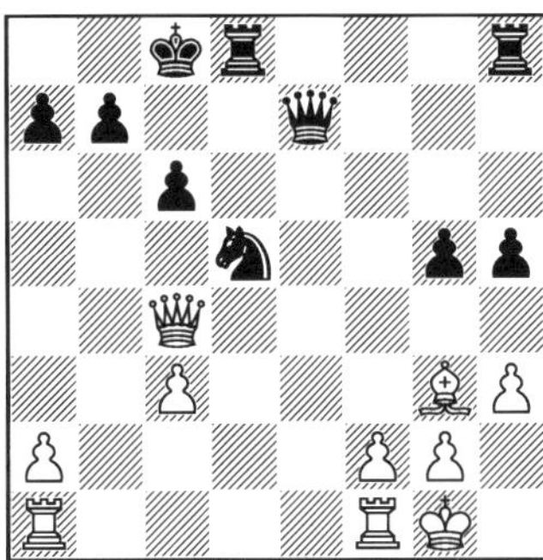

20. Tf1-e1

Entwicklung mit Tempo. Wegen des überlegenen Raumbesitzes des Weißen und seiner offenen Linien ist die schwarze Stellung bereits gefährdet. Obwohl es noch nichts Bestimmtes gibt, kann Weiß zuversichtlich sein, dass sich aussichtsreiche Möglichkeiten anbieten werden, und Schwarz muss sehr sorgfältig verfahren. Z.B.:

a) 20. ... Dd7 21.Tab1 The8 22.Tcd1! Tc6 23.Da6 ba6:? 24.Tb8 matt.
b) 20. ... Df7 21.Da4 a6 (erzwungen) 22.Tab1 und:
b1) 22. ... Sc3:? 23.Dc6:+ bc6: 24.Tb8+ Kd7 25.Tb7+ Kc8 26.Tf7: Td7 27.Td7: Kd7: 28.Le5 usw.
b2) 22. ... The8!. Die beste Fortsetzung. Das Damenopfer führt nun nur zum Remis: 23.Dc6:+ bc6: 24.Tb8+ Kd7 25.Tb7+ Kc8 26.Tb8+ usw. Aber Weiß muss nicht ins Remis abwickeln; er kann etwa 23.Le5 spielen und die Initiative festhalten.

20. ... De7-a3?

Ein Fehler in sehr schwieriger Lage. Die Dame sollte den König nicht im Stich lassen. Ganz allgemein sollte man nicht auf Bauernjagd ausgehen, wenn der Gegner Angriff hat und die Lage kritisch ist.

21. Dc4-e4

Der Gewinnzug. Die Drohung ist 22.Df5+ Td7 23.De5 mit Doppeldrohung auf b8 und h8.

21. ... Da3xc3

Schwarz bringt Dame und Turm auf die gleiche Diagonale – ein Kombinationsmotiv, das der Läufer ausnutzen kann. Untersuchen wir einige andere Möglichkeiten:

a) 21. ... The8? 22.Df5+ nebst Matt.
b) 21. ... Df8 22.De5 und das Eindringen der Dame auf b8 ist katastrophal.
c) 21. ... Sc7 22.Df5+ Kb8 (Td7? 23.Lc7: Kc7: 24.De5+) 23.Df7 Tc8 24.Te7 Da5 25.Td1 Thf8 26.Lc7:+ und gewinnt.
d) 21. ... Sf6? 22.De5 gewinnt (22. ... Sd7 23.Dc7 matt; 22. ... Dd6 23.Dd6: erobert den Turm.).

22. De4-f5+

Zwingt Schwarz, den Td8 dazwischenzustellen, so dass der Th8 ungedeckt bleibt. Weiß konnte auch

gleich 22.Le5 und einen Zug später 23.Df5+ spielen.
Man beachte, dass 80% all dieser Möglichkeiten von der phänomenalen Stellung des weißen Läufers abhängen, der die Felder b8, c7 und e5 beherrscht.

22. ... Td8-d7
23. Lg3-e5

Erbeutet den Turm. Schwarz gibt auf. In diesem Gambitspiel hatte Weiß von Beginn an Chancen auf Angriff, und Schwarz musste unter einer Anzahl möglicher Verteidigungen wählen. Dies stellte Schwarz vor schwierige Aufgaben. Sowohl im Hinblick auf sein Verhalten als Verteidiger gegen ein Gambit als auch auf den psychologischen Faktor, den wir in der Einleitung zu Partie 17 erwähnten, hat Schwarz es in dieser Partie richtig gemacht. Er strebte fortgesetzt danach, den gewonnenen Bauern zurückzugeben und sein Glück im Endspiel zu suchen. Es gelang ihm nicht ganz; es wäre möglich gewesen, aber er musste noch Schwierigkeiten überstehen, als das Material ausgeglichen war, Weiß jedoch über den besser postierten Läufer verfügte. Nachdem Schwarz die Gelegenheit verpasste, den Damentausch zu erzwingen, konnte Weiß den Angriff festhalten, und dieser erwies sich dank des wohl postierten Läufers als tödlich.

Partie 19

Die Marshall-Variante des Damengambits
Aufgabe des Zentrums ohne Gegenwert
Rochadeangriff mit allen Figuren
Das Standardopfer Lh7:+

Eine der schillerndsten Spielweisen im Schach ist, wenn man den Gegner mit einem gewaltigen Mattangriff gegen die verhältnismäßig ungeschützte Rochadestellung überrascht. Der Angreifer richtet eine Figur nach der anderen gegen den unglücklichen Monarchen und überwältigt den Feind, bevor dieser Gelegenheit zur Gegenwehr erhält.

Von den Kombinationsangriffen gegen den rochierten König ist keiner leichter auszuführen als das wohlbekannte Läuferopfer auf h7 (bzw. h2 von Schwarz). Dieser Angriff ist möglich unter folgenden Bedingungen:

a) Der Angreifer muss Dame und Königsspringer bereit haben und seinen Königsläufer auf der richtigen Diagonale für das unmittelbare Opfer auf h7 (h2);
b) sein Königsspringer muss in der Lage sein, sich auf g5 (g4) ohne Gefahr, abgetauscht zu werden, zu behaupten;
c) gewöhnlich ist ein Vorpostenbauer auf e5 (e4) nützlich, um den feindlichen König am Entkommen zu hindern und einen feindlichen Springer vom Feld f6 (f3) abzuhalten;
d) die Figuren des Verteidigers müssen weit genug vom Königsflügel entfernt sein, so dass sie nicht mehr rechtzeitig wirksam eingreifen können;
e) der König des Verteidigers darf nicht über genügend Fluchtfelder zum Entkommen verfügen.

Der Angriff beginnt meistens mit Lh7:+ (Lh2:+). Ob der Verteidiger das Opfer nun annimmt oder nicht, seine Lage ist bedenklich. Der Erfolg wird sich jedoch nur einstellen, wenn der Angreifer genau die richtigen Züge folgen lässt, um entweder mattzusetzen oder aus dem Angriff materiell überlegen hervorzugehen. Findet er nicht die richtige Fortsetzung, fehlt ihm zum Schluss eine Figur, sein Angriff löst sich auf und er wird schließlich verlieren.

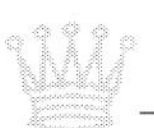

Weiss: Meister Schwarz: Amateur
Abgelehntes Damengambit
(Marshall-Variante)

1. d2-d4 d7-d5
2. c2-c4

Das Damengambit, dem wir bereits in den Partien 9 und 16 begegneten.

2. ... Sg8-f6(?)

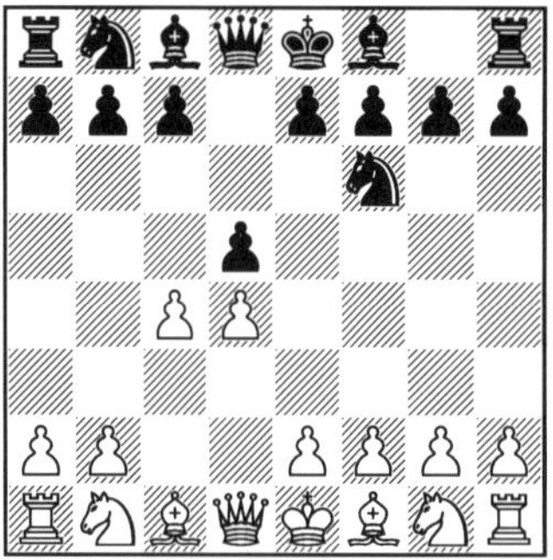

Einer der Lieblingszüge des Amateurs.

Scheinbar ist 2. ... Sf6 ein Entwicklungszug, der den Bd5 ausreichend schützt. Tatsächlich ist Schwarz aber nach 3.cd5: die Stütze im Zentrum ohne Gegenwert losgeworden, d.h. ohne sich irgendeine Gegenchance zu verschaffen für einen Angriff auf das weiße Zentrum.

Zwar findet man 2. ... Sf6 in ganz seltenen Fällen auch in Meisterpartien (so wandte Marshall diesen Zug manchmal mit Erfolg an). Man muss unterscheiden zwischen 2. ... Sf6 a) als den Zug eines Amateurs, der nicht erkennt, dass er einen strategischen Nachteil in Kauf nimmt, indem er Weiß Gelegenheit gibt, ein starkes Zentrum zu bilden; b) als einen Zug, der sehr selten von einem Meister im Geist der Herausforderung gespielt wird mit dem Ziel, Weiß zu einem verfrühten Vorgehen (4.e4) zu verleiten. Im letzteren Fall könnten wir von taktischen Erwägungen sprechen.

3. c4xd5

Weiß überlegt: auf 3. ... Dd5: antworte ich 4.Sc3 (vgl. Partie 15), und die schwarze Dame muss wieder ziehen, so dass ich ein Tempo gewinne und außerdem drohe, das Zentrum mit 5.e4 zu besetzen. Auf 3. ... Sd5: wird e2-e4 sehr bald möglich werden.

3. ... Sf6xd5

Schwarz hat nun das Zentrum zeitweilig besetzt; aber er kann dort nicht bleiben, weil sein Springer durch e2-e4 verjagt werden kann. Sofortiges 4.e4 wäre jedoch verfrüht. Schwarz antwortet 4. ... Sf6 und:

a) 5.Sc3 e5! gibt ihm Gegenchancen, denn:

a1) 6.de5: Dd1:+ 7.Kd1: Sg4 erobert den Bauern zurück, denn Weiß muss f2 schützen: 8.Ke1 Se5: 9.f4 Sg6 und Weiß hat zwar das Zentrum besetzt, aber sein König kann nicht mehr rochieren und ist in dieser offenen Stellung Angriffen ausgesetzt;

a2) 6.d5 Lc5 und Schwarz ist befriedigend entwickelt mit einem Tempo mehr als Weiß. Am besten wäre wohl noch 6.Sf3.

b) 5.Ld3 ist besser als 5.Sc3, aber auch hier erhält Schwarz Chancen zum Angriff auf das weiße Zentrum: 5. ... Sc6 (nicht 5. ...

Dd4: 6.Lb5+ mit Damengewinn, aber 5. ... e5 6.de5: Sg4 kommt auch hier infrage) und nun 6.Sf3 Lg4 bzw. 6.Se2 e5 bzw. 6.d5 Se5 7.Lc2 e6.

4. Sg1-f3

Dieser einfache Zug hindert Schwarz im Augenblick an e7-e5 und erhält Weiß die Möglichkeit, selbst e2-e4 zu spielen.

4. ... e7-e6

Schwarz hätte 4. ... Lf5 antworten können, um e2-e4 zu verhindern und die Figuren zentral aufzustellen. Weiß könnte dann 5.S1d2 antworten mit der starken Drohung 6.e4. Nach 5. ... Sf6 6.Db3 Dc8 7.g3 e6 8.Lg2 droht Weiß 9.Sh4 nebst Lb7: mit überlegenem Spiel, weil er mehr Raum hat und mehr Zentralfelder bestreicht. Das geringste Übel mag 4. ... g6 5.e4 Sb6 sein, um eine Art Grünfeld-Indisch zu erreichen; allerdings keine ganz vollwertige, denn Schwarz konnte nicht auf c3 tauschen und zudem kann Weiß mit 6.h3 den für Gegendruck auf d4 wichtigen Zug Lg4 ein für allemal unterbinden.

5. e2-e4

Nun hat Weiß das Zentrum vollständig besetzt und zwingt Schwarz zum Rückzug.

5. ... Sd5-f6

5. ... Sb6 war ebenfalls möglich (siehe Partie 20).

6. Sb1-c3

Man sehe, wie schön Weiß bereits steht: Besitz des Zentrums, bewegliche Figuren, bessere Entwicklung usw.

6. ... Lf8-b4

Kampf um den Punkt e4. Die Fesselung des Sc3 ist nicht sehr wirkungsvoll, denn Weiß wird sie früher oder später abschütteln, wenn er rochiert. Weil der Tausch Lc3: nur das weiße Zentrum stärkt und Weiß das Läuferpaar überlässt, kann man allgemein feststellen, dass diese Fesselung nur wirkungsvoll ist, wenn Schwarz mit Erfolg gegen die Zentralfelder d5 und e4 drücken kann.
Besser war vielleicht 6. ... c5, ein gründlicherer Angriff auf das Zentrum. In diesem Fall hat Weiß die Möglichkeiten 7.d5, 7.e5 oder einen Zug wie 7.Ld3 (cd4: 8.Sd4: Dd4:?? 9.Lb5+ und die Dame ist verloren..)

7. Lf1-d3

Mit diesem Zug wird der Lf1 auf seine stärkste Diagonale entwickelt, der Königsflügel ist für die Rochade bereit und e4 geschützt.

7. ... Sb8-d7

Ein schwacher Zug. Er tut sehr wenig gegen die überwältigende Überlegenheit des Weißen im Zentrum. Aber die Stellung ist bereits schwierig. Die folgenden Versuche beleuchten die Stärke des weißen Zentrums, das nicht einmal durch direkte Angriffe zerstört werden kann und für dessen Bedeutung diese Partie ein Beispiel ist.

a) 7. ... c5 8.0-0 cd4: 9.Sd4: 0-0 (Dd4:?? 10.Lb5+ wie bereits bekannt) 10.e5 mit starkem Angriff für Weiß (wiederum Dd4:?? 11.Lh7:+ mit Damengewinn).

b) 7. ... Sc6 8.0-0 0-0 (Sd4:? 9.Sd4: Dd4:?? 10.Lb5+) 9.e5 wie in der Partie.

Man betrachte diese Art von Angriff als unmittelbares Ergebnis der starken weißen Mitte. e4-e5 treibt die einzige Verteidigungsfigur des Schwarzen fort.

8. 0-0 0-0?

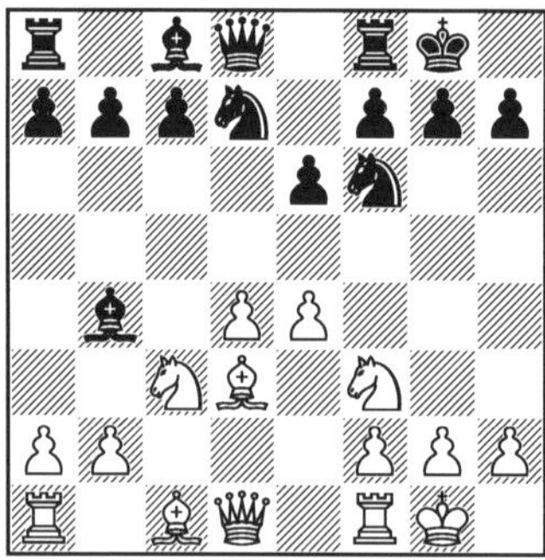

Das ist tödlich! An diesem Punkt ist die schwarze Stellung bereits zum Auslöschen reif. Schwarz durfte niemals rochieren, wenn Weiß so viele Kräfte gegen den Königsflügel gerichtet hat und den Verteidigungsspringer mit e4-e5 vertreiben kann. Untersuchen wir die Stellung. Die weiße Dame steht auf d1 bereit, nach h5 zu gehen. Der Sf3 steht auf dem Sprung nach g5. Der Ld3 ist bereit, sich auf h7 zu opfern. Der Lc1 schützt von seiner Basis aus g5, und der e-Bauer kann vorrücken, um den Sf6 zu vertreiben. Danach ist der schwarze Königsflügel von Verteidigern geräumt und daher für den Angriff reif.

Dieser Stellungstypus ergibt sich oft beim angenommenen Damengambit, in Französisch und gewissen anderen Eröffnungen. Immer wenn der Rochadeflügel ohne Verteidiger ist, liegt der im Folgenden vorgeführte Angriff in der Luft.

Schwarz hätte 8. ... c5 spielen sollen, um das weiße Zentrum aufzubrechen. Nach 9.e5 Sd5 10.Sd5: ed5: 11.Sg5! steht aber Weiß ebenfalls weit überlegen und droht etwa 12.Df3. Versuchen wir 11. ... h6 12.Dh5 und:

a) 12. ... De7 13.Sf7: 0-0 (Df7:? 14.Lg6) 14.Dg6 usw.;

b) 12. ... g6 13.Lg6: fg6: 14.Dg6:+ nebst Matt;

c) 12. ... 0-0 13.e6 Sf6 14.ef7:+ Kh8 15.Dg6 De7 16.Sh7!

9. e4-e5

Der einfache Schlüsselzug.

9. ... Sf6-d5

Nun steht alles für den Überfall bereit.

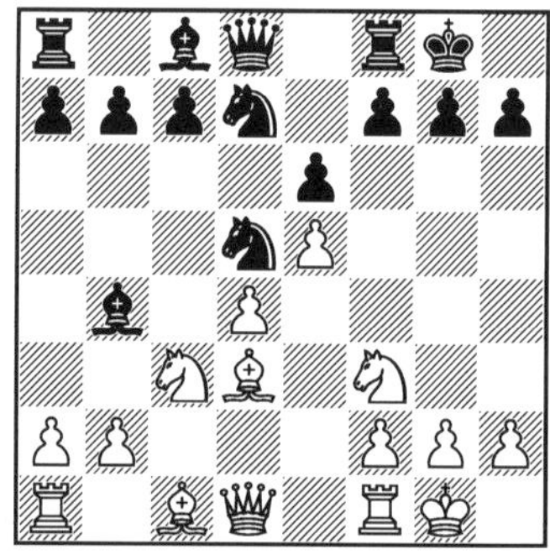

10. Ld3xh7+

Das gewissermaßen schon abgegriffene Läuferopfer, der erste Zug einer Kombination, die zum Matt oder zu überwältigendem Angriff führt. Dennoch muss Weiß sorgfältig verfahren und die Züge gewissenhaft erwägen. Hat man einmal eine Figur geopfert, geht es um Alles oder Nichts. Kann Weiß seine Figuren nicht heranbringen und den Schwarzen überfahren, rinnt ihm das Matt durch die Finger, und dann fehlt eine Figur.

10. ... Kg8xh7

Schwarz erkennt nicht, dass er in tödlicher Gefahr schwebt, Opfer eines Blitzangriffs zu werden, und nimmt das Danaergeschenk an. Er glaubt irrtümlicherweise, dass die gewonnene Figur ihm schließlich zum Sieg verhelfen wird. Figuren zählen nur, wenn sie aktiv sind. In dieser konkreten Lage können nur wenige schwarze Figuren überhaupt handeln, und keine kann eingreifen, so lange Weiß Schach bietet.
Auch wenn Schwarz den Läufer abgelehnt hätte, schlüge der weiße Angriff durch, wie später gezeigt wird.

11. Sf3-g5+

Bereitet 12.Dh5 nebst Matt in wenigen Zügen vor. Man beachte, dass der Springer vom Lc1 gedeckt ist.
Bei gewaltsamen Angriffen unter Figurenopfer muss der Angreifer die Felder beschränken, die dem feindlichen König zugänglich sind. Hier nahm der Vorposten e5 bereits das Feld f6, und nun beherrscht der Springer auch h7 und f7.

11. ... Kh7-g8

Wenn 11. ... Kg6, so 12.Dd3+ f5 13.Se6 (zwingt die Dame zum Ziehen) 13. ... De7 (die gleiche Antwort entscheidet auch auf De8) 14.Sd5: De6: 15.Sf4+ mit Gewinn der Dame.

12. Sc3xd5

Wenn sofort 12.Dh5, so gibt Schwarz die Figur zurück und stoppt zeitweise den weißen Angriff: 12. ... S5f6 13.ef6: Sf6:. Der Springer deckt h7 und beseitigt damit vorläufig die Gefahr.

12. ... e6xd5
13. Dd1-h5 Tf8-e8[2]

Der einzige Zug. Die folgenden Zwangszüge zeigen, wie Weiß dem König planmäßig Felder nimmt, bis das Matt unvermeidbar wird. Beachten Sie, dass alle Züge erzwungen sind; Schwarz hat keine Zeit, irgendwelche Figuren zur Verteidigung heranzubringen.

14. Dh5xf7+ Kg8-h8
15. Df7-h5+ Kh8-g8
16. Dh5-h7+ Kg8-f8
17. Dh7-h8+ Kf8-e7
18. Dh8xg7 matt

Zwei Faktoren sind bei diesem Matt von Bedeutung: a) die fortwährenden Schachgebote gaben Schwarz keine Gelegenheit, Figuren herauszubringen; b) Be5 und Sg5 hinderten den schwarzen König wirkungsvoll daran, aus dem Mattnetz herauszuschlüpfen.

Schwarz lehnt den angebotenen Läufer ab

Wir sehen uns nun an, was passiert wäre, wenn Schwarz das Läuferopfer nicht angenommen hätte. Die

2) Wesentlich zäher war an dieser Stelle das Rückopfer 13. ... Sd7-f6! (angegeben von Stefan Bleibinhaus): nach 14. ef6: Lf5 15. fg7: Kg7: 16. Lf4 Ld6 behält Weiß die bessere Stellung mit einem Mehrbauern, aber der Mattangriff ist abgeschlagen.

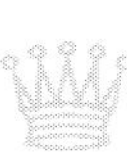

folgenden Varianten geben einen ausgezeichneten Eindruck vom reichen Inhalt dieser Angriffsstellungen. Weiß hat zwei sehr starke Fortsetzungen, A und B.

10. ... Kg8-h8

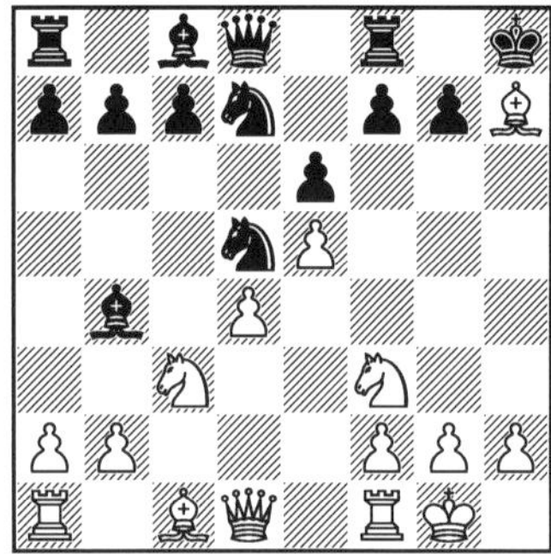

A

11. Lh7-c2

Weiß zieht den Läufer zurück, behält damit jede Möglichkeit offen und verhindert unter anderem 11. ... Sc3:, weil dann 12.bc3: Lc3:? 13.Dd3! den Läufer erobert (es droht gleichzeitig Dh7 matt und Dc3:).

A-1

11. ... c7-c5

Schwarz führt endlich diesen wichtigen Zug aus (siehe Anmerkung zum 6. Zug von Schwarz). Jetzt war es jedoch dringlicher, den Königsflügel durch 11. ... g6 (A-2) zu sichern, wenngleich auch dieser Zug nicht ausreicht. Es ist nur eine Frage der Zeit, wie lange die Niederlage hinausgezögert werden kann.

12. Lc1-g5

Treibt die Dame vom Königsflügel fort. Der Witz ist, dass Schwarz nicht mehr 12. ... f6 antworten kann wegen 13.Dd3 und Matt in wenigen Zügen. Auch 12.Sg5 gwänne: 12. ... g6 13.Sd5: ed5: 14.Sf7:+ Tf7: 15.e6.

12. ... Dd8-c7

12. ... Da5? verliert eine Figur: 13.Sd5: ed5: 14.a3 und der Läufer hat keinen Rückzug. 12. ... De8 13.Dd3 g6 14.Lh6 ist ebenfalls hoffnungslos (14. ... Tg8 15.Sg5 nebst Dh3).

13. Sc3xd5

Beseitigt einen gut stehenden Springer für einen nicht am Angriff beteiligten.

13. ... e6xd5

Eines der Grundprobleme in Stellungen dieser Art besteht darin, Felder frei zu machen, so dass die Schlüsselfiguren herauskommen und ihre Arbeit verrichten können. Daher spielt Weiß:

14. Lg5-e7 Tf8-e8

Die Hergabe der Qualität wäre gewiss besser, vielleicht am günstigsten (mit Qualität und Bauer weniger freilich auch vollständig hoffnungslos) 14. ... Kg8 15.Sg5 g6. Andere Züge sind schlechter und kosten mehr Material, z.B. 14. ... cd4:? 15.Lb4: oder 14. ... Se5: 15.Se5:! De7: 16.Dh5+ nebst Matt.

15. Sf3-g5 g7-g6

Wenn 15. ... Te7:, so 16.Dh5+ Kg8 17.Dh7+ Kf8 18.Dh8 matt.

16. **Dd1-g4**

Droht Matt in drei Zügen, so dass etwa 16. ... Se5: mit Abzugsangriff auf die Dame scheitert.

16. ... **Kh8-g8**

16. ... Kg7 verliert ebenfalls nach 17.Se6+! fe6: 18.Dg6:+ nebst Matt.

17. **Dg4-h4 Sd7-f8**

Was sonst?

18. **Le7-f6 nebst Matt.**

A-2

11. ... **g7-g6**
12. **Dd1-d2**

Erzwingt das Eindringen in die schwarze Königsstellung.

12. ... **Tf8-e8**

Macht Platz für den Springer.

13. **Dd2-h6+ Kh8-g8**
14. **Lc1-g5 Lb4-e7**
15. **Sc3xd5 e6xd5**
16. **e5-e6**

Um den Bg6 zu unterminieren.

16. ... **Sd7-f8**
17. **e6xf7+ Kg8xf7**
18. **Lc2xg6+**

Weiß bringt ein Scheinopfer, um den schwarzen König ins Freie treiben zu können.

18. ... **Sf8xg6**
19. **Dh6-h7+ Kf7-e6**
20. **Dh7xg6+ Ke6-d7**
21. **Sf3-e5 matt**

B

11. **Sf3-g5**

Bringt den Springer ins Gefecht und droht 12.Dh5 – ebenfalls ein durchschlagendes Vorgehen.

11. ... **g7-g6**

Der einzige Zug. 11. ... Sf6 verlöre eine Figur; 11. ... f6 12.Dh5 fg5: 13.Lg6+ führt zum Matt.

12. **Dd1-g4**

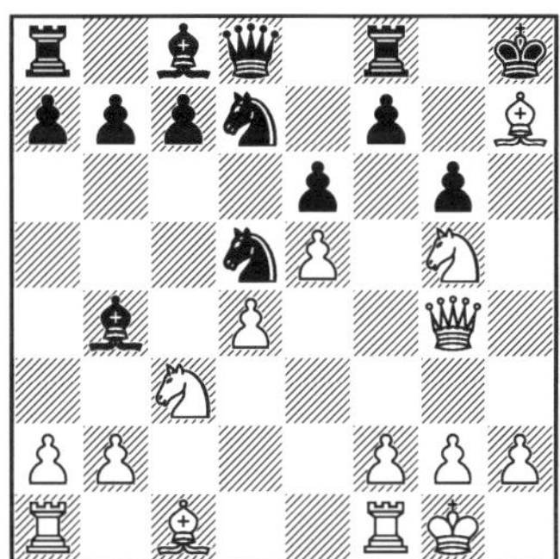

B-1

12. ... **Kh8-g7**
13. **Dg4-h4 Tf8-h8**

Auf den ersten Blick sieht es so aus, als ob Schwarz es fertig gebracht hat, sich ausreichend zu schützen. Weiß kann jedoch durch ein Opfer Linien öffnen und die Überlegenheit seiner aktiven Streitkräfte demonstrieren.

14. **Sg5xe6+ f7xe6**
15. **Dh4-h6+ Kg7-f7**
16. **Dh6xg6+**

und die Partie endet 16. ... Ke7 17.Dg7+ Ke8 18.Lg6 matt bzw. 16. ... Kf8 17.Lh6+ Ke7 18.Dg7+ usw.

B-2

12. ... Dd8-e7

13. Dg4-h4

und gewinnt, wie aus dem Folgenden hervorgeht:

a) 13. ... Kg7 14.Se6:+ Kh8 15.Lg5 f6 16.Lg6:+ Kg8 17.Sd5: und gewinnt. Wenn 14. ... De6:, so 15.Dh6+ nebst Lg6:+ und Matt.

b) 13. ... f5 14.Sd5: ed5: 15.Lg6:+ Kg8 16.e6 Sf6 17.Sf7 Tf7: 18.ef7:+ mit großem Materialgewinn.

c) 13. ... f6 14.Lg6:+ Kg8 15.Lh7+ Kg7 16.S5e4 und gewinnt durch D/Lh6+.

Diese Kombinationen sind sehr lehrreich, weil die schwarze Stellung so schlecht ist, dass Weiß eine große Anzahl von Möglichkeiten hat, und es gibt nur ein paar Varianten, wobei alle Züge fast erzwungen sind. Der Lernende sollte versuchen, den Kombinationen zu folgen, indem er zuerst die Züge am Brett ausarbeitet, später ihnen in Gedanken zu folgen sucht. Solche Übungen bringen kombinatorische Kraft.

Partie 20

Ausnutzung einer Abweichung von der Theorie
Erlangen eines Raumvorteils
Zweckvoller Verstoß gegen Schach"regeln"
Unsicherheit des Königs in der Mitte
Zunutzemachen einer zeitweiligen Figurenüberlegenheit in einem gegebenen Raum
Versammelter Angriff auf einen schwachen Punkt

Es gibt eine Schachregel, die besagt, man solle eine Figur in der Eröffnung nur einmal ziehen, und eine andere stellt fest: „Unterlasse Angriffe oder andere Unternehmungen, bis deine Entwicklung beendet ist." Das sind ausgezeichnete allgemeine Richtlinien, denn ganz gewiss sind viele Partien verloren gegangen, weil die Spieler versäumten, genügend Figuren zur richtigen Zeit in die Schlacht zu werfen.

Dies sind jedoch Verallgemeinerungen, die hauptsächlich auf strategische Stellungen anwendbar sind. Nur dort lassen sich die Regeln mehr oder weniger automatisch anwenden. Natürlich gibt es Stellungen, wo diese Regeln gebrochen werden müssen, um die stärksten Züge machen zu können. Ein Meister kann nicht blindlings den Regeln folgen, die für Lernende gelten, sondern muss jede Lage ihren Besonderheiten entsprechend einschätzen. Stellungsgemäß sind die Entwicklungsvorschriften zu verwerfen, wenn der strategische Plan eine andere Unternehmung erfordert. Z.B. könnte es in einer Stellung, wo ein Spieler unvollständig entwickelt ist, so aussehen, als ob das Herausbringen des Damenspringers, der noch auf b1 steht, offensichtlich ist. Dennoch kann es in jener Stellung einen zwingenden Grund geben, eine bereits im Spiel befindliche Figur ein zweites Mal zu ziehen, um ein wichtiges Feld zu beherrschen oder den Gegner daran zu hindern, dies zu tun. Die Regel „Entwicklung geht vor" kann auch gebrochen werden, wenn der Gegner einen schwachen Zug oder einen Fehler gemacht hat, aus dem sofort Vorteil gezogen werden muss. In solchen Fällen liegt das Augenmerk auf dem Fehler und nicht auf „strategischer Entwicklung wie üblich". Ist die taktische Lage klar, fällt es nicht schwer zu erkennen, dass die Entwicklungsregel zurückgestellt werden muss. Dies ist jedoch weit schwieriger, wenn es nötig ist, die gegnerische Schwäche genau zu bestimmen und dann zu untersuchen, wie man sie ausnützen könnte. In dieser Partie entwickelt sich Weiß nicht in der üblichen Weise Zug um Zug, sondern schaltet von Zeit zu Zeit einen schärferen Ausfall ein. Die Folge dieser wohlerwogenen Stellungsbehandlung ist, dass sehr bald das ganze Brett in Flammen steht und der Schwarze sich vor sehr schwierigen taktischen Aufgaben befindet.

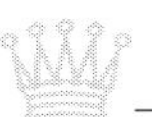

Weiss: Meister Schwarz: Amateur
Abgelehntes Damengambit
(Marshall-Variante)

1. d2-d4 d7-d5
2. c2-c4 Sg8-f6(?)

Der Zug ist zwar fragwürdig (siehe Partie 19), man darf aber nicht vergessen, dass ein Meister von der Stärke Marshalls ihn oft gespielt und einmal gegen Réti, ein andermal gegen Nimzowitsch damit gewonnen hat.

3. c4xd5

Weiß muss sofort tauschen, um Vorteil aus der Abweichung des Schwarzen von der Theorie zu ziehen. Sonst kann Schwarz im nächsten Zug seine Bauernmitte mit e7-e6 oder c7-c6 verteidigen.

3. ... Sf6xd5
4. Sg1-f3 e7-e6
5. e2-e4 Sd5-b6

Günstiger als 5. ... Sf6, wo der Springer dem Vorstoß e4-e5 ausgesetzt ist (siehe Partie 19).

6. Lf1-d3

Obgleich es natürlicher zu sein scheint, zuerst 6.Sc3 zu spielen (weil kein Zweifel besteht, dass dies der beste Platz für den Springer ist), zieht Weiß den Läuferzug vor. Er möchte den Damentausch vermeiden, der bei 6.Sc3 c5 7.dc5: möglich wäre.

6. ... c7-c5

Dabei hat Schwarz folgendes überlegt: a) Er steht beengt, und das ändert sich erst, wenn Zugstraßen für seine Figuren geöffnet werden; 6. ... c5 stellt solch einen Befreiungszug dar, ohne den das Spiel weiterhin beengt bliebe. b) Schwarz möchte angreifen und so den starken weißen Zentrumsaufbau so bald wie möglich ausgleichen.

7. d4xc5

Um die Kontrolle von e5 behaupten zu können. So würde Schwarz nach 7.0-0 cd4: 8.Sd4: e6-e5 spielen (aber nicht Dd4: 9.Lb5+).

7. ... Lf8xc5

Der Be4 ist das einzige Plus, das Weiß erzielt hat. Käme Schwarz zu e6-e5, hätte er ausgeglichen. Wie der Meister ein Höchstmaß aus diesem leichten Vorteil im weiteren Verlauf herausholt, ist äußerst interessant.

8. 0-0

Ein Amateur wählt hier vielleicht den naheliegenden Entwicklungszug 8.Sc3. Der Meister dagegen sieht Möglichkeiten wie 8. ... e5 9.Se5: Lf2:+ 10.Kf2: Dd4+ nebst De5:. Einer der großen Unterschiede zwischen dem geübten Amateur und dem Meister besteht darin, dass der letztere mehr sieht und mehr im Voraus erkennt.

8. ... Dd8-c7

Schwarz ist sich der Natur des weißen Vorteils bewusst und bereitet e6-e5 mit Ausgleich vor. Darum ist der Textzug besser als 8. ... 0-0, ein solider Entwicklungszug ohne besonderes Ziel.

9. e4-e5!

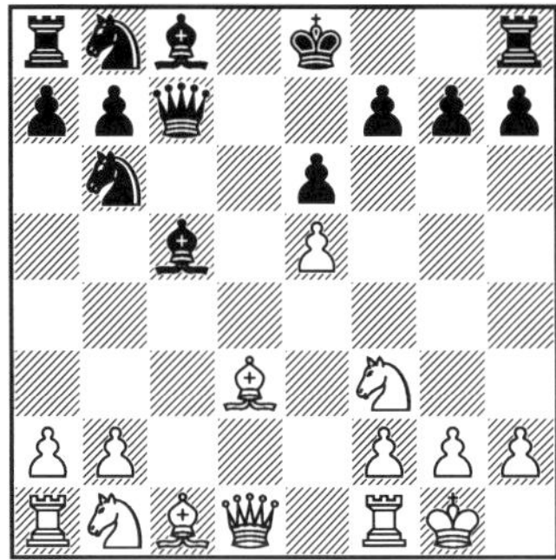

Unbedingt notwendig, um den Ausgleich zu verhindern. Der Zug hat den Nachteil, Schwarz das Feld d5 zugänglich zu machen; aber das wiegt nicht so schwer. 9.e5 hat ferner den Vorteil, eine Linie für den Ld3 zu öffnen.

Ein Amateur, der danach strebt, Figuren zu entwickeln, mag einen Zug wie 9.Sc3 erwarten und den Textzug als Zeitverlust verurteilen. 9.e5 hat jedoch ferner den Vorzug, die Entwicklung des Schwarzen zu erschweren und seine Figuren vom Königsflügel fernzuhalten.

9. ... Sb8-c6

Greift den Vorposten des Weißen an. Versucht Weiß ihn mit 10.Lf4 zu verteidigen, spielt Schwarz Sd5, wonach seine Figuren ein vernünftiges Maß an Wirksamkeit entfalten.

10. Sb1-c3!

Entwickelt den Springer auf sein natürliches Feld und übt Druck auf d5 aus, wohin Schwarz seinen Springer stellen möchte. Züge wie 10.De2 oder 10.Te1 sind auch möglich, räumen aber Gegenchancen ein, z.B. 10.Te1 Sb4 11.Le4 Ld7 12.a3 S4d5 13.b4 Le7 14.Lb2 Lc6 und Schwarz hat eine Art Gegengewicht. Der Textzug ist schärfer und bezweckt die Beherrschung des Drehpunkts. Er bringt die Partie in die Gambitsphäre, die wegen seiner überlegenen Entwicklung für Weiß sehr annehmbar ist.

10. ... Sc6xe5

Betrachten wir andere Züge:

a) 10. ... 0-0 lädt zu 11.Lh7:+ ein. Die Folgen haben wir in Partie 19 gesehen.
b) 10. ... Ld7 11.Lf4 bereitet ein Vorgehen wie Sc3-b5-d6+ vor.
c) 10. ... Sd5 11.Sd5: ed5: macht die Sache für Weiß leichter. Schwarz hätte einen Einzelbauern; Weiß könnte Züge wie 12.Te1 spielen und Vorteil aus der Bauernmehrheit am Königsflügel ziehen.

11. Lc1-f4

Weiß hat nun einen Bauern weniger. Dafür hat er den Se5 gefesselt und ein Tempo gewonnen. Die Fesselung ist umso unangenehmer, als Schwarz nicht Ld6 wegen 12.Sb5 antworten kann. Er hat aber den Ausweg des Schlagens mit Schachgebot.

11. ... Se5xf3+

Erzwungen, denn auf 11. ... f6 käme 12.Se5: fe5: 13.Dh5+.

12. Dd1xf3 Dc7-e7

Siehe Diagramm nächste Seite.

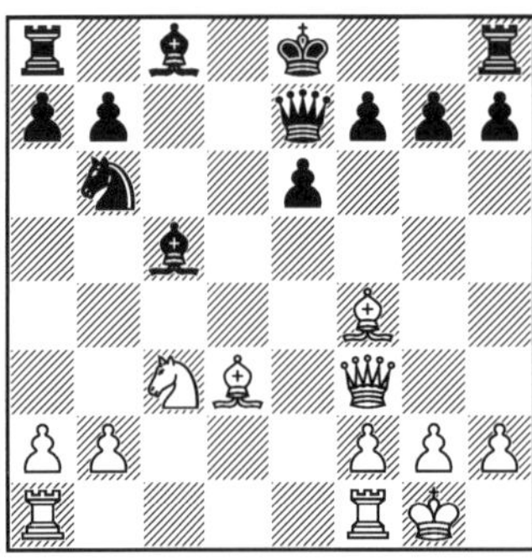

Alle weißen Kräfte sind im Spiel, Weiß ist am Zug, Schwarz hat noch nicht rochiert und ist nur teilweise entwickelt. Für einen Bauern hat Weiß drei Züge gewonnen. Die meisten weißen Figuren sind gut postiert, sehr drohend. Dennoch ist es nicht so leicht, Vorteil aus der Lage zu ziehen. Auf 13.Sb5 z.B. (drohend Sc7+) kann Schwarz Sd5 antworten und die Dinge liegen nicht einfach.

13. Sc3-e4

Wieder bewegt der Meister eine entwickelte Figur, anstatt einen Entwicklungszug wie 13.Tac1 oder 13.Tfd1 zu machen. Er will den Lc5 von der Diagonalen f8-a3 vertreiben. Sobald der Läufer diese verlassen hat, dringt eine weiße Figur nach d6 ein. Z.B. 13. ... 0-0 14.Tac1 Lb4 15.a3 und Schwarz kann eine direkte Katastrophe nur mit 15. ... f5 vermeiden. Nach 16.ab4: fe4: 17.De4:[3] stünde er jedoch hoffnungslos (es droht Dh7:+ und Tc7).

13. ... Sb6-d5
14. Ta1-c1

Wieder droht Weiß, den Lc5 zu beseitigen. Schwarz kann zwar nun auf f4 tauschen, hat aber nach 14. ... Sf4: 15.Df4: noch nicht das Problem seines bedrohten Läufers gelöst. Wieder kann 15. ... Lb4 mit 16.a3 beantwortet werden, und wenn der Läufer die Diagonale verlässt, folgt Sd6+. Der Zwischenzug 16. ... e5 ließe 17.Dg3 zu mit Angriff auf g7. Sogar noch stärker als 16.a3 wäre 16.Tc7 Ld7 17.Lb5 Td8 18.Tfd1 und gewinnt.

14. ... b7-b6

Schützt den Lc5 ein zweites Mal und öffnet die Diagonale für die Entwicklung des Lc8.

15. Tc1xc5!

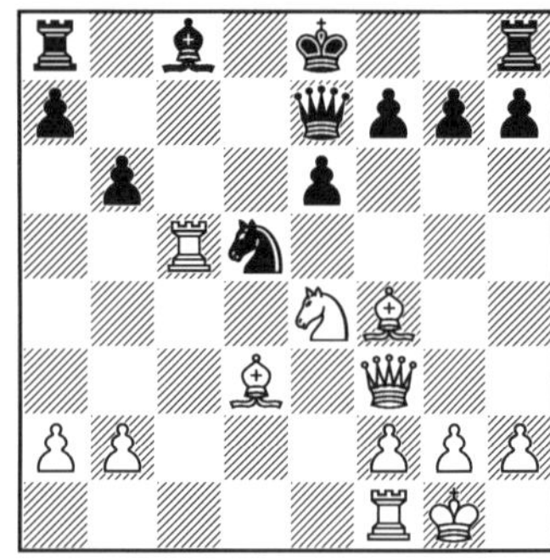

Die vorhergehende Partiephase kreiste um die Idee des Weißen, das Feld d6 zu erobern. Nun erhält er es mit Hilfe eines Opfers. Wenn 15. ... bc5:, so entscheidet 16.Ld6, z.B. 16. ... Dd7 17.Lc5: mit den beiden Drohungen 18.Lb5 (Db5: 19.Sd6+) und 18.Sd6+.

Man vergleiche den Plan 15.Tc5: mit dem oberflächlichen 15.Sc5:, das auf den vereinzelten Bauern spielt. In diesem Fall gäbe Weiß seinen Angriff für einen geringen positionellen Gegenwert auf.

15. ... Sd5xf4

3) Nach 17. ... Dh4 (angegeben von Stefan Bleibinhaus) 18. Ld6 De4: 19. Le4: Tf7 20. Tfd1 ist die Stellung lediglich als vorteilhaft für Weiß zu bewerten.

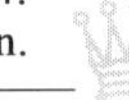

Schwarz muss den gefährlichen Läufer abtauschen, um die mit 16.Ld6 beginnende Variante auszuschalten.

16. Tc5xc8+

Dieses Zwischenschach bringt Weiß eine Figur für die Qualität ein.

16. ... Ta8xc8
17. Ld3-b5+

Ein weiteres Zwischenschach dient dazu, den König in der Mitte zu belästigen und die Rochade zu verhindern. Man sehe, wie beweglich die weißen Figuren durch die Tauschserie geworden sind.

17. ... Ke8-f8
18. Df3xf4

Weiß ist aus dem Zusammenprall mit zwei Leichtfiguren gegen Turm und Bauer hervorgegangen – kein großer materieller Vorteil. Im Hinblick auf die mangelhafte Entwicklung des Schwarzen (sein König behindert den Th8) steht Weiß jedoch auf Gewinn.

18. ... e6-e5

Dies verschafft Weiß eine Gelegenheit, die f-Linie für den Turm zu öffnen und seine Angriffskräfte gegen den wichtigen Bf7 zu versammeln. Besser wäre 18. ... h6, was keine neuen Schwächen verursacht und die Möglichkeit eröffnet, den Th8 nach Kf8-g8-h7 ins Spiel zu bringen. Dieses ganze Manöver nimmt aber immerhin drei Züge in Anspruch. In der Zwischenzeit verbessert auch Weiß seine Stellung durch Züge wie 19.h3 (um ein Fluchtfeld zu schaffen), dann Te1 oder Td1, gefolgt von tätigerer Mitarbeit des Turms.
Hätte Schwarz versucht, mit 18. ... Db4 die Initiative zu ergreifen, wäre 19.Ld7 nebst 20.Le6: die Folge gewesen.

19. Df4-f5 Tc8-c7
20. f2-f4!

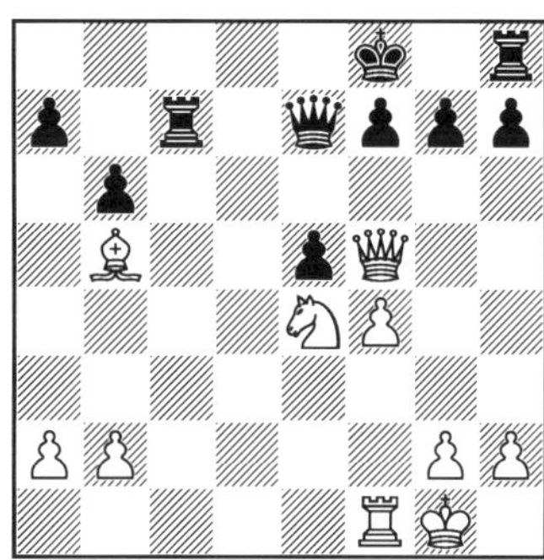

Wieder stark. Weiß muss fortgesetzt die besten Züge finden, damit der Angriff den Höhepunkt erreicht hat, bevor Schwarz seinen ausgesperrten Turm in den Kampf werfen kann. Gelänge ihm das, wäre der Vorteil des Weißen sehr gering.

20. ... e5xf4

Erzwungen. Andere Züge kosten den e-Bauern.

21. Df5xf4

Droht 22.Sd6 gefolgt von 23.Sf7: Df7: 24.Dc7:.

21. ... h7-h5

Pariert sehr schlau die erwähnte Drohung, wie 22.Sd6 Th6! 23.Sf7: Tf6 oder 23.Sf5 Dc5+ zeigt.

22. Lb5-c4!!

Der einzige Zug, der zum raschen Sieg führt. Jetzt genügt 22. ... Th6

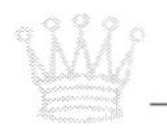

nicht mehr, denn nach 23.Lf7: kann der Turm wegen des Springers nicht nach f6. Wenn 22. ... Tc4:, so 23.Db8+ De8 24.De8:+ Ke8: 25.Sd6+. Wenn 22. ... g5, so 23.Sg5: Dc5+ 24.Tf2! Dc4: 25.Dc7: Dc7: 26.Se6+; in beiden Fällen bleibt Weiß im Mehrbesitz einer Figur.

22. ... Kf8-g8

Der einzige Zug.

23. Se4-d6

Um den Bf7 zu gewinnen.

23. ... Th8-h6
24. Lc4xf7+ Kg8-h8
25. Sd6-e4

Verhindert Tf6.

25. ... Tc7-c8

Mit der Idee Tf8, um eine der wichtigen weißen Figuren unbeweglich zu machen.

26. Lf7-d5

Es ist wichtig, den Springer geschützt zu haben. Auf 26.Lb3 wäre Te8 lästig, weil 27.Sg5 mit Tf6 beantwortet wird.

26. ... Tc8-e8

Auf 26. ... Td8 käme 27.Df5.

27. h2-h4!

Gibt dem weißen König ein Fluchtfeld und bereitet den starken Vorposten für den Springer auf g5 vor.

27. ... De7-e5?

Verliert sofort, aber Schwarz hat sowieso keine guten Züge.

28. Df4xe5 Te8xe5
29. Tf1-f8+ Kh8-h7
30. Se4-g5+ Kh7-g6
31. Ld5-e4+

Schwarz gibt auf. Er muss die Qualität hergeben und behält eine ganze Figur weniger.

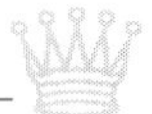

Partie 21

Die Theorie der französischen Verteidigung
Der gute und der schlechte Läufer
Die Bauernkette
Das starke Feld
Der wohlpostierte Springer gegen den schlechten Läufer
Planung für das Endspiel

In dieser Partie treffen wir erstmals auf ein raffiniertes Element strategischen Spiels: das starke Feld in der Brettmitte.

Die Felder des Schachbretts haben nicht alle den gleichen Wert. Mittelfelder sind vorteilhafter als Randfelder. Sie sind besonders ideal zum Festsetzen von Figuren, denn von einem Zentralfeld aus strahlt die Figur Druck auf alle Felder aus, die sie im gegebenen Augenblick erreichen kann. Der Springer steht in der Brettmitte besonders stark, weil dort am wenigsten spürbar wird, dass seine Wirkung nicht weit reicht. Steht er z.B. auf d4, drückt er auf die Felder b5, c6, e6 und f5 im gegnerischen Lager.

Ein Springer kann auf d4 oder e4 sehr stark sein; wenn der Gegner jedoch in der Lage ist, ihn mit einem Bauern zu vertreiben, dann bedeutet die vorübergehend gute Stellung nicht viel. In gewissen Fällen jedoch sind die Bauern des Gegners vorgerückt oder so getauscht worden, dass sie gegnerische Figuren nicht mehr von einem bestimmten Feld vertreiben können. Ein solches Feld wird für die Partei, die dort eine Figur aufstellen kann, ein starkes Feld. Ein Springer auf einem starken Feld im Zentrum ist von großem strategischem Wert.

Eine der häufigsten Fragen lautet: „Wer ist stärker, der Springer oder der Läufer?" Die Stärke dieser beiden Figuren ist relativ, nicht absolut. Im Fall der Springer hängt sie davon ab, wo sie stehen und ob sie in ihrer Stellung behauptet werden können. Die Kraft der Läufer hängt davon ab, ob sie auf offenen Diagonalen stehen und schwache Punkte des Gegners bedrohen können („guter" Läufer) oder auf Diagonalen, die von eigenen Bauern verstellt sind („schlechter" Läufer).

Diese Partie zeigt die Kraft eines gut stehenden Springers gegenüber der Wirkungslosigkeit des schlechten Läufers.

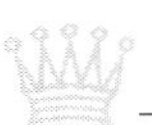

WEISS: MEISTER SCHWARZ: AMATEUR
FRANZÖSISCH
(KLASSISCHE VARIANTE)

1. e2-e4 e7-e6

Französisch (siehe auch Partie 8) ist eine geschlossene Partie, d.h. die Mittellinien bleiben im Allgemeinen geschlossen, so dass Schwarz in der Lage ist, eine feste Stellung in der Mitte aufzubauen, im Gegensatz zur schnelleren Entwicklung und der größeren Beweglichkeit der offenen Spiele (1.e4 e5). Bei Französisch wird Schwarz mehr Zeit brauchen, seine Figuren ins Spiel zu bringen, weil sie von seiner festen Bauernkette eingeengt sind.

2. d2-d4 d7-d5
3. Sb1-c3

In Ergänzung zu Partie 8 etwas mehr über die anderen Möglichkeiten an dieser Stelle:

a) Abtausch-Variante
Weiß könnte die Spannung mit 3.ed5: aufheben. Nach 3. ... ed5: neigt die Partie zum Remis, weil *eine* offene Linie vorhanden ist, die beide Spieler besetzen können. Die logische Folge ist, dass Türme und Damen auf dieser Linie getauscht werden. Überlässt man sie dem Gegner, kann man in Schwierigkeiten geraten.

b) Nimzowitsch-Variante
Weiß könnte die Spannung auch mit 3.e5 (Partie 8) beenden. Das würde die Stellung und die Ziele der Spieler vollständig ändern. In dieser Variante erhalten wir eine Bauernkette: von Weiß d4/e5, von Schwarz e6/d5. Die Basis der weißen Kette ist d4, die der schwarzen e6. Die Spitze der Kette des Weißen ist e5, die des Schwarzen d5. Die Grundsatzstrategie bei Bauernketten besteht darin, die Basis anzugreifen. In dieser Stellung wird Schwarz c7-c5 spielen und Weiß f2-f4-f5 anstreben. Der nächste Plan ist, gegen die Spitze der Kette vorzugehen, wie später in der vorliegenden Partie gezeigt wird. Wir haben schon in Partie 8 gesehen, wie ein Anfänger mit den weißen Steinen fehlgreifen kann.

c) Tarrasch-Variante
Weiß kann die Spannung aufrechterhalten und e4 durch 3.Sd2 verteidigen. Verglichen mit dem Textzug hat das den Nachteil, keinen Druck auf d5 auszuüben, andererseits aber auch Vorteile: a) der Damenspringer kann vom Lf8 nicht gefesselt werden, denn Lb4 wäre wegen 4.c3 ganz nutzlos; b) auf d2 verstellt der Springer nicht den c-Bauern, den Weiß später nach c3 stellen möchte, besonders als Antwort auf c7-c5.

3. ... Sg8-f6

Entwickelt, schützt das Zentrum (d5 und e4) und bedroht den Be4. Schwarz hätte auch 3. ... Lb4 spielen können, die Winawer-Variante, die wahrscheinlich sicherer ist. In dieser Variante schützt Schwarz seine Zentralfelder, indem er den Sc3 fesselt. Siehe Partie 22.

4. Lc1-g5

Mit dieser Fesselung droht Weiß unter gewissen Umständen 5.e5. Er hebt ferner den Druck des Schwarzen auf das Zentrum auf. Gelingt es Weiß, Schwarz zur Aufgabe des Zentrums durch de4: zu zwingen, erlangt er Raumvorteil, denn er hat einen Mittelbauern auf der 4., Schwarz nur auf der 3. Reihe (von der Grundlinie aus).

An dieser Stelle spielen Amateure manchmal den plausiblen Zug 4.Ld3. Die folgende Analyse wird zeigen, dass der Zug dem Schwarzen Gegenchancen in der Mitte nach der Antwort 4. ... c5 einräumt:

a) 5.dc5: de4: 6.Se4: Se4: 7.Le4: Dd1:+ 8.Kd1: Lc5:
b) 5.e5 cd4: 6.ef6: dc3:
c) 5.ed5: Sd5: 6.Sd5: Dd5:
d) 5.Sf3 cd4: 6.Sd4: e5, gefolgt von d5-d4.

4. ... Lf8-e7

Schwarz hebt seinerseits die Fesselung auf und droht wieder, einen Bauern zu gewinnen. Hier ist auch die MacCutcheon-Variante 4. ... Lb4 gut spielbar. Nach 5.e5 h6 (ein erzwungener Standardzug in solchen Stellungen) ist 6.ef6: hg5: 7.fg7: Tg8 8.Dh5 Df6 nicht gefährlich für Schwarz; 6.Ld2 Lc3: 7.bc3: Se4 8.Dg4 g6 ist sehr scharf, mit Chancen für beide Seiten.

5. e4-e5

Schwarz drohte d5xe4 oder Se4:. 5.Ld3 ist unzureichend, wie wir unten zeigen werden. Weiß hat keine weitere gute Verteidigung gegen den schwarzen Druck auf das Zentrum. Daher beschließt er, die schwarzfeldrigen Läufer zu tauschen (im nächsten Zug). Der Lg5, der auf der gleichen Farbe steht wie die weißen Mittelbauern, ist der „schlechte“, dagegen der Le7 von der entgegengesetzten Farbe der schwarzen Mittelbauern der „gute“ Läufer.

Es gibt neben 5.e5 zwei plausible Möglichkeiten, deren zweite manchmal von Amateuren gespielt wird, denen oft nicht bewusst ist, warum eine Variante einer anderen überlegen ist. Die folgende Untersuchung und ein Vergleich der sich ergebenden Stellungen mit dem Hauptspiel wird das erläutern.

a) 5.Lf6: Lf6: 6.e5 Le7 macht die Sache ein wenig leichter für Schwarz, der das Läuferpaar hat, was als günstig angesehen wird. Die Partie könnte weitergehen mit 7.Dg4 0-0 8.Ld3 c5 nebst Sc6 und evtl. f5 oder 8.0-0-0 f5 9.Dh3 c5 mit beträchtlichen Gegenchancen für Schwarz, dem von der Theorie sogar eher das bessere Spiel eingeräumt wird.
b) 5.Ld3 sieht wie ein logischer Entwicklungszug aus, der Angriff einbringt. Man muss jedoch untersuchen, was nach 5. ... de4: passiert:
b1) 6.Se4: Se4: 7.Le7: De7: 8.Le4: Db4+ und gewinnt einen Bauern (analog 6.Le4: Se4: usw.);
b2) 6.Lf6: Lf6: 7.Se4: Ld4:, wiederum mit Bauerngewinn.

Sogar 5. ... Se4: 6.Le7: Sc3: 7.Dg4 Ke7: ist günstig für Schwarz: 8.Dg5+ Kd7.

5. ... Sf6-d7

6. Lg5xe7

Weiß tauscht hier seinen „schlechten“ Läufer, weil es für ihn keine wichtige Arbeit gibt. Wäre das der Fall, sollte Weiß nicht tauschen. Schaltet man z.B. die Züge 6.h4 h6 ein, dann tauscht Weiß *nicht,* sondern spielt richtiger 7.Le3!, denn der Läufer hat nun eine nützliche Funktion wegen des schwächenden h7-h6. Der Lg5 ist nur relativ „schlecht“, denn die Diagonale c1-h6 ist von weißen Bauern nicht verstellt. Nach 6.h4 entwickelt sich der Aljechin-Chatard-Angriff, den wir in Partie 23 besprechen.

6. ... Dd8xe7

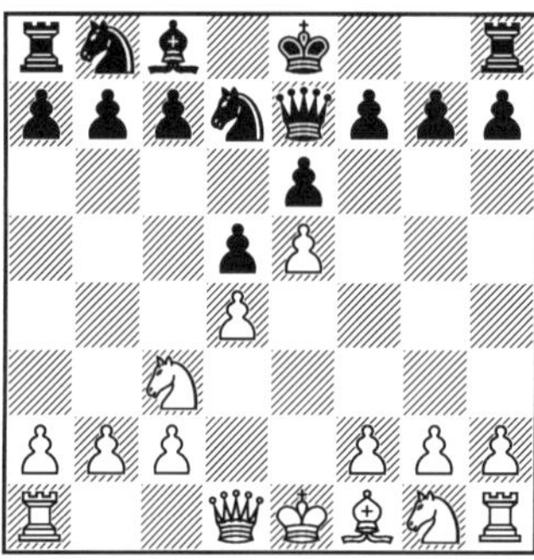

Weiß hat nun a) einen guten Läufer im Gegensatz zum unentwickelten schlechten von Schwarz und b) mehr Raum. Schwarz hat dagegen die Möglichkeit, die Basis der weißen Bauernkette mit c7-c5 leichter anzugreifen als Weiß das mit f2-f4-f5 tun kann.

Untersuchen wir nun die Lage des weißen und schwarzen Läufers. Der weiße kann sich frei bewegen, weil er nicht von eigenen Bauern gehemmt wird; der schwarze ist nicht nur unentwickelt, seine mögliche Entfaltung wird durch seine eigenen Bauern ernsthaft beschränkt. Daher nennt man den weißen Läufer den guten und den schwarzen den schlechten.

In Eröffnung und Mittelspiel sind es besonders die Zentralfelder, die einen Läufer gut oder schlecht werden lassen. Spielt Weiß von der Grundstellung d2-d4, e2-e3 und Ld2, dann ist der Läufer „schlecht“, weil eingeengt. Spielt er Lf4 vor e2-e3, dann ist der Läufer immer noch „schlecht“, aber aktiv. Allerdings kann er seinem Damenflügel nicht zu Hilfe kommen, wenn Schwarz dort angreift. Blockierte Bauern können nicht ziehen; sie bestimmen daher in hohem Maß, besonders im Endspiel, ob ein Läufer „gut“ oder „schlecht“ ist. Ein Bauernzug lässt manchmal einen guten Läufer schlecht werden oder umgekehrt.

7. Dd1-d2

Dieser Zug hat keine tief versteckte Bedeutung an sich; er ist Teil eines Systems. Weiß kann sein vollständiges Zentrum nicht behaupten, nachdem Schwarz c7-c5 gezogen hat. Er will daher e5 durch f2-f4 schützen und seinen Bd4 früher oder später auf c5 tauschen. 7.Dd2 bereitet die lange Rochade vor und deckt den Punkt f4. Dieses Feld (oder der Bauer, der bald dorthin ziehen wird) braucht Schutz, sobald Schwarz f7-f6 zieht, was Weiß mit e5xf6 und Schwarz mit Df6: beantworten wird. Andere Züge wie 7.Ld3 ermöglichen dem Schwarzen, das weiße Zentrum mit c7-c5 und f7-f6 vollkommen aufzulösen. Untersuchen wir einige gebräuchliche Alternativen.

a) 7.f4 ist ungefähr ebenso stark wie 7.Dd2. Die übliche Fortsetzung ist 7. ... 0-0 8.Sf3 c5 9.dc5: Sc5: 10.Ld3 f5 11.ef6: Df6: 12.g3 Sc6 13.0-0. Weiß drückt gegen die schwarze Stellung, solange Schwarz nicht e6-e5 durchsetzen kann.

b) 7.Sb5, ein etwas verfrühter Angriff ohne viel Kraft. Schwarz antwortet 7. ... Sb6 gefolgt von a7-a6 und treibt den Springer zurück. Weiß erreicht jedoch eines seiner Ziele, nämlich die Festigung seines Zentrums (nach c7-c5) durch c2-c3. Im Text ist dies nicht möglich, weil der Springer auf c3 bleibt. Weiß schlägt dann absichtlich mit dem d-Bauern aus dem Zentrum heraus, weil er das Feld d4 für einen Springer räumen will. Man sehe auch den Kommentar nach dem 7. Zug von Schwarz.

c) 7.Dg4. Aggressiv, wie er aussieht, hat der Zug, der in vielen Varianten der Französischen auftaucht, hier keinen Wert. Er zwingt Schwarz zu rochieren, was er sowieso getan hätte. Nach 7. ... 0-0 8.Ld3 könnte Schwarz entweder mit 8. ... c5 oder 8. ... f5 fortsetzen.

7. ... 0-0

Es ist lehrreich festzustellen, dass Schwarz nicht sofort c7-c5 spielt, weil er damit das Feld d6 schwächt. Er büßt nach 8.Sb5 Sb6 9.Sd6+ die Rochade ein.

8. f2-f4

Zum Zweck, das Feld e5 zu stärken. In vielen Varianten der Französischen geschieht zu irgendeiner Zeit f6, ef6:, Df6:, wonach es für Weiß wichtig sein kann, dass der Punkt e5 verteidigt ist. Nach gewissen Vorbereitungen könnte Weiß dann den rückständigen e-Bauern auf e6 festhalten. Weiß kann e6-e5 auf zwei Arten verhindern: a) Druck gegen e5; b) Druck gegen d5, so dass e6-e5 mit Sd5: beantwortet wird.

8. ... c7-c5

Die Grundstrategie des Schwarzen besteht darin, die Basis der weißen Bauernkette auf d4 anzugreifen; dann, nachdem der Bd4 beseitigt worden ist, beginnt der Folgeangriff auf die Spitze der Bauernkette mit f7-f6.

9.Sb5 ist nun nicht so gefährlich wie einen Zug früher, denn der schwarze König hat bereits sicher rochiert, z.B. 9.Sb5 Sc6 10.c3 f6 und das Feld d6 wird bereits unterminiert. Nach 11.ef6: Sf6: hätte Weiß nichts erreicht, und 11.Sd6 ist ebenfalls nicht gut, denn 11. ... cd4: 12.cd4: fe5: 13.fe5:? Dh4+ nebst Dd4: kostet Material. Spielt Weiß 13.de5:, dann geht wohl schon das Opfer 13. ... Se5: 14.fe5: Se5: 15.Sc8: Tac8:, und Schwarz hat ein wunderbares Spiel. Seine ganze Armee ist einsatzbereit – man sehe diese Türme!

Was ist der Grund, dass Schwarz plötzlich zum Spiel kommt, obwohl die französische Verteidigung einen ziemlich ruhigen Charakter aufweist? Man muss das wie folgt sehen: die schwarze Haltung am Anfang bedeutet Passivität in der Mitte. Sobald er jedoch eine genügende Anzahl Figuren ins Spiel gebracht hat, wird Schwarz versuchen, die Initiative zu erhalten. Diese Strategie wird umso wirkungsvoller, wenn Weiß seine Entwicklung vernachlässigt, und dies ist nach 9.Sb5 der Fall. Man erinnere sich an die Regel „Ziehe in der Eröffnung nie die gleiche Figur zweimal". Dies gilt zwar nicht in allen Fällen, erleichtert jedoch, wie in der vorliegenden Stellung, das Auffinden des richtigen Zuges.

Ein weiteres Beispiel für die Chancen, die Schwarz nach 9.Sb5 erlangen kann, zeigt die folgende Variante: 9. ... a6 (noch stärker als 9. ... Sc6, denn 10.Sc7 führt nach Ta7 zu nichts) 10.Sd6 cd4: 11.Sf3 (11.Sc8: Tc8: 12.Sf3 Sc6 ändert nichts, während 11.Dd4: Sc6 einige Tempi für Weiß verliert) 11. ... Sc6 12.Sd4: S7e5:! mit Bauerngewinn: 13.fe5: Dh4+ und Dd4:.

9. Sg1-f3

Nach Tausch der Mittelbauern (d4xc5 oder c5xd4) ist es wichtig für Weiß, das Feld d4 zu beherrschen. Das Feld ist stark, weil es nicht von feindlichen Bauern angegriffen werden kann. Der Springer kontrolliert auch das Feld e5. Das kann im Fall von f6 ef6: Df6: wichtig sein, um den e-Bauern zurückzuhalten (wie bereits erwähnt). Dieser ganze Teil der Partie dreht sich um die Idee von der Kraft des starken Feldes d4.

9. ... Sb8-c6
10. g2-g3

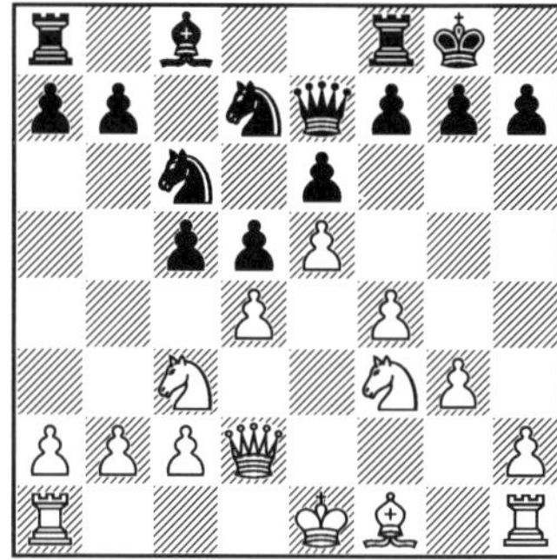

Die Idee ist, mit Lg2 (oder Lh3) und nach f7-f6 mit e5xf6 und 0-0-0 (Rubinsteins Zug) fortzusetzen, um Druck gegen das schwarze Zentrum zu richten. Spielt Weiß sofort 10.0-0-0, könnte Schwarz mit c5-c4, gefolgt von Tb8, b7-b5-b4 einen schweren Angriff einleiten.

10. ... c5xd4?

Schwarz schlägt, um die c-Linie zu öffnen und zu besetzen. Dabei übergibt er jedoch dem Weißen die Herrschaft über das starke Feld d4. Weiß hat dieses Feld vollständig im Besitz, denn schwarze Bauern können es nicht erreichen, nur schwarze Figuren, und das bedeutet, dass Weiß auf die Dauer immer in der Lage sein wird, das Feld zu besetzen. Eine Figur auf diesem Feld ist wie eine Kanone im Hinterhalt. Sie schießt, und man kann sie nicht angreifen.

Gewiss war 10. ... f6, die zweitrangige Strategie des Schwarzen, hier stärker. Das zwingt Weiß, sein Zentrum vollständig aufzulösen. Allerdings können nach 11.ef6: Sf6: 12.dc5: Dc5: 13.0-0-0 die schwarzen Mittelbauern schwach werden. Weiß hat alle Figuren bereit und setzt mit Zügen wie Lh3 und The1 fort. Schwarz muss sich darauf jedoch nicht einlassen; statt 12. ... Dc5: empfiehlt die heutige Theorie den Gegenschlag 12. ... e5! mit der Idee, dass Weiß nach 13.Sd5: Sd5: 14.Dd5:+ Le6 durch Entwicklungsrückstand und seinen König im Zentrum in Teufels Küche kommt. Da Schwarz auch nach Zügen wie 12.Lg2 bzw. 12.0-0-0 stark mit cd4: nebst e5 fortsetzen kann, ist die 10.g3-Variante weiterhin außer Gebrauch gekommen. Die prinzipielle Strategie des Weißen bleibt jedoch richtig, nur spielt man jetzt meist sofort 10.dc5: nebst 0-0-0.

11. Sf3xd4 Sc6xd4
12. Dd2xd4 De7-c5

In Übereinstimmung mit dem vorhergehenden Spiel des Schwarzen. 12. ... f6 ist hier viel schwächer als vor zwei Zügen und bedeutet Zeitverlust; 12. ... Sb6 lässt die weiße Dame in starker Stellung.

Schwarz kann mit seiner halboffenen c-Linie nicht viel anfangen, während Weiß vollen Gebrauch von seinem starken Feld macht, indem er dort einen Springer postiert und so den schwarzen Läufer sehr einengt.

13. Dd4xc5 Sd7xc5
14. Sc3-b5

Nicht um den Springer nach d6 zu bringen, wie man denken könnte, denn er wäre dort leicht zu tauschen und seine Stellung könnte mit f7-f6 unterminiert werden, sondern um ihn nach d4 auf den idealen Platz zu stellen. Er ist dort ebenfalls zu tauschen, aber dann zieht der weiße König auf dieses Feld und wird ein entscheidender Faktor bei den Vereinfachungen, die sich ergeben und zum Bauernendspiel führen.

14. ... b7-b6

Schwarz nahm an, dass Weiß Sd6 plante, und wollte Sb7 nebst Sd6: spielen.

15. 0-0-0

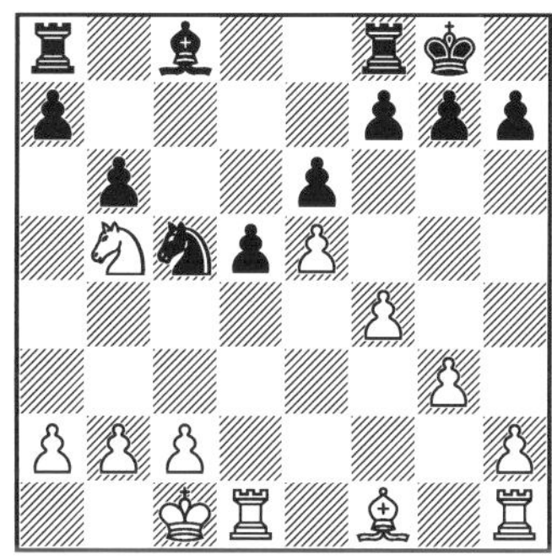

Ein einfacher Entwicklungszug. Hätte Weiß sofort 15.Sd4 gespielt, könnte Schwarz möglicherweise versuchen, seinen schlechten Läufer mit 15. ... La6 günstig loszuwerden und dann e4 als starkes Feld für seinen eigenen Springer erhalten. Mit dem Textzug ist La6 im Augenblick wegen 16.Sc7! verhindert.

15. ... Sc5-e4

Schwarz hat nun *sein* starkes Feld besetzt, aber dies ist hier nicht so wichtig, denn Weiß kann diesen Springer immer gegen seinen Läufer tauschen. Er muss jedoch die Drohung Sf2 beachten. Schwarz hätte 15.

... a6 erwägen können. Der Zug ist jedoch nicht gut, weil er dem Läufer das Feld a6 nimmt.

16. Th1-g1 a7-a6

Besser wäre 16. ... Ld7, was ein Tempo durch den Angriff auf den Sb5 gewonnen hätte. Der Läufer steht zwar auf d7 nicht sehr aktiv, er schränkt aber den weißen Springer ein, wenn er auf d4 steht. Auf b7 stünde der Läufer weniger wirkungsvoll. Der Textzug schwächt zudem b6 und macht den Lc8 schlechter, weil sich noch mehr Bauern auf seiner Farbe befinden.

17. Sb5-d4

Der Springer hat sich nun auf seinem starken Feld niedergelassen, wo er eine große Macht entfaltet. Er beherrscht viele wichtige Felder im feindlichen Lager: b5, c6, e6 und f5; er kann den späteren Bauernsturm g2-g4 und f4-f5 unterstützen; er deckt c2 für den Fall, dass die schwarzen Türme sich auf der c-Linie verdoppeln.

17. ... Lc8-b7

Schwarz lässt sich von allgemeinen Grundsätzen, nicht von der besonderen Lage leiten. Der Läufer steht auf b7 oft gut. Hier aber, wo der Sd4 den Vorstoß des Bd5 blockiert, hat der Lb7 keine Zukunft, solange der weiße Springer auf seinem Posten bleibt. Schwarz konnte 17. ... Ld7 und 18. ... f6 spielen, um die weiße Bauernstellung zu bekämpfen.

18. Lf1-d3

Er will den Läufer gegen den Springer tauschen oder diesen verjagen. Nach dem Tausch bliebe Weiß der starke Springer gegen den schlechten Läufer, und er könnte den Springer notfalls mit c2-c3 auf d4 behaupten. Es ist eine andere Frage, ob Weiß in diesem Fall ebenso viel Vorteil von seinem starken Springer hätte wie in der Partie.

18. ... Se4-f2

Es wäre besser, 18. ... Sc5 zu versuchen. Nachdem Schwarz seinen Springer tauscht, ist der weiße Vorteil zu klar.

19. Td1-d2 Sf2xd3+
20. Td2xd3

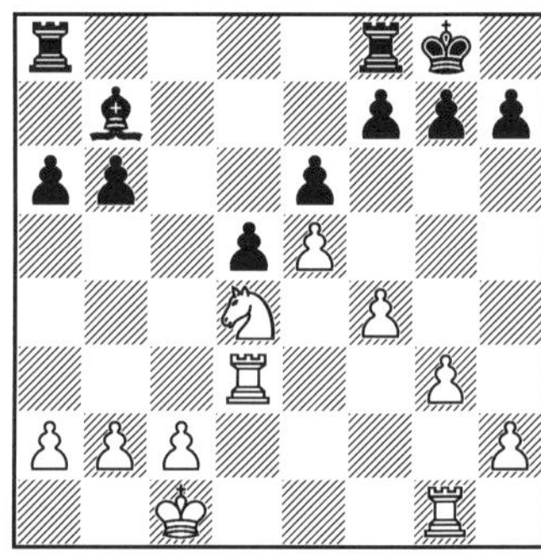

Auch 20.cd3: wäre gut. Der mögliche Angriff des Schwarzen auf der c-Linie ist unbedeutend, denn Weiß kann seine eigenen Türme entgegenstellen. Wahrscheinlich ist aber 20.Td3: besser wegen der Möglichkeiten auf der 3. Reihe.

Die Lage ist nun klar. Der weiße Springer steht auf seinem starken Feld und kann dort für den Rest der Partie gehalten werden. Keine Macht auf dem Schachbrett kann ihn vertreiben. Ein so standfester Springer ist die idealste Grundlage für einen Plan, weil auf ihn Verlass ist. Er wird immer auf seinem Platz bleiben. Die Frage lautet, wie aus diesem Vorteil Nutzen zu ziehen, wie der Springer in den strategischen Plan einzubeziehen ist.

Wir haben bereits gesehen, dass er a) auf dem Königsflügel arbeiten kann; b) auf dem Damenflügel einzusetzen ist; c) den Bc2 verteidigt, so dass Schwarz keinen Schaden durch die Turmverdopplung anrichten kann. Besonders das letztere macht es möglich, ruhig fortzusetzen, ohne unangebrachte Eile, ohne durch Gegenspiel gestört zu werden. Dies ist im Allgemeinen und besonders hier sehr wichtig, denn eine sorgfältige Untersuchung wird zeigen, dass die weißen Pläne nicht sofort zu verwirklichen sind.

Im Augenblick müssen wir zwei Pläne erwägen:

Plan A – auf dem Königsflügel

Der Schlüsselzug ist f4-f5. Wie ist er zu erreichen? Und was ist sein Zweck? Er greift den Be6 an und erlaubt unter bestimmten Umständen den erfolgreichen Vorstoß f5-f6. In den meisten Fällen wird Schwarz mit e6xf5 nehmen müssen. Kann Weiß dann g4xf5 antworten, öffnet sich die g-Linie und außerdem kann der e-Bauer nach e6 vorrücken. Dieser Plan erscheint aussichtsreich, er ist aber nicht unbedingt entscheidend. Weiß muss daher f4-f5 sehr sorgfältig vorbereiten und diesen Vorstoß nur durchsetzen, wenn er sich als entscheidend erweist; sonst könnte ein schwacher e-Bauer entstehen.

Plan B – auf dem Damenflügel

Wäre Weiß am Zug, könnte er sofort gewinnen mittels 21.Tb3 b5 22.a4 usw. Schwarz kann diese Drohung leicht parieren, und dann gibt es keinen Weg, der ein Weiterkommen am Damenflügel verspräche. Daher liegen die weißen Chancen in noch einer anderen Richtung: Tausch der vier Türme, gefolgt vom Kampf Springer gegen schlechten Läufer. Weiß hat alle Arten von Chancen in einem solchen Duell. Der Gewinn ist aber *nur* gesichert, *wenn sein König in die gegnerische Stellung eindringen kann.* Versuchen wir: 20. ... Tfc8 21.Tb3 b5 (indem er diesen Zug erzwang, hat Weiß Löcher in der schwarzen Stellung geschaffen, in die später der König eindringen könnte) 22.Td1 (22.a4? Tc4!) 22. ... Tc4 23.a3 (Weiß möchte b5-b4 nicht zulassen) 23. ... Tac8 24.T1d3 Kf8 25.Kd2 Ke7 26.Tbc3 Kd7 27.b3 Tc3: 28.Tc3: Tc3: 29.Kc3: Kc7 30.Kb4 Kb6 und der schwarze König ist gerade rechtzeitig gekommen, um den Einmarsch des weißen zu verhindern. Weiß kann immer noch alle Arten von Manövern versuchen, der Gewinn ist jedoch fraglich. Weiß hat zu früh vereinfacht.

Das bedeutet, dass weder eine direkte Unternehmung am Königsflügel (Plan A) noch ein gradliniges Vorgehen am Damenflügel (Plan B) den Erfolg garantieren kann. Weiß muss *sein Auge auf beide Möglichkeiten gerichtet halten* und die endgültige Wahl je nach den Gegenmaßnahmen des Schwarzen treffen.

20. ... Tf8-c8
21. Kc1-d2

Er folgt Plan B. Dieser Zug ist nötig für den Generalabtausch auf c3.

21. ... Kg8-f8

Um Plan B zu begegnen.

22. g3-g4

Dieser Zug ist für beide Pläne nützlich. Für Plan A – f4-f5 ist besser vorbereitet – gibt die Möglichkeit Th3 zusätzliche Angriffsmittel. Für Plan B – T1g3 ist vorbereitet, gefolgt von Tc3. Außerdem könnte Th3 den schwarzen König nach g8 zurückzwingen und so den Erfolg der Tauschaktion begünstigen.

22. ... Tc8-c7

Ein farbloser Zug. 22. ... Ke7 war vorzuziehen.

23. Td3-h3

Ein sehr wichtiger Zug. 23. ... Kg8 würde nun Plan B begünstigen; 23. ... h6 wäre gut für Plan A. Das würde sogar erlauben, Plan A direkt durchzuführen: 24.f5! und: 1) 24. ... Te8 25.f6! gf6: 26.ef6: e5 27.Th6: usw.; 2) 24. ... ef5: 25.gf5: Te8 26.f6 g6 27.Th6: usw., nicht der geringste Zweifel; 3) 24. ... Ke7 25.g5 mit wilden Verwicklungen, die schließlich zu überzeugendem Vorteil für Weiß führen.
Andererseits entscheidet nach 23. ... Kg8 der Vorstoß 24.f5 *nicht:* 24. ... ef5: (24. ... Te8 kommt auch infrage) 25.gf5: Te8 26.f6 g6 und nichts ist entschieden.

23. ... Kf8-g8

Noch besser wäre 23. ... Tc4 gewesen, denn nach 24.c3 käme Plan B nicht mehr infrage. Das bedeutet, dass Weiß sich vollständig auf Plan A verlassen musste – mit Chancen, ohne jedoch ganz sicher zu sein.

24. Tg1-g3

Ohne die Möglichkeiten am Königsflügel aufzugeben, bereitet Weiß den späteren allgemeinen Abtausch vor (Plan B).

24. ... g7-g6?

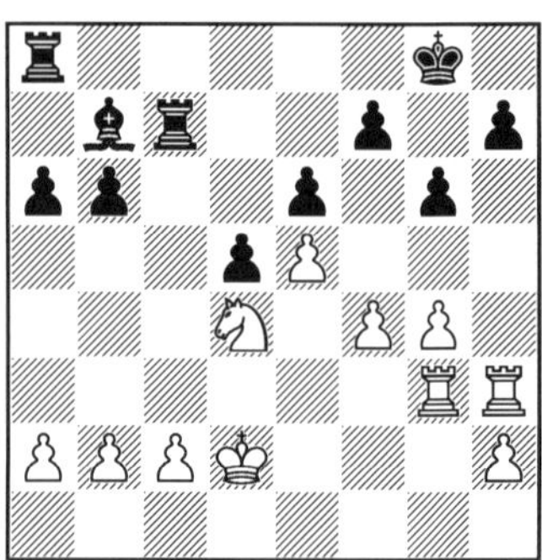

Dieser Zug, der eine weitere Schwäche schafft, gestattet die sofortige Ausführung von Plan A.
Untersuchen wir, was nach dem besseren 24. ... Tc4 hätte geschehen können: 25.Td3! Tac8 26.b3 T4c7 27.Th5! (Turmtausch auf c3 würde nicht viel nützen, weil der König nicht eindringen kann – der b-Bauer steht noch auf b6. Zwar gäbe es Chancen, Plan A ist jedoch besser und entscheidet direkt.) 27. ... h6 (sonst gewinnt Weiß durch 28.Tdh3 und 29.g5) 28.Tdh3 Kf8 (Weiß drohte 29.g5) 29.f5! ef5: 30.gf5: Te8 31.f6 und gewinnt. Besser für Schwarz ist 29.

... Ke7, aber dann führt 30.g5 auf die Dauer zum Gewinn. Wieder entscheidet Plan A.
Oder nehmen wir 24. ... Tac8 an. Dann wählen wir Plan B, der den strategischen Wert des starken Springers zeigt: 25.Tb3 b5 26.a3 Tc4 27.Tbd3 (der andere Turm muss den König festhalten) 27. ... h6 28.b3 T4c7 29.Tc3 Kf8 30.Tc7: Tc7: 31.Tc3 Tc3: 32.Kc3: Ke7 33.Kb4 Kd7 34.Ka5 (auch 34.Kc5 ist gut) 34. ... Kc7 35.b4 Lc8 36.Sb3 Kb7 37.Sc5+ Ka7 38.c3, mit drei Varianten (siehe Diagramm):

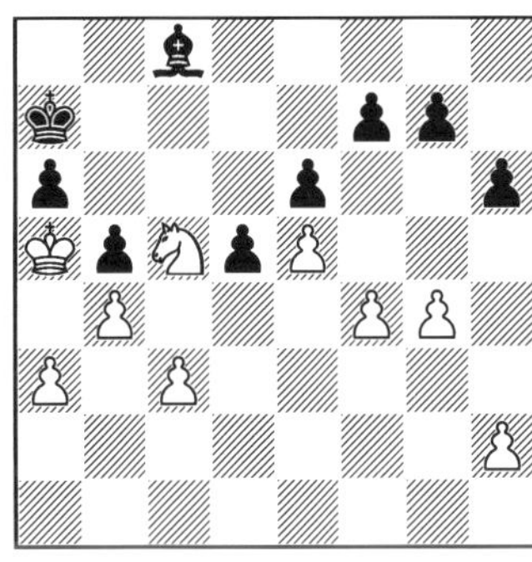

a) 38. ... g5 39.fg5: hg5: 40.Sb3 Lb7 41.Sd4 La8 42.Sf3 d4(!) 43.Sd4: Ld5 44.Sc2 Lf3 45.Se3 Le2 46.a4 und gewinnt.
b) 38. ... Lb7 39.f5 Lc8 (39. ... ef5:? 40.gf5: und 41.e6) 40.fe6: fe6: (Le6: 41.Sa6: Lg4: 42.Sc7) 41.h4 g6 42.g5 h5 43.Sd3 nebst 44.Sf4.
c) 38. ... g6 39.h3 Lb7 (39. ... h5 40.gh5: gh5: 41.h4) 40.Sd7 Lc8 41.Sf6 Kb7 42.Sg8 h5 43.gh5: gh5: 44.h4 und gewinnt einen Bauern.

Der Zugzwang in diesem Endspiel nach dem 39. Zug ist sehr wichtig.

Wir bemerken ferner, dass der Abtausch aller Türme nur dann infrage kommt, wenn die Bauernstellung am Damenflügel durch b6-b5 geschwächt worden ist. Der 26. Zug von Weiß ist nötig, um b5-b4 nach Tc4 zu verhindern.
Nun zurück zum Diagramm nach 24. ... g6?.

25. Th3-h6 Kg8-g7

Der h-Bauer war in Gefahr.

26. Tg3-h3 Ta8-h8
27. f4-f5!

Endlich Plan A!

27. ... Lb7-c8

Andere Möglichkeiten sind 27. ... ef5: 28.gf5: und: a) 28. ... gf5: 29.Sf5:+ Kg8 30.Tb6: usw; b) 28. ... Lc8 29.f6+ Kg8 30.Tc3. Weiß hat praktisch einen Turm mehr – wie in der Partie.

28. f5-f6+ Kg7-g8
29. b2-b3

29.Tc3 wäre ebenso gut. Weiß verfolgt jedoch einen anderen Plan, nämlich Sd4-f3-g5, und möchte nicht durch Tc4 gestört werden.

29. ... Lc8-b7
30. Sd4-f3

Schwarz gibt auf. Das Spiel hätte weitergehen können: 30. ... d4 (Verzweiflung) 31.Sg5 (trotzdem) 31. ... Tc5 32.Th7: Th7: 33.Th7: Te5: 34.Tg7+ Kf8 35.Tf7:+ Ke8 36.Te7+ Kf8 37.Sh7+ Kg8 38.f7+ und Matt im nächsten Zug.

Partie 22

Französisch: Winawer-Variante
Die schreckliche Selbstfesselung
Das Erfordernis, eine Schwäche so früh wie möglich zu beseitigen
Angriff mit überlegener Macht gegen unrochierten König
Den ungeschützten König ins Mattnetz ziehen

Wie im Krieg ist es auch im Schach möglich, eine Schlacht an zwei Fronten zu schlagen und seine Streitkräfte in zwei getrennte Armeen zu teilen. Partien, in denen der Streit an mehr als einer Front ausgefochten wird, erfordern ein fortgesetztes Abwägen der Faktoren an den jeweiligen Fronten, sehr scharfe Berechnungen in Bezug auf den relativen Wert der Fronten und ob es nützlich ist, beide beizubehalten. Dezentralisierung kann ihre Vorteile haben, sollte aber nicht zu lange währen. Zwei getrennte Armeen sollten Berührungspunkte behalten, so dass sie sich jederzeit wieder vereinigen können. Versäumt ein Spieler dazu den richtigen Moment und behält die Zersplitterung in zwei selbstständige Heerlager bei, mag die Zeit kommen, dass der Gegner erfolgreich eine dieser Armeen, die durch Abwesenheit der anderen Kräfte geschwächt ist, angreifen kann.
Im Schach bilden sich mitunter getrennte Armeen durch Teilung der Streitkräfte auf der einen Seite in die mächtigste Figur, die Dame, und auf der anderen in die übrigen Figuren. Eine Zeitlang kann die Dame auf eigene Faust auf Abenteuer ausgehen; es kommt jedoch immer der Moment, da es für sie zweckmäßig ist, zu ihren Bundesgenossen zurückzukehren und die Zusammenarbeit der Figuren wieder herzustellen, die natürlich durch eine solche Einzelaktion gelitten hat.
In dieser Partie wird die weiße Dame von ihren übrigen Streitkräften getrennt und kehrt nie wieder zu ihnen zurück. Die Aufgabe des Schwarzen wird erleichtert durch a) die sehr schädliche Selbstfesselung, in die sich Weiß begibt; b) die Tatsache, dass Weiß seinen König nicht rechtzeitig in Sicherheit bringt. Schwarz erhält eine außerordentlich günstige Gelegenheit, den Angriff kraftvoll gegen die weißen Streitkräfte einzufädeln, die durch Selbstfesselung gelähmt, durch Abwesenheit der Dame geschwächt sind und deren König sich noch im Zentrum eines verhältnismäßig offenen Brettes befindet.

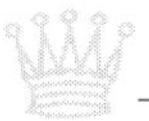

Weiss: Amateur Schwarz: Meister
Französisch (Winawer-Variante)

1.	**e2-e4**	**e7-e6**
2.	**d2-d4**	**d7-d5**
3.	**Sb1-c3**	**Lf8-b4**

Die Winawer-Variante. Schwarz fesselt den Springer und droht d5xe4. Das zwingt Weiß zu einer sofortigen Entscheidung, was er mit dem Zentrum zu tun gedenkt.
In der Winawer-Variante plant Schwarz, das weiße Zentrum aufzubrechen und die Initiative auf Kosten einer zerrütteten Bauernstellung am Königsflügel zu erringen. Dieses System verspricht dem Schwarzen etwas mehr Gegenspiel als andere der französischen Verteidigung. Er vermeidet gewisse Probleme, die mit der Klassischen Verteidigung (Partie 21) zusammenhängen, und verhindert, dass Weiß den Aljechin-Chatard-Angriff (Partie 23) spielt.

4. a2-a3

Weiß befragt sofort den Lb4. Wie sich zeigt, kostet das einen Bauern, aber nur vorübergehend. Weiß hat außerdem folgende Alternativen: 4.e5 (am häufigsten), 4.ed5:, 4.Ld3, 4.S1e2 und 4.Dg4.

4. ... Lb4xc3+

Schwarz tauscht seinen Läufer für einen Springer, ein geringer Nachteil. Dafür zersplittert er die weißen Bauern – ein Vorteil. Nach 4. ... La5 5.b4 Lb6 wäre die Fesselung Lb4 zwecklos gewesen, denn 6.e5 oder 6.Sf3 engt Schwarz ein, der ganz außerstande ist, den Befreiungszug c7-c5 durchzusetzen.

5. b2xc3 d5xe4

Den gewonnenen Bauern kann Schwarz nicht halten.

6. Dd1-g4

Der Angriff der Dame auf den Bg7 im frühen Partiestadium ist ein gewohntes Thema in Französisch, wenn der Lf8 seinen Platz verlassen hat. Hier greift Weiß gleichzeitig g7 und e4 an.

6. ... Sg8-f6

Schwarz hat die Wahl, g7 durch Df6 oder e4 durch Sf6 zu verteidigen, und zieht das letztere vor. Er entwickelt zugleich eine wichtige Figur und zwingt die weiße Dame zu ziehen.

7. Dg4xg7

Als Gegenwert für die aufgerissene Bauernstellung am Königsflügel erhält Schwarz eine halboffene Linie, auf der er unter bestimmten Umständen angreifen kann. Wichtig ist auch die zeitweilige Abwesenheit der weißen Dame vom Damenflügel, der schwach ist.

7. ... Th8-g8

Schwarz zwingt nicht nur die Dame, noch einmal zu ziehen, er drückt auch auf den Bg2 und hemmt damit den Lf1.

8. Dg7-h6 c7-c5

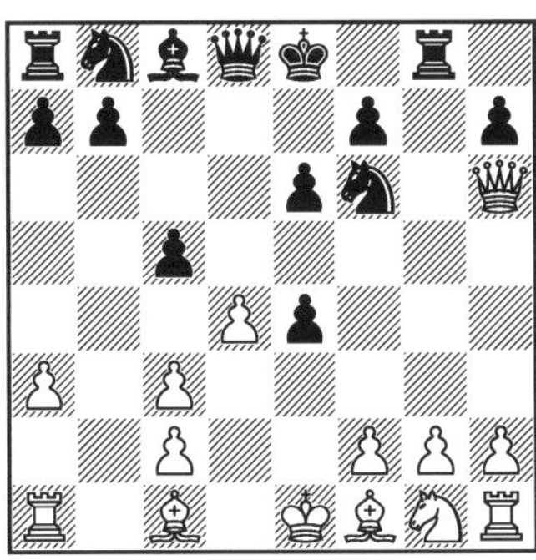

Der thematische „französische“ Zug, um die weiße Mitte aufzubrechen und vielleicht den unrochierten König des Weißen anzugreifen. Er öffnet außerdem eine Diagonale für die Dame, die nach b6 oder a5 kommen kann, wo sie den weißen Damenflügel erheblich beunruhigen kann. Schwarz folgt dem Rezept: „Ergreife die Initiative, wo der Gegner schwach ist.“ Man beachte, dass Schwarz das Feld c5 nicht zu decken braucht, denn wenn Weiß 9.dc5: spielt, wiegt der Nachteil seiner drei vereinzelten Bauern den Vorteil des gewonnenen Bauern auf. Trotz allem bleibt fraglich, ob der Textzug wirklich der beste ist; die moderne Theorie scheint eher 8. ... Tg6 und z.B. nach 9.Dd2 die ruhige Entwicklung b6, Lb7 mit eventueller langer Rochade zu favorisieren.

Der schwarze Be4 übt bereits einen hemmenden Einfluss auf die Bewegungen des Weißen aus. Er verhindert die natürlichen Züge Ld3 und Sf3.

9. Sg1-e2!

Weiß beeilt sich, den Springer nach c2 zu entwickeln, wo er den Bauern d4 und c3 zusätzlichen Schutz gewährt. Außerdem kommen nun Züge wie Sf4 und Sg3 ins Bild.

Wie schon erwähnt, gäbe der Bauerngewinn 9.dc5: nur dem Schwarzen mehr Aktionsfreiheit, und der gewonnene Bauer, der zu einem Tripelbauern gehört, wäre praktisch wertlos. 9.Lb5+ fördert nach 9. ... Ld7 10.Ld7:+ S8d7: lediglich die schwarze Entwicklung und tauscht den guten weißen für den schlechten schwarzen Läufer. Auf 9.Lg5 hätte Schwarz die Drohung gegen den Springer mit 9. ... Tg6 10.Dh4 Sbd7 abwehren können.

9. ... Sb8-c6

Dies ist weit stärker als 9. ... Sbd7 10.Sg3! Tg6 11.De3 Sd5 12.De4: Sc3: und Weiß steht besser (Aljechin – Euwe, Match 1935). Das Material ist gleich, aber Weiß hat das Läuferpaar und die Möglichkeit, sofort zu rochieren, während der Tg6 verwundbar ist.

10. Lc1-b2?

Ein typischer Amateurzug. Weiß versucht auf diese Weise, dem Bd4 zusätzlichen Schutz zu geben. Der Zug ist schlecht, weil der Lb2 angreifbar ist und Weiß auf ein späteres Lg5 verzichtet.

10.Lg5 stellt Schwarz jedoch ebenfalls keine Probleme, z.B. 10. ... Tg6 11.Dh4 cd4: 12.Sf4 Da5, und wenn 12.Lf6:, so 12. ... Df6: 13.Df6: Tf6: 14.cd4: Ld7. Nach heutiger Ansicht kann Weiß nur mit 10.dc5: um Vorteil kämpfen, obwohl die Lage kompliziert bleibt. Weiß hat einen Bauern mehr und das Läuferpaar als Ausgleich für den Tripelbauern.

10. ... Dd8-b6

Greift den ungeschützten Läufer an und verstärkt zugleich den Druck gegen d4.

11. Ta1-b1

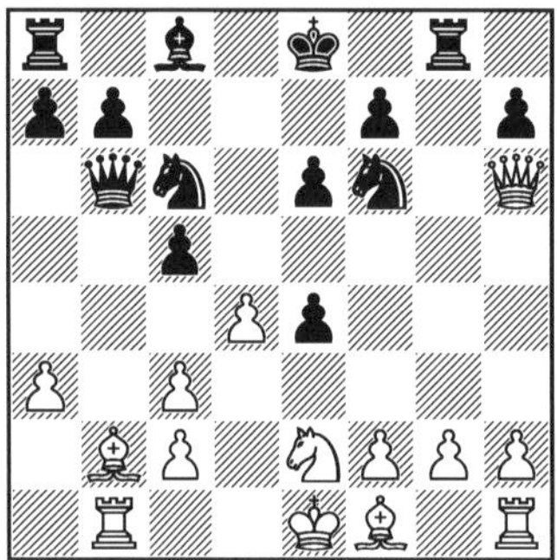

Weiß deckt seinen Läufer und fesselt ihn dabei selbst. Die Drohung des Turms gegen die Dame ist trügerisch, denn der Turm ist ungedeckt und der Läufer darf nicht wagen, zu ziehen.
11.Df6: Db2: hätte mindestens einen Bauern gekostet. Am besten war 11.Dc1.

11. ... Tg8-g6
12. Dh6-h4?

Das hilft der Selbstfesselung nicht ab. Weiß sollte den Entfesselungszug 12.Dc1 machen.

12. ... c5xd4

Durch diesen Tausch behält Schwarz die Vorhand, eine wichtige Überlegung. Ferner ist der Se2 nach der Antwort 13.cd4: an die Verteidigung von d4 gebunden. Tauscht Schwarz nicht zu diesem Zeitpunkt, könnte Weiß 13.dc5: spielen, seinen Läufer entfesseln und sein Spiel befreien.

13. c3xd4

Nach 13.Sd4: Ld7 hätte Schwarz beträchtlichen Vorteil im Hinblick auf die zersplitterte Bauernstellung am weißen Damenflügel.

13. ... Lc8-d7

Obwohl der Lc8 nicht weit ziehen kann, so räumt doch sein Zug den Weg für die Entwicklung des Ta8 und bringt den Läufer selbst auf eine Diagonale, wo er später nützlich sein kann.

14. Se2-f4

Verfolgte Weiß damit nur die Absicht, den Turm anzugreifen, so war er zu materialistisch eingestellt. Man geht nicht auf Eroberung aus, wenn das eigene Haus in Flammen steht. Hat er aber den Zug gemacht, um den Königsflügel zu entwickeln, dann ist der Zug gut.
Im Augenblick steht Weiß unbequem, denn auf dem Königsflügel sind Turm und Läufer außer Spiel, auf dem Damenflügel die gleichen Figuren gebunden. Man kann keine Partie nur mit der Hälfte der Figuren spielen. Es muss daher für Schwarz eine günstige Wendung geben.

14. ... Sc6xd4!

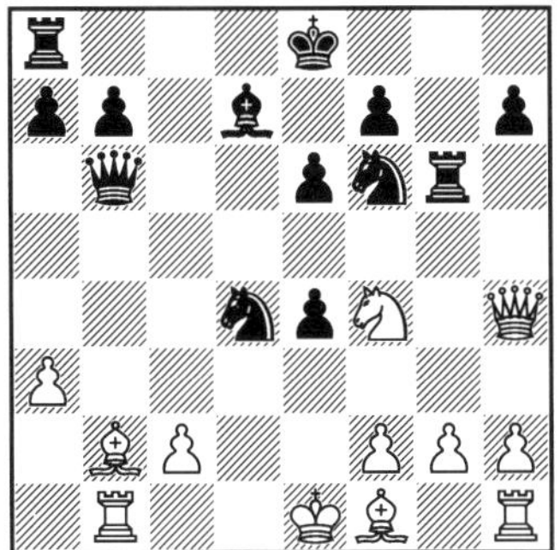

Droht die Stellung mit 15. ... Sc2:+ zu zertrümmern. Betrachten wir die mangelhafte Entwicklung des Weißen, ist es nicht überraschend, dass es diesen kühnen Zug gibt.

15. Sf4xg6?

Der Amateur weiß, dass ein Turm normalerweise mehr wert ist als der Springer. Darum schlägt er selbstverständlich und mechanisch und hofft, den Stand etwas auszugleichen. Weiß musste hier aber a) Figuren entwickeln; b) den Lb2 entfesseln und damit zwei Figuren mobilisieren, Läufer und Turm.

Es gab für Weiß zwei bessere Züge: 15.Lc4, um die Rochade vorzubereiten und so den Lb2 zu entfesseln bzw. 15.Ld4:, die Qualität zu opfern, dabei jedoch das Problem der Fesselung in einem Zug zu lösen. In beiden Fällen wird die Stellung ziemlich verwickelt, obwohl natürlich günstig für Schwarz. Wir geben eine Variante zu jedem Zug, um in etwa zu zeigen, wie die Partie hätte weitergehen können:

a) 15.Lc4. Der Gedanke ist, dass Weiß seinen Gegner auf verschiedene Art gleichzeitig bedrohen kann, sobald er zur Rochade kommt. Als Erstes hat er Sg6: (nun gut), gefolgt von Df6:. Das bedeutet, dass Schwarz etwas tun muss, um seine Stellung auf dem Königsflügel zu verbessern. Er könnte spielen: 15. ... Sf5 16.Dh3 Th6 17.Dc3 e3! und gewinnt nun auf 18.0-0 sehr schön durch 18. ... ef2:+ 19.Tf2: Df2:+! 20.Kf2: Se4:+ mit materiellem Vorteil bzw. 19.Kh1 Se4 mit Mattdrohung auf g3. Wenn Schwarz aber 15. ... Sc2:+? antwortet, spielt er Weiß in die Hände, denn nach 16.Kd2 sind dessen Türme verbunden und der Lb2 kann sich frei bewegen.

b) 15.Ld4: Db1:+ 16.Kd2. Weiß hat die Qualität preisgegeben, verfügt aber nun über Drohungen wie Sg6: und Lf6:. Schwarz muss wiederum zielbewusst handeln: 16. ... e3+! (ein Räumungszug für den Springer) 17.Le3: (andere Züge sind nicht besser) 17. ... Se4+ 18.Ke2 Dc2:+ 19.Kf3 Sg5+ 20.Kg3 Sf3+! 21.Kf3: Lc6+ usw.

Kehren wir nun zur Partie zurück.

15. ... Sd4xc2+

Nicht wegen des Bauern, sondern um den König ins Freie zu treiben, wo er von den schwarzen Streitkräften umzingelt und gefangen werden kann.

16. Ke1-d1

16.Ke2 fände die Entgegnung Lb5+, und Weiß wäre nicht besser dran.

16. ... Db6-d6+

Schwarz kann sich erlauben, Material zu opfern, um den König ins Mattnetz zu ziehen. Außerdem spielt es im Hinblick auf die bewegungsunfähigen oder weit vom Schlachtfeld entfernten weißen Figuren keine Rolle, dass Schwarz mehr als einen Turm preisgibt.

17. Kd1xc2

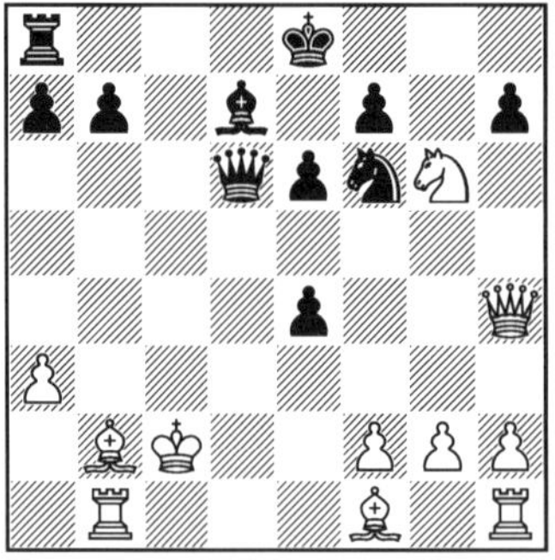

Wenn 17.Kc1 Tc8 und das Abzugschach ist tödlich. Z.B.:

a) 18.Se5 (um auf c4 dazwischenzuziehen, wenn möglich) 18. ... Se3+ 19.Lc4 (19.Sc4 Dd1 matt) Sc4: usw.

b) 18.Df6: Sd4+ 19.Kd2 Sf3+ 20.Ke3 Dd2+ 21.Ke4: Lc6 matt.

c) 18.Le5 Se3+ 19.Kb2 Tc2+ 20.Kb3 (20.Ka1 Da3: matt) 20. ... Db6+ nebst Matt.

17. ... Ld7-a4+

Die Einkreisung beginnt. Wegen seiner ungenügenden Entwicklung ist Weiß unfähig, sich zu wehren. Gewöhnlich ist ein einzelner König gegen zwei schwere und eine leichte Figur machtlos.

18. Kc2-c3 Ta8-c8+
19. Lf1-c4

Der einzige Zug. Aber der dazwischengestellte Läufer ist gefesselt und hat nur einen Teil seiner normalen Kraft.

19. ... Dd6-d3+
20. Kc3-b4 Dd3xc4+
21. Kb4-a5 Dc4-b5 matt

Partie 23

Der Aljechin-Chatard-Angriff
Das Spiel nach den strategischen Erfordernissen der Eröffnung
Auf das Zentrum drücken
Im Zentrum durchbrechen
Ein vollständiges System von Varianten in einer verwickelten Stellung

Der Erfolg bestimmter Eröffnungen hängt davon ab, in welchem Grad die Spieler den grundsätzlichen Ideen folgen, auf denen die Eröffnung beruht. In der Aljechin-Chatard-Variante strebt Schwarz den Aufbau eines starken Bauernzentrums an, das den Weißen hindert, Vorteil aus der Raumüberlegenheit zu ziehen, die ihm in dieser Eröffnung stets zufällt. Durch das Vorrücken seiner Mittelbauern wird es Schwarz manchmal möglich, den Raumgewinn seines Gegners zu verringern.
Diese Partie gibt ein Beispiel, was passieren kann, wenn einem Spieler die Grundidee der Eröffnung, die er spielt, nicht geläufig ist. Schwarz, der Amateur, spielt mechanisch und in Unkenntnis der strategischen Erfordernisse der Stellung. Zunächst gelingt es Weiß, das Zentrum des Schwarzen zu neutralisieren und dann eine furchtbare Machtkonzentration gegen die Mitte aufzubauen.
Die Partie ist ein schlagendes Beispiel, wie man den Druck verstärkt, indem alle verfügbaren Figuren auf einen bestimmten Punkt gerichtet werden. Läuft dann der Angriff einmal, ist der Gegner gegen die Lawine von Kräften, die ihn überrollt, wehrlos.

WEISS: MEISTER SCHWARZ: AMATEUR
FRANZÖSISCH (ALJECHIN-CHATARD-VARIANTE)

1.	**e2-e4**	**e7-e6**
2.	**d2-d4**	**d7-d5**
3.	**Sb1-c3**	**Sg8-f6**
4.	**Lc1-g5**	**Lf8-e7**

Die klassische Variante, die wir in Partie 21 besprachen. Jahrelang galt hier 4. ... Le7 als der logische Zug, wird aber wegen der Aljechin-Chatard-Variante nicht mehr als so sicher angesehen wie früher. Dies ist einer der Gründe für die Popularität der Winawer-Variante 3. ... Lb4, die wir in Partie 22 gesehen haben.

5.	**e4-e5**	**Sf6-d7**
6.	**h2-h4**	

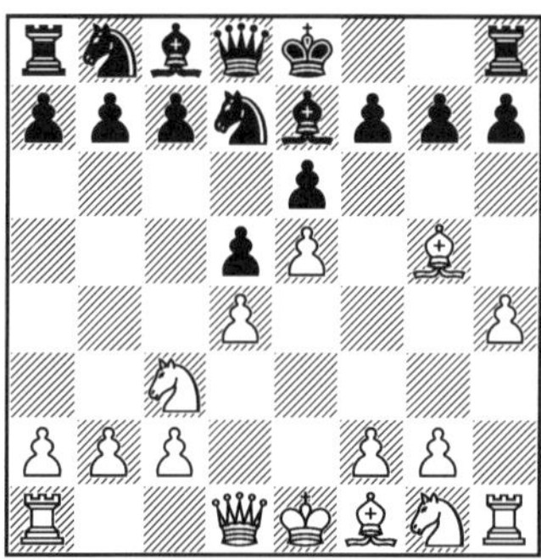

Der Aljechin-Chatard-Angriff. Weiß opfert einen Bauern, um die h-Linie für einen starken Angriff zu öffnen, bei dem der Th1 eine aktive Rolle spielen wird.

Nimmt Schwarz nun den Bauern, erhält Weiß die halboffene h-Linie und Schwarz keine Gelegenheit zum Gegenspiel, das im Allgemeinen so wirksam in der Französischen ist. Die weiße Stellung wird so stark, dass man diese Spielweise in der Meisterpraxis selten antrifft. Die Partie könnte weitergehen: 6. ... Lg5: 7.hg5: Dg5: 8.Sh3 (entwickelt sich mit Tempo und lässt die Diagonale d1-h5 für die Dame offen) 8. ... De7 9.Sf4 und Weiß hat nun genügenden Gegenwert für den Bauern in der h-Linie, dem Tempogewinn und seiner größeren Beweglichkeit. Eine klassische Partie ging weiter mit 9. ... a6 (um Sb5 zu verhindern) 10.Dg4 g6 11.0-0-0 c5 (nach heutiger Theorie kann Schwarz mit Sb6 12.Ld3 S8d7 nebst Sf8, Ld7 und 0-0-0 eine widerstandsfähige Verteidigung aufbauen) 12.Dg3 (Weiß möchte das Opfer S4d5: bringen, das an dieser Stelle mit 12. ... ed5: 13.Sd5: Sb6 mit Angriff auf die Dame widerlegt wird) 12. ... Sb6 13.dc5: (13.S4d5: ginge auch, aber der Textzug ist stärker, weil die d-Linie für den Turm geöffnet wird) 13. ... Dc5: 14.Ld3 (droht 15.Lg6: fg6: 16.Sg6:) 14. ... Df8 15.Le4 und nach de4: 16.Se4: ist der weiße Angriff übermächtig. Nimmt Schwarz den Läufer nicht, opfert ihn Weiß auf d5.

Dies ist nur ein Beispiel, aus dem keine endgültigen Schlüsse zu ziehen sind. Weiß hat jedoch in dieser Variante ein aktives und aussichtsreiches Spiel mit vielen Angriffschancen, Schwarz eine mühsame Verteidigung, die praktisch schwer zu führen ist.

6.	...	**f7-f6**

Es ist nicht ganz leicht, hier einen besten Zug für Schwarz anzugeben. Lange Zeit galt der Textzug als so stark, dass er als Widerlegung des

Aljechin-Chatard-Angriffs betrachtet wurde. Das ist heute nicht mehr der Fall. Es gibt neben dem Textzug vier übliche Fortsetzungen: 6. ... c5, 6. ... a6 (um 7.Sb5 zu verhindern), 6. ... h6 und 6. ... 0-0, wovon die ersten beiden die kritischen sein dürften.

7. Dd1-h5+

Dieser starke Angriffszug gibt Weiß Aussicht auf Vorteil. Lange Zeit war 7.Ld3 üblich, was aber nicht so überzeugend erscheint.

7. ... Ke8-f8

In Französisch gibt Schwarz oft das Rochaderecht für eine Bauernmehrheit im Zentrum auf. Weiß versucht im Folgenden diese Mehrheit zu neutralisieren und Schwarz zu hindern, Nutzen daraus zu ziehen. Hat Weiß damit Erfolg, ist er im Vorteil, weil der schwarze König schlecht steht. Antwortet Schwarz 7. ... g6, so folgt 8.ef6:! gh5:[4] 9.fe7: mit klarer Überlegenheit für Weiß, denn nach 9. ... De7: 10.Le7: Ke7: hat Schwarz schwache h-Bauern, Weiß den guten Läufer und könnte wie folgt sofort einen Bauern gewinnen: 11.S1e2 Sf6 12.Sg3 Tg8 13.Le2, gefolgt von 14.Kf1 und 15.Sh5:.

8. e5xf6

Sobald es dem Weißen gelungen ist, den feindlichen König an der Rochade zu hindern, liegt es in seinem Interesse, das Spiel zu öffnen – was bedeutet, dass als Erstes die Mittelbauern zu verschwinden haben.

8. ... Sd7xf6

Strategisch wäre es die richtige Idee für Schwarz, sein Zentrum mit 8. ... gf6: zu festigen. Das wäre aber taktisch falsch, weil dann 9.Lh6+ Kg8 10.Dg4+ gewinnt.

8. ... Lf6: ist weniger gut, weil der Zug keine wirkungsvollen Drohungen enthält und der Sd7 die schwarze Entwicklung hemmt. Nach 9.0-0-0 hat Weiß mehr Vorteil als in der Partie.

9. Dh5-e2!

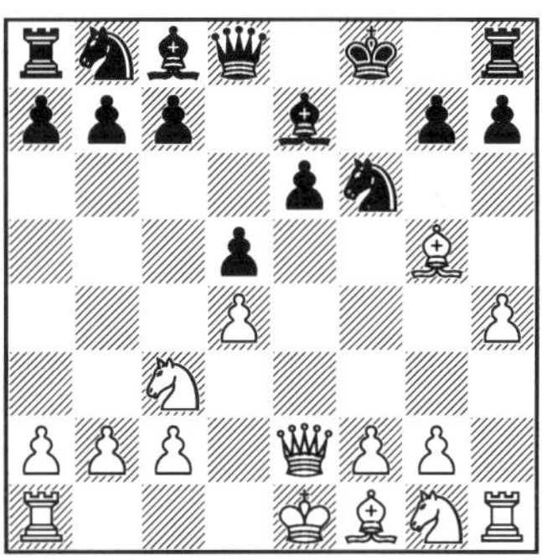

9.Df3 wird hier auch gern gespielt. Der Textzug ist vielleicht noch besser, weil die Dame von e2 aus Druck gegen das Zentrum richtet. Sie hindert Schwarz höchst wirksam daran, aus der Zentralmehrheit Vorteil zu ziehen. Könnte Schwarz c6-e5 durchsetzen, stünde er ausgezeichnet. Kann er es nicht, bleibt e6 eine Schwäche und Schwarz hat kein Gegengewicht für seine ungünstige Königsstellung.

Obwohl 9.De2 den strategischen Ideen der Eröffnung entspricht, sieht der Zug seltsam aus, weil er die Entwicklung des Lf1 auf seiner natürlichen Diagonalen verhindert. Dieser Läufer wird jedoch nach h3 gehen,

4) 8. ... gh5:? gilt als bedenklich; die Theorie empfiehlt 8. ... Sf6: 9. De2 und Weiß steht nur leicht besser.

von wo er ebenfalls gegen e6 drücken wird.

9. ... c7-c5

Antwortet Weiß nun 10.dc5:, wird es Schwarz bald möglich sein, e6-e5 zu spielen und ein starkes Zentrum aufzubauen. Schwarz droht c5xd4, was ihm ebenfalls zu e6-e5 verhelfen könnte.

10. Sg1-f3

Deckt den d-Bauern und beherrscht die wichtigen Mittelfelder d4 und e5.

10. ... Sb8-c6

Kontrolliert die gleichen Felder. Nach 10. ... cd4: 11.Sd4: würde der Be6 einstehen.

11. 0-0-0

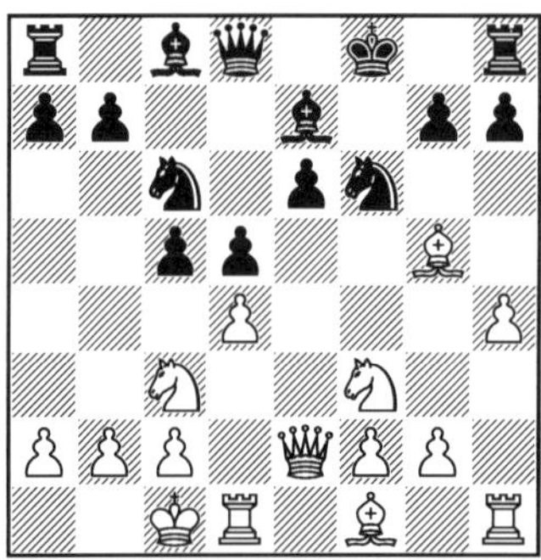

Dieser Zug bringt den weißen König an eine geschütztere Stelle und den Turm zugleich auf eine Mittellinie, wo er d4 deckt und damit das Zentrum behauptet.

Schwarz hat immer noch seinen Trumpf, das Zentrum, in der Hand. Ein Trumpf ist jedoch wertlos, wenn er nicht ausgespielt wird. Im Hinblick auf die Durchsetzung von e6-e5 war der Generalabtausch auf d4 notwendig. Nach 11. ... cd4: 12.Sd4: Sd4: 13.Td4: Dd6 kann Schwarz auf e6-e5 mit gutem Spiel hoffen, besonders weil er nach 14.Td1 seine Stellung mit 14. ... h6 (15.Lf6: Lf6: 16.Se4? Df4+) verbessern könnte. Diese Variante zeigt aber die Lösung für Weiß. Er spielt 14.Td2, und in diesem Fall brächte 14. ... h6 nichts ein wegen 15.Lf6: Lf6: 16.Se4 und Schwarz muss 16. ... De7 spielen (16. ... Lb2:+? 17.Kb2: Db4+ 18.Kc1 De4: 19.De4: de4: 20.Td8+ verliert einen Turm). Jedenfalls hätte Schwarz nach 11. ... cd4: usw. eine Hoffnung, gelegentlich seinen Trumpf im Zentrum auszuspielen; sein e-Bauer ist nicht auf Dauer blockiert wie in der Partie.

11. ... b7-b6?

Schwarz, der die strategischen Erfordernisse der Stellung nicht versteht und nicht erkennt, dass seine wahre Stärke in seinem Bauernzentrum liegt, macht einen Routinezug mit der Idee, den Lc8 einfach nach b7 zu entwickeln oder (nach a7-a5) La6 zu spielen, um die Läufer zu tauschen. In der französischen Verteidigung wird der e-Bauer oft schwach, wenn f7-f6 gespielt worden ist. Das Fianchetto ist daher besonders deswegen nutzlos, weil der Läufer gebraucht wird, um e6 zu verteidigen.

In Betracht kam 11. ... Db6. In diesem Fall setzt Weiß mit 12.dc5: Dc5: (Lc5: 13.Sa4) 13.Sb5 fort, gefolgt von 14.Sc7 oder 14.Sbd4.

12. g2-g3

Weiß zieht aus der Schwäche des Be6 Nutzen und öffnet seinem Läufer den Weg nach h3. Das ist die logische Folge von 9.De2. Schwarz sieht sich nun dem Angriff gegenüber, ohne Gegenchancen zu haben.

12. ... Kf8-f7

Um den Be6 zu schützen und Te8 zu ermöglichen.

13. Lf1-h3

Durch den Angriff auf e6 macht Weiß den Lc8 unbeweglich und bereitet The1 vor, um e6 zum drittenmal anzugreifen.

13. ... h7-h6

Damit hofft Schwarz, zum Tausch zu kommen und damit den Druck des Weißen bzw. seine Angriffskräfte zu verringern. Eine andere Methode wäre die Verstärkung des schwachen Punktes e6 durch 13. ... Te8 gewesen. In diesem Fall setzt Weiß die Bclagcrung mit 14.Thc1 fort, worauf Lf8 an 15.Se5+ Se5: 16.de5: h6 17.ef6: hg5: 18.Dh5+ und 14. ... Dd7 an 15.Se5+ Se5: 16.de5: Sg8 17.Sd5: scheitert.

14. Th1-e1

Weiß ignoriert den Angriff auf seinen Läufer. Er erhöht lieber den Druck auf der e-Linie und den Be6. Das Opfer ist gesund, weil es zwei Bauern für die Figur und direkten Angriff gegen den König bei Einsatz aller Figuren einbringt.

14. ... h6xg5

Hätte Schwarz stattdessen e6 mit 14. ... Dd7 gedeckt, so entscheidet 15.Db5 mit der Doppeldrohung 16.Le6:+ und 16.Dc6:! (Dc6: 17.Se5+).

15. Lh3xe6+ Kf7-f8

Wenn 15. ... Le6: 16.De6:+ Kf8 17.Dc6: und Weiß hat das Material mit Bauerngewinn und glänzender Angriffsstellung zurückerobert.

16. Sf3xg5

Mit Drohungen wie 17.Sf7 oder 17.Lc8:, gefolgt von 18.Se6+. Die schwarze Stellung gerät ins Wanken, ein Ergebnis der ungünstigen Königsstellung und des Versäumnisses des Schwarzen, sein zahlenmäßiges Übergewicht in der Mitte zur Geltung zu bringen.

16. ... Sc6xd4

Der einzige Zug. Gegen alle Drohungen kann Schwarz sich nicht verteidigen; er macht daher einen Zug, der angreift und zugleich verteidigt.

17. Td1xd4

Weiß braucht seinen Turm nicht für den Angriff und kann sich daher erlauben, die Qualität preiszugeben, um den Angriff auf die geradlinigste Weise fortzusetzen.

17. ... c5xd4
18. Le6xc8

Droht 19.Se6+ mit Gewinn der Dame. Man beachte wiederum die gewaltige Rolle, die die Drohung im Schach spielt.

18. ... Dd8-e8

Er kann den Läufer weder mit der Dame nehmen wegen 19.De7:+ noch mit dem Turm wegen 19.Se6+.

19. Sc3xd5

Droht 20.Se7:. 19.Se6+ nebst 20.Sc7 mit Qualitätsgewinn sieht gut aus, führt jedoch zu nichts: 19.Se6+ Kg8 20.Sc7 Dc8: 21.Sa8: Da8: 22.De7:, und der weiße Angriff ist vorbei. Wenn man angreift, besteht ein zwingendes Gebot, den Angriff beizubehalten und sich nicht auf eine Abtauschserie einzulassen, bei der viele Figuren verschwinden, so dass keine klare Entscheidung mehr möglich ist.

19. ... Le7-b4!

19. ... Sd5:? geht nicht wegen 20.Df3+, und wenn 20. ... Sf6 21.Da8: oder 20. ... Kg8 21.Le6+. In vielen Varianten schließt der mächtige Sg5 den König ein, so bei 19. ... Tc8: 20.Se7: Tb8 (praktisch erzwungen) 21.Dc4 und Weiß droht Damengewinn durch 22.Se6+, denn die Dame muss das Matt auf f7 abwehren und kann vor der Gefahr nicht fliehen.
Mit dem Textzug hofft Schwarz auf Kosten von Material zum Damentausch zu kommen, behält aber noch die Qualität für einige Bauern mehr. So hofft er, den Angriff abzuschwächen. Z.B. 20.Sb4: De2: 21.Te2: Tc8: und Weiß steht etwas besser: 22.Se6+ nebst 23.Sd4:.

20. Sg5-e6+

Um den Damentausch zu vermeiden und den Angriff fortzusetzen. Man tausche nie die Damen beim Angriff, es sei denn man erreicht damit klaren Gewinn oder es gibt sonst nichts anderes.
Man sehe diese herrliche Stellung: Fast alle weißen Figuren „hängen". Das bedeutet, dass Weiß sehr genau rechnen und alle Möglichkeiten erwägen muss. Die geringste Unterlassung könnte tödlich sein.

20. ... Kf8-f7
21. Sd5xf6

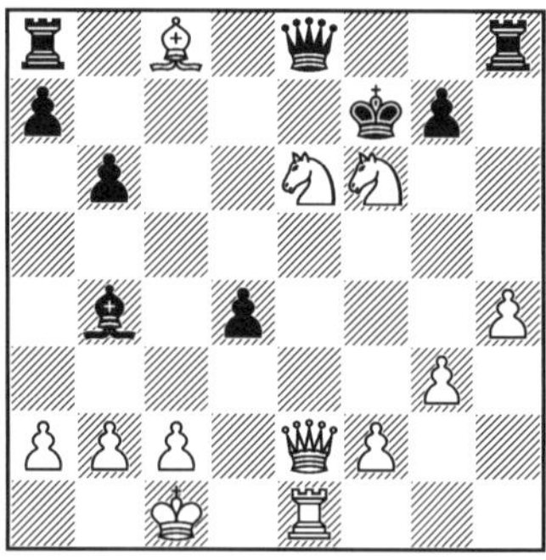

Von 21.Sb4: Tc8: hätte Weiß nichts. Die Verwicklungen, die nun einsetzen, ziehen mehrere Folgerungen nach sich. Der Spieler hat stets einzubeziehen: a) die materiellen Verhältnisse, die während der Schlacht nicht so bedeutsam sein mögen, die jedoch die Entscheidung nach der Schlacht bestimmen; b) hängende Figuren (es ist eine gute Sache, dass man nur eine Figur auf einmal schlagen kann, und das erklärt, warum Weiß sich hier den Luxus erlauben kann, so viele Figuren einstehen zu lassen); c) die Unbestimmtheit der Lage. Bei jedem Zug kann Weiß ebenso wie Schwarz das Ruder vollständig herumwerfen. Das Gefecht findet auf Messers Schneide statt.

Wir geben nun eine fast vollständige Tabelle der Möglichkeiten:

a) 21. ... Kf6: 22.De5+ Kf7 23.Dg7: matt bzw. 22. ... Kg6 23.Dg7:+ nebst Dg5 matt bzw. 22. ... Ke7 23.Sg7:+ nebst Se8:;

b) 21. ... gf6: 22.Dg4

b1) 22. ... Tg8 23.Dh5+ Tg6 24.Dh7+ bzw. 23. ... Ke7 24.Sc7+;

b2) 22. ... Th7 23.Sg5+ fg5: 24.Df5+;

b3) 22. ... Dg8 23.Sg5+ Kg7 (fg5: 24.Le6+ bzw. Kg6 24.Sf7+ Kf7: 25.Le6+ oder 24. ... Kh7 25.Lf5+) 24.Le6 (24.Sh7+? Kh6!) 24. ... De8 (Df8 25.Sf7+ Kh7 26.Lf5 matt bzw. Db8 25.Sh7+ Kh7: 26.Lf5+ oder 25. ... Kh6 26.Sf6:) 25.Sf7+ Kf8 (Kh7 26.Lf5 matt) 26.c3. Weiß hat nun zwei Bauern für die Qualität, den Angriff und Möglichkeiten, weiteres Material zu erobern. Eine Variante: 26. ... Tg8 27.Dd4: Lc5 (Le7 28.Sd6) 28.Df6: De7 29.Df5.

c) 21. ... Dc8: 22.Sg5+

c1) 22. ... Kf8 23.Df3 Le1: (gf6: 24.Df6:+ Kg8 25.Df7 matt) 24.Sd5+ Kc8 25.Df7+ Kd8 26.De7 matt;

c2) 22. ... Kg6 23.h5+ Kg5: (Kh6 24.Sf7 matt) 24.De5+ Kh6 (Df5 25.f4+) 25.De4 nebst Dg6 matt;

c3) 22. ... Kf6: 23.Df3+ Kg6 (Df5 24.Te6 matt) 24.Df7+ Kh6 25.h5 Dc6 26.Se6;

d) 21. ... Le1: 22.Se8: mit entscheidendem Materialvorteil und Mattangriff.

Schlussfolgerung: Weiß hat eine gewonnene Stellung, auch wenn sich Schwarz bestmöglich verteidigt. Der Lernende mag fragen, wie es dem Meister möglich ist, einen solchen Variantendschungel analytisch zu erfassen. Das tut er nicht. Er sieht einige Verwicklungen und weiß dann, ob es eine Gewinnfortsetzung geben wird. Fühlt er, dass eine solche sein muss, begibt er sich in den Dschungel. Es ist eben eine Sache der Eingebung. Der Lernende sollte sorgfältig und mehrfach alle diese Möglichkeiten untersuchen, weil er dadurch seine Befähigung zu kombinieren steigert. Das erste Mal wird er die Varianten nur kennenlernen, indem er die Züge auf dem Brett ausführt, später aber muss er versuchen, den Varianten zu folgen, ohne die Figuren zu bewegen. Dies ist in der Tat ein glänzendes Training.

21. ... De8xc8
22. Se6-g5+ Kf7xf6

Wir haben bereits gesehen, dass andere Züge wie Kf8 und Kg6 ebenfalls zum Verlust führen.

23. De2-f3+ Kf6-g6

Nicht 23. ... Df5 wegen 24.Te6 matt.

24. Df3-f7+ Kg6-h6
25. h4-h5!

Dies ist noch stärker als 25.Te6+, was „nur“ die Dame gewinnt, weil De6: erzwungen ist. Schwarz gibt auf. Die einzige Verteidigung 25. ... Dc6 wird mit 26.Te6+ De6: 27.Se6: nebst Matt beantwortet.

Partie 24

Die Theorie des angenommenen Königsgambits
Das Opfer einer Figur, um den schwarzen König in eine gefährliche Lage zu bringen
Linien öffnen und Figuren auf den Kampfplatz bringen
Der versammelte Schlussangriff gegen ungenügende Entwicklung

Es gibt Gambits aller Schattierungen. In manchen muss man sehr sorgsam vorgehen, damit der Zeitgewinn für das geopferte Material auch zählt; in anderen, wo man viel geopfert hat, kann man die Vorsicht ruhig über Bord werfen, um den Gegner zu überwältigen, bevor er Atem geholt hat. Diese zwei Methoden sind nicht nur auf verschiedene Gambits anwendbar, sondern auch auf verschiedene Varianten des gleichen Gambits.

Im Königsgambit, dem König aller Gambits, gibt es Varianten wie das Kieseritzky- oder Philidor-Gambit, die in gewisser Hinsicht positioneller Natur sind. Andererseits sind die ältesten Varianten wie das Allgaier- und Muzio-Gambit hoch kombinatorisch und führen im Allgemeinen zu den wildesten offenen Stellungen, die es gibt und in denen sich nur der sorglose Abenteurer ganz zu Hause fühlen kann. Solche Varianten sind nicht nur durch das Opfer eines Bauern für ein Tempo gekennzeichnet, sondern durch das zusätzliche Opfer einer Figur im frühen Partiestadium, das bezweckt, den schwarzen König ins Freie zu zwingen. Weiß kann aus der sich ergebenden Stellung nur Vorteil ziehen, wenn es ihm gelingt, ein Höchstmaß an Linien ohne Rücksicht auf Verluste zu öffnen.

Das Königsgambit, das hier folgt, ist ein glänzendes Beispiel. Bezeichnend für solche Fälle ist, dass Weiß entweder rasch oder überhaupt nicht gewinnt.

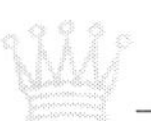

Weiss: Meister Schwarz: Amateur
Angenommenes Königsgambit
(Allgaier-Gambit)

1. e2-e4 e7-e5
2. f2-f4

Das Königsgambit. Wie in Partie 17 eingehend ausgeführt, besteht ein Gambit darin, dem Gegner einen Bauern für rasche Entwicklung anzubieten. Durch 2.f4 hofft Weiß, die f-Linie zu öffnen, damit sich die Möglichkeit eines Angriffs auf f7 ergibt. Man stelle sich die offene f-Linie vor, den Läufer auf c4, den Springer auf e5 oder g5, die Dame auf f3 und den Turm auf f1, und man wird die Möglichkeiten des weißen Angriffs erkennen. Bei normalem gegnerischem Widerstand wird Weiß nie in der Lage sein, diese Stellung genau so zu erhalten, aber er wird sie anstreben.
Wenn Schwarz das Gambit annimmt, hat Weiß es zudem leichter, durch gelegentliches d2-d4 ein starkes Zentrum zu bilden.

2. ... e5xf4

Schwarz nimmt den Bauern an und Weiß hat nun einen klaren Plan, die f-Linie entweder durch Zurückschlagen des schwarzen Bauern oder auf eine andere Art zu öffnen. Im Augenblick hat Schwarz freilich einen Bauern mehr, und wie wir sehen werden, ist es nicht leicht für Weiß, diesen Bauern zurückzubekommen.
Andererseits hat Schwarz mit seinem e-Bauern aus der Mitte herausgeschlagen und so die Kontrolle von d4 aufgegeben, so dass Weiß leichter zur Besetzung des Zentrums kommt.
Schwarz kann das Gambit ablehnen, indem er einfach 2. ... Lc5 spielt. Er kann auch das interessante Falkbeer-Gegengambit wählen mit der üblichen Fortsetzung 3.ed5: e4, bei der Schwarz für den preisgegebenen Bauern diese Werte eintauscht: 1) Weiß ist es nicht gelungen, die f-Linie zu öffnen; 2) der Be4 ist eine störende Kraft geworden, die den Weißen daran hindert, sich normal zu entwickeln.

3. Sg1-f3

Der Springer ist nun auf sein natürliches Feld entwickelt worden. Das schließt Dh4+ aus, was in gewissen Fällen vorteilhaft wäre, z.B. 3.Sc3 Dh4+ 4.Ke2 und der weiße König ist sehr bloßgestellt und behindert außerdem die weiße Entwicklung, obwohl selbst diese Spielweise gelegentlich unter den Weißen Anhänger findet.
3.Lc4 Dh4+, im 19. Jahrhundert oft gespielt, führt zu heftigen Angriffen und Gegenangriffen, z.B. 4.Kf1 g5 5.d4 Lg7 6.Sc3 Se7 7.g3! fg3: 8.Kg2! mit der Drohung, die schwarze Dame durch 9.hg3: zu erobern. Deswegen zieht man heutzutage 3. ... Sf6 vor.

3. ... g7-g5

Eine im 19. Jahrhundert gebräuchliche Spielweise, die drei Ziele anstrebt: 1) deckt den gewonnenen Bauern; 2) soll den Weißen hindern, die f-Linie zu öffnen; 3) droht g5-

g4 nebst Dh4+, wobei das Damenschach größere Kraft hat als in anderen Varianten.

4. h2-h4

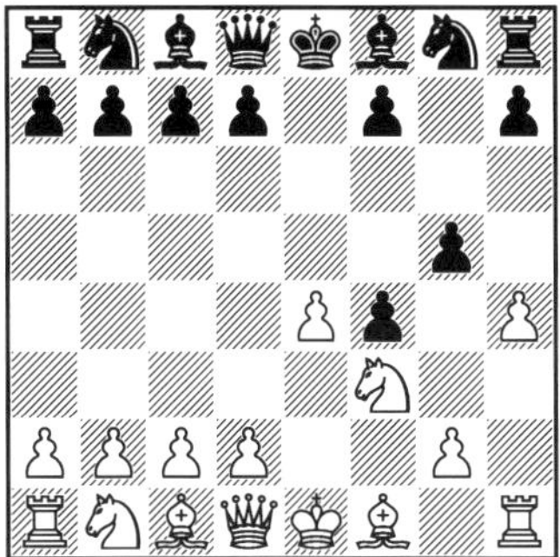

Weiß wendet sich unmittelbar gegen den Versuch des Schwarzen, den f-Bauern zu behaupten. Der Zug hat weitreichende Folgen, wie aus der Partie selbst zu erkennen sein wird.
Die Fortsetzung 4.Lc4 g4 5.0-0 gf3: wird Muzio-Gambit genannt. Weiß opfert eine Figur und erhält dafür starken Angriff auf der f-Linie. Schwarz wird daher, weil 4.Lc4 ihm Zeit gibt sich zu befestigen, nicht 4. ... g4, sondern 4. ... Lg7 antworten, das sog. Philidor-Hanstein-Gambit, wonach der Flügelangriff 5.h4 wegen 5. ... h6 wertlos ist.

4. ... g5-g4

Schwarz kann seinen Bauern nicht auf g5 behaupten und stößt ihn daher nach g4 vor mit Angriff auf den Sf3. Sehen wir, was passieren würde, falls Schwarz versucht, seinen Bauern auf g5 zu lassen: a) 4. ... h6? 5.hg5:; b) 4. ... f6 ist ein schwächender Zug, dem auf verschiedene Weise zu begegnen ist. Im Hinblick auf die Angriffsmöglichkeiten entlang der Diagonalen d1-h5-e8 ist am überzeugendsten 5.Sg5: fg5: 6.Dh5+ Ke7 7.Dg5:+ Ke8 (Sf6? 8.e5) 8.Dh5+ Ke7 9.De5+ nebst Dh8:. Man beachte, wie Weiß in dieser Variante mit seiner Dame operiert, bis er auf h8 schlagen kann, ohne Schwarz einen Gegenangriff durch De7 zu ermöglichen.

5. Sf3-g5

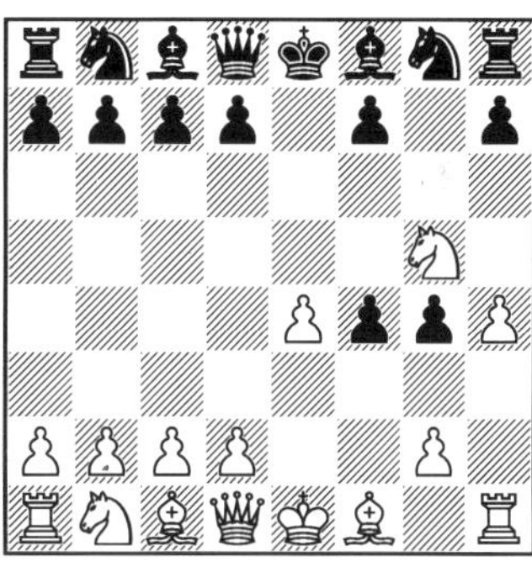

Dies führt zum Allgaier-Gambit. Weiß greift den Bf7 an und will ihn mit 6.Lc4 ein zweites Mal bedrohen. Es gibt dabei nur eine Schattenseite: der Sg5 hat keinen Rückzug, und Weiß muss ihn opfern, wenn Schwarz ihn angreift. 5.Se5 führt zum Kieseritzky-Gambit, das weniger riskant ist. Weiß kann ferner 5.Lc4 gf3: 6.Df3: spielen, was aber im Vergleich zum Muzio-Gambit deutlich schwächer ist.

5. ... h7-h6

Schwarz greift den Springer sofort an, um den drohenden Ansturm des Weißen im Keim zu ersticken.

6. Sg5xf7

Dieses Opfer passt zur Gesamtstrategie des Königsgambits. Indem Weiß den schwarzen König aus dem Versteck holt, wird die f-Linie für ihn noch nützlicher. Vom theoretischen Gesichtspunkt aus ist es schwierig zu beurteilen, ob seine Angriffsaussichten eine ganze Figur wert sind. Vom praktischen Standpunkt jedoch ist das Opfer berechtigt, weil der Verteidiger es gewöhnlich schwerer hat als der Angreifer.

6. ... Ke8xf7

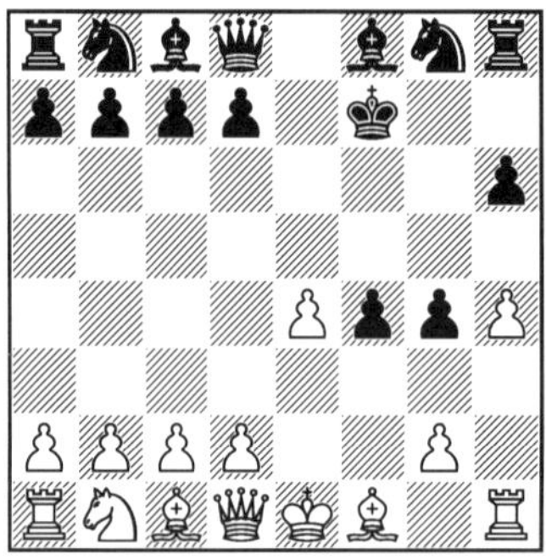

Schwarz hat nun eine ganze Figur mehr; dafür ist sein König äußerst verwundbar!

7. Sb1-c3

Das führt eine neue Figur ins Feld, die Weiß zur Führung seines Angriffs braucht. Wenn der Angreifer eine Figur preisgegeben hat, muss er seine übrigen Figuren so schnell wie möglich ins Spiel bringen. Die Zusammenarbeit aller weißen Figuren ist nötig, um Erfolg zu haben.
7.Dg4: ist schwach, weil es die Entwicklung des Schwarzen fördert: 7. ... Sf6 8.Df4: Ld6 und Schwarz hat den Angriff an sich gerissen. Weiß muss Züge vermeiden, die Schwarz erlauben, sich mit Tempo zu entwickeln, d.h. den Weißen zwingen, seine Dame zu ziehen. 7.Dg4: wäre ein guter Zug, könnte Weiß mit der Dame allein angreifen. Aber das geht nicht.
Früher ist hier oft 7.Lc4+ gespielt worden, aber nach 7. ... d5 8.Ld5:+ Kg7 hat Schwarz seine Stellung auf Kosten eines Bauern verstärkt; so ist auch sein Bg4 vom Lc8 geschützt. Außerdem gibt die Möglichkeit Sf6 mit Angriff auf den Ld5 Schwarz weitere Gelegenheit, die Stellung zu festigen.
Unter den möglichen Zügen scheint 7.Sc3 dem Weißen die beste Entwicklung zu gewähren und die geringste Gelegenheit für Schwarz, seine Stellung auf Kosten des Weißen zu konsolidieren.

7. ... d7-d5

Schwarz bietet einen Bauern an, um einen Zug für die Verteidigung zu gewinnen, d.h. seinen Bg4 zu verteidigen und dem Lc8 die Entwicklung zu ermöglichen.
Vorzuziehen war das angriffslustige 7. ... f3, denn nach 8.gf3: Le7 kann Weiß h4 nicht schützen. Das bedeutet, dass Schwarz Gegenchancen erhält.

8. d2-d4

Weiß öffnet Linien für seine eigene Entwicklung, droht die f-Linie zu öffnen (9.Lf4:) und hindert Schwarz an d5-d4.

8. ... Sg8-f6

8\. ... de4: hätte ein Tempo für Schwarz verloren, zumal der Gewinn des weißen e-Bauern für ihn nicht wichtig ist. Die weiße Stellung wäre nicht geschädigt, sondern im Gegenteil die Diagonale c4-f7 für Weiß geöffnet.

9. Lc1xf4

Weiß öffnet nun die f-Linie. Weil sich der schwarze König auf dieser Linie befindet, muss sich dort bald ein heftiger Angriff entfalten.

9. ... c7-c6?

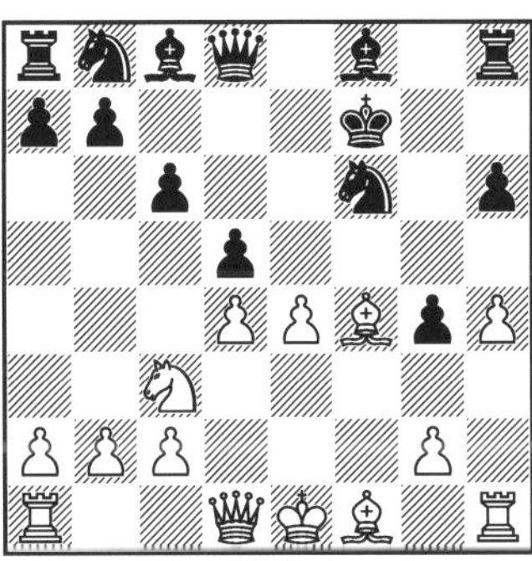

Schwarz spielt diesen Zug, weil er undeutlich die Erfordernis verspürte, d5 zu stärken. Der Zug verliert jedoch in einer Stellung ein Tempo, wo sich Schwarz Zeitverluste am wenigsten leisten kann, weil jeder Zug zählt. Schwarz hätte hier eine Figur entwickeln sollen. Infrage kamen 9. ... Le6 oder 9. ... Lb4. In beiden Fällen wäre Weiß der gleichen Strategie gefolgt wie in der Partie, d.h. Le2 nebst 0-0, um einen direkten Angriff gegen den schwarzen König zu eröffnen.

Untersuchen wir diese Stellung ein wenig näher, um zu zeigen, was ein Tempo in einer offenen Stellung wie dieser bedeutet, und wie stark der weiße Angriff wirklich ist.

a) 9. ... Le6 10.Dd3? Sc6 11.0-0-0 de4: 12.Se4: Se4: 13.De4: Dd5 und Schwarz hat den weißen Angriff widerlegt. Aber Weiß hat Besseres: 10.Le2 Sc6 11.0-0 Kg7 12.e5 Se4 13.Lg4: Sc3: 14.bc3: Dd7 oder 12.ed5:! Sd5: 13.Sd5: Dd5: 14.c4! Dd4:+ 15.Dd4: Sd4: 16.Le5+ und Weiß ist nicht übel dran.

b) 9. ... Lb4 10.Le2 Lc3:+ 11.bc3: Sc6 (um das wichtige Feld e5 zu verteidigen) 12.0-0 Kg7 (Weiß drohte 13.e5) 13.c4! (um d4-d5 durchzusetzen und so die Herrschaft über e5 zu gewinnen) 13. ... Se4: 14.cd5: Sc3 (14. ... Dh4: 15.dc6: g3 16.Le5+ Kg6 17.Lh5+ und gewinnt, ebenso nach 14. ... Dd5: 15.c4 nebst d5) 15.dc6:!! (überwältigend) 15. ... Sd1: 16.Le5+ Kg6 17.Ld3+ Kh5 18.cb7:! Le6 (Lb7: 19.Tf5+) 19.ba8:D Da8: 20.Tad1: Tf8 21.Tf8: Df8: 22.Tf1 De7 23.Tf6 und Weiß muss gewinnen.

10. Lf1-e2

Plant den Turm auf die offene f-Linie zu bringen, indem Weiß rochiert.

10. ... Lf8-b4

Durch die Fesselung des Sc3 hofft Schwarz, den Druck in der Mitte zu verringern und durch Tausch die Figurenzahl zu vermindern. Er meint, wenn er Figur auf Figur tauschen kann, wird ihm ein Vorteil bleiben, weil er ja einen Springer mehr besitzt. Weiß hat natürlich die bessere Entwicklung für den verlorenen Springer. Er muss jedoch rasch handeln, oder Schwarz wird seine zahlenmäßige Überlegenheit zur Geltung bringen.

11. 0-0

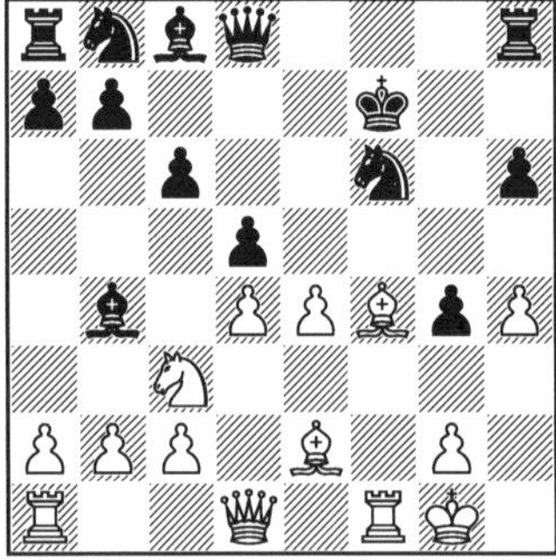

Weiß hat nun sein strategisches Ziel erreicht – die vollständige Beherrschung der f-Linie. Die Rochade bringt den weißen Turm in eine direkte Linie mit dem schwarzen König. Das bringt Gefahr für Schwarz mit sich, obwohl eine eigene und eine fremde Figur dazwischen stehen. Weiß hat zwei direkte Drohungen: 12.e5 und 12.Le5.

11. ... Kf7-e8

In Erkenntnis der gefährlichen Lage seines Königs bringt Schwarz ihn auf ein verhältnismäßig sicheres Feld, verliert dabei jedoch ein weiteres Tempo. Er hätte besser getan, zuerst Lc3: zu spielen, denn 12.Le5 Sbd7 bringt nicht viel ein.

12. e4-e5

Um den Bg4 zu erobern, nachdem der Sf6 gezogen hat, und um mehr Figuren ins Spiel zu bringen.

12. ... Lb4xc3

Schwarz tauscht nun, um die Zahl der Figuren und die Angriffsgefahr zu verringern. Aber solche Züge tragen nicht zur Verteidigung oder Entwicklung des Schwarzen bei. Weiß ist nicht gezwungen, den Läufer zurückzunehmen, und daher wäre Se4 besser gewesen, obwohl auf lange Sicht ebenfalls nutzlos.

13. e5xf6

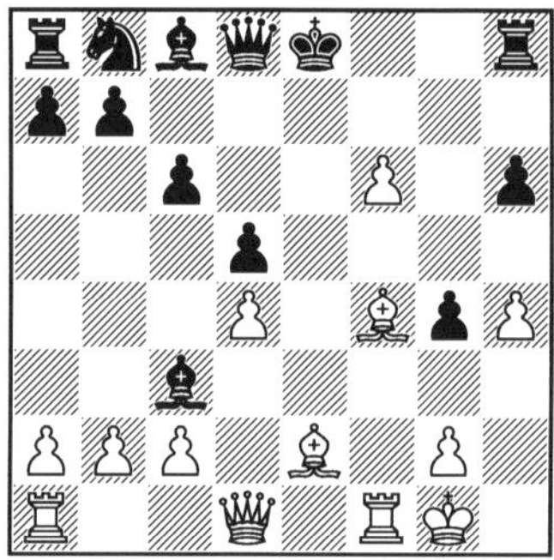

13. ... Lc3-b4

Schwarz, der nach allgemeinen Prinzipien spielt, anstatt sich von der konkreten Stellung leiten zu lassen, ist erfreut, seine zwei Läufer bewahrt zu haben. Das Läuferpaar hat in der gegebenen Lage jedoch keine Bedeutung.

Nichts geändert hätte auch 13. ... Lb2: 14.Tb1 mit ungefähr ähnlichen Bildern wie in der Partie. Noch stärker wäre in diesem Fall 14.Lg4: gewesen, das nach 14. ... La1: 15.Lc8: Dc8: 16.De2+ zu baldigem Matt hätte führen können.

14. Le2xg4

Indem Weiß mehr Linien öffnet und mehr Figuren herausbringt, beseitigt er die letzten Hindernisse, die seinem Angriff im Weg stehen. Die Drohung lautet 15.Lh5+ Kf8 16.Dc1 nebst 17.Lh6:+.

14. ... Sb8-d7

Auf 14. ... Lg4: 15.Dg4: Dd7 gewinnt Weiß durch 16.f7+ nebst a) 16. ... Kf8 17.Lh6:+ Th6: 18.Dg8+; b) 16. ... Ke7 17.Dg8 Tg8: 18.fg8:D; c) 16. ... Kd8 17.Dg8+ usw.; d) 16. ... Df7: 17.Dc8+ Ke7 18.Dh8: oder 18.Tae1+.

15. Lg4-h5+

Weiß zieht nun Vorteil aus den weit offenen Linien. Diese Linien hat Weiß besetzt, nicht Schwarz, weil Weiß seine Figuren entwickelt hat und Schwarz nicht. Offene Linien begünstigen den Angreifer.

15. ... Ke8-f8
16. Dd1-g4

Droht Matt. Schwarz kann nicht 16. ... Tg8 spielen wegen 17.Lh6:+.

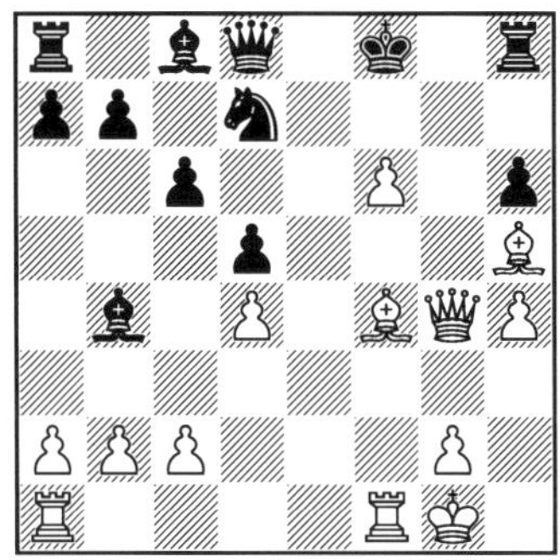

16. ... Sd7xf6

Nun ist auch die f-Linie vollständig offen.

17. Dg4-g6

Droht wiederum Matt.

17. ... Lc8-e6

Oder 17. ... De7 18.Le5.

18. Lf4-d6+

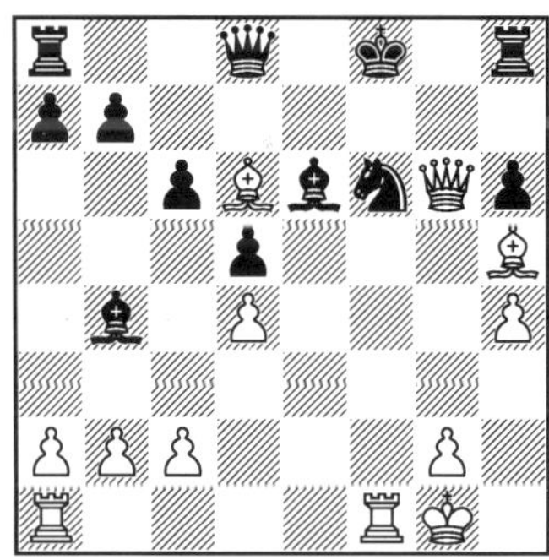

Hier führt auch 18.Le5 Le7 19.Tf6:+ Lf6: 20.Tf1 zum Gewinn. Der Textzug ist noch hübscher. Schwarz gibt auf, denn 18. ... Ld6: 19.Tf6:+ Ke7 20.Dg7+ führt unmittelbar zum Matt.

Partie 25

Die Theorie der Italienischen Partie
Der Befreiungszug zum Aufbrechen des Zentrums
Bauernopfer für Entwicklungsvorsprung
Wie wichtig es ist, tatkräftige statt unbedeutende Züge zu machen
Das Scheinopfer
Spiel gegen den König in der Mitte des offenen Bretts
Das Endspiel Turm+Bauern gegen Turm+Bauern
Tempoverlust im Endspiel

Hat ein Spieler seinen Figuren die überlegene Beweglichkeit verschafft, muss er möglichst bald Nutzen daraus zu ziehen suchen, wenn der Vorteil nicht verloren gehen soll, ohne dass er etwas davon hat. Der beste Nutzen der Beweglichkeit besteht oft darin, die gegnerischen Figuren in weniger günstige Stellungen zu zwingen und so Probleme für den Widersacher zu schaffen.

Wie soll man gegen den König in der Mitte des offenen Bretts vorgehen, wenn man nur Türme und leichte Figuren zur Verfügung hat? Höchst wichtig ist unter solchen Umständen die Erkenntnis, dass der Vorteil von Angriffsmöglichkeiten mit solchen Figuren sich leicht verflüchtigen, ja plötzlich auflösen kann. Es ist eine Ironie, dass nach dem Tausch dieser Figuren der König, wenn er keinen Angriff mehr zu fürchten hat, plötzlich besser ist als der gegnerische, der auf der 1. Reihe sicher geschützt steht. In solchen Fällen kann ein Nachteil sich leicht in Vorteil verwandeln und umgekehrt.

In der Partie findet Schwarz die energischsten Züge gegen den weißen König, der in der Mitte des offenen Brettes geblieben ist. Er gewinnt schließlich einen Bauern, hat aber auch dann noch eine schwere Aufgabe vor sich, die Partie zum siegreichen Ende zu führen. Schwarz muss sehr sorgfältig vorgehen und alle Arten von Feinheiten anwenden, wie Zugzwang, Tempomanöver und das Fernhalten des feindlichen Königs von den eigenen Bauern, bis der Erfolg gesichert ist.

Weiss: Amateur Schwarz: Meister
Italienisch (Giuco Piano)

1.	**e2-e4**	**e7-e5**
2.	**Sg1-f3**	**Sb8-c6**
3.	**Lf1-c4**	**Lf8-c5**
4.	**c2-c3**	

Näheres zu diesen Zügen siehe Partie 2, wo Schwarz mit dem minderwertigen 4. ... Df6(?) fortfuhr.

4. ... Sg8-f6

Greift den Be4 an und richtet sich gegen das Ziel des Weißen, das Zentrum vollständig zu beherrschen. Spielt Schwarz stattdessen passiv 4. ... d6, käme 5.d4 ed4: (5. ... Lb6 6.de5: kostet einen Bauern) 6.cd4: mit unumschränkter Kontrolle der Mitte.

5. d2-d4

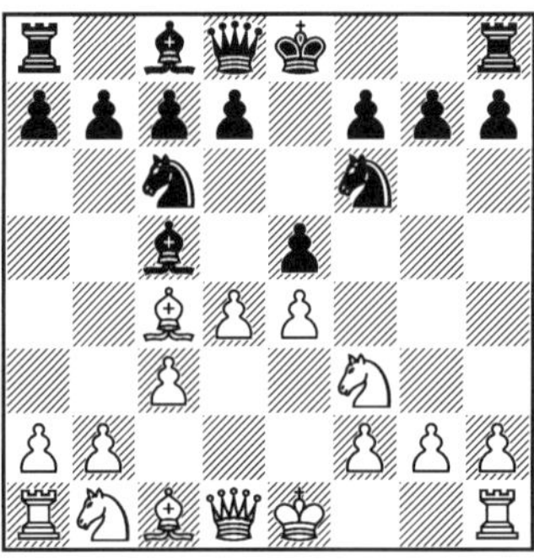

Weiß vervollständigt seinen Anschlag auf die Zentralherrschaft. Durch Angriff auf den Läufer gewinnt er ein Tempo.

5. ... e5xd4

Erzwungen. Nach dem Rückzug 5. ... Lb6 hätte Weiß seine Vorherrschaft im Zentrum mit 6.de5: verstärkt. Wenn dann 6. ... Se4:, so 7.Dd5 mit der Doppeldrohung 8.Df7: matt bzw. 8.De4:.
In Eröffnungen, wo beide Seiten anstreben, das Zentrum mit Bauern zu besetzen, ist es sehr wichtig zu bestimmen, ob die Bauern und damit die Spannung behauptet oder ob die Bauern getauscht werden müssen, um den Gegner daran zu hindern, übermächtig zu werden. Dies ist eines der wichtigsten Probleme in der Eröffnungstheorie. Die Bedeutung dieser Anmerkung wird nach dem 8. Zug des Schwarzen klarer werden.

6. c3xd4 Lc5-b4+

Durch das Schachgebot zwingt er Weiß, zu reagieren und gewinnt so Zeit, Maßnahmen gegen das weiße Zentrum zu treffen, wie wir bald sehen werden. Wenn Schwarz überleben will, muss er etwas gegen den Plan des Weißen unternehmen, ein ideales Zentrum aufzubauen.
Nehmen wir an, Schwarz hätte 6. ... Lb6 gespielt. Weiß hat dann eine feste Mitte, die er wie folgt ausnutzen kann: 7.d5 Sb8 (7. ... Sa5 8.Ld3 mit der Drohung 9.b4) 8.e5 Sg4 (8. ... Sg8? 9.0-0 d6 10.Te1 de5: 11.Se5: Se7 12.Sf7: Kf7: 13.d6+; auch 9.d6 ist stark) 9.0-0 (Auch hier kommt 9.d6 in Frage, z.B. 9. ... Sf2: 10.De2 Sh1: 11.Lg5 bzw. 10. ... 0-0 11.Tf1 Sg4 12.Lg5 De8 13.Le7.) 9. ... d6 10.e6 fe6: 11.de6: c6 (bereitet d6-d5 vor) 12.Sg5 Se5 13.Sf7 Sf7: 14.ef7:+ Kf8 15.Te1 und gewinnt.

7. Lc1-d2

Weiß könnte 7.Sc3 spielen. Nach 7. ... Se4: sind das weiße Zentrum und damit die strategischen Pläne des Weißen zerstört. Er muss dann einem taktischen Weg folgen. Nach 8.0-0 Lc3: 9.d5 erhalten wir den Möller-Angriff, der sehr kompliziert und für keine der beiden Parteien entschieden günstig ist.

7. ... Lb4xd2+
8. Sb1xd2 d7-d5

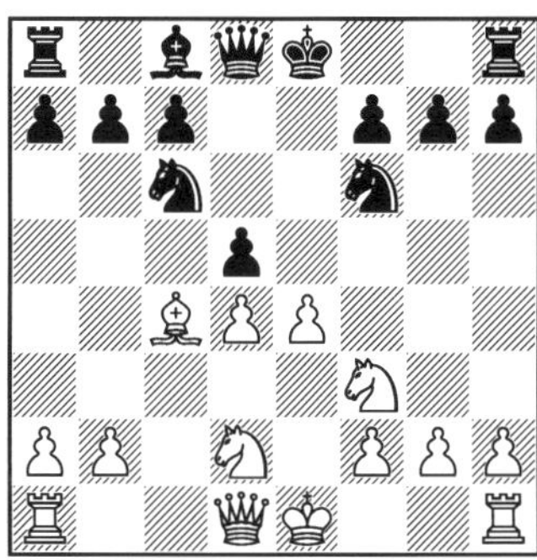

Dies ist der Zug, der das weiße Zentrum aufbricht. Weiß muss tauschen (siehe Anmerkung zum 5. Zug von Schwarz), und so bleibt von dem einst starken Zentrum nur ein vereinzelter Bauer übrig. Das bedeutet jedoch nicht, dass Weiß schlecht steht. Seine Figuren haben volle Wirksamkeit, und bei vielen Gelegenheiten hat sich gezeigt, dass die Chancen des Weißen nicht unterschätzt werden dürfen.
8. ... d5 bekämpft nicht nur das weiße Zentrum, es öffnet auch die schwarze Mitte, so dass seine Figuren Raum haben, sich zu entfalten. Für Schwarz ist es ein Befreiungszug.

9. e4xd5

Denn 9.e5 dc4: 10.ef6: Df6: ist sehr befriedigend für Schwarz.

9. ... Sf6xd5
10. Dd1-b3

Der unternehmendste Zug. Er stellt dem Schwarzen eine Aufgabe und ist daher stärker als 10.0-0.

10. ... 0-0

Überraschenderweise ist das nicht ein Figuren-, sondern ein Bauernopfer, wie sich sofort zeigt. Gewöhnlich spielt man hier 10. ... Sce7 11.0-0 0-0, und Weiß hat ein geringes Plus. Spielt Schwarz 10. ... Sa5, um den Angriff durch Abtausch zurückzuweisen, dann bleibt der Sa5 nach 11.Da4+ c6? 12.Ld3 ungünstig postiert, besonders wegen der Drohung 13.b4. Nach dem Rückzug 11. ... Sc6 ist freilich nicht klar, ob Da4+ wirklich als Tempogewinn gelten und Weiß Vorteil beanspruchen kann.

11. Lc4xd5

Hätte Weiß an dieser Stelle rochiert, lautete die Antwort 11. ... Sa5, und nach dem Tausch Sc4: hat Schwarz ein vielversprechendes Spiel. In diesem Fall gäbe es für die Schwäche des Einzelbauern d4 kein Gegengewicht in Form größerer Wirksamkeit der weißen Figuren.
Hat Weiß eine Db3 und einen Lc4, so muss Schwarz mit einem Sc6 stets versuchen, zu Sa5 zu kommen, um den Läufer zu tauschen und den Angriff zurückzuweisen. Weiß muss sich oft gegen diese Möglichkeit wehren (vgl. Partien 10 und 18).

11. ... Sc6-a5

Dies ist der Schlüsselzug der kleinen Kombination des Schwarzen. Nach einem Damenzug schlägt er den Läufer und hat eine schöne Partie wegen des Drucks gegen d4, während Weiß kein Gegenspiel hätte.

12. Ld5xf7+

Praktisch erzwungen. 12.Db5 c6 verbessert die Sache nicht.

12. ... Tf8xf7
13. Db3-c3 Tf7-e7+

Dieser Zug ist in verschiedener Hinsicht lehrreich. Ein unbedeutender Zug wie 13. ... Sc6 erlaubt Weiß zu rochieren, so dass Schwarz ohne Gegenwert einen Bauern weniger behielte.
13. ... Te7+ ist vor allem deswegen gut, weil Weiß reagieren und sich dabei selbst schädigen muss. Wie sich in der Partie zeigt, fußt die ganze Strategie des Schwarzen auf der ungünstigen Stellung des weißen Königs, die, ihrer Natur nach vorübergehend, sofort ausgenutzt werden musste.

14. Sf3-e5

Mit 14.Kd1 oder Kf1 behält Weiß seinen Bauern, gerät jedoch in Schwierigkeiten, die nicht vorübergehender Art sind. So ist der König nach 14.Kd1 bloßgestellt; nach 14.Kf1 ist der Th1 außer Spiel.

14. ... Sa5-c6

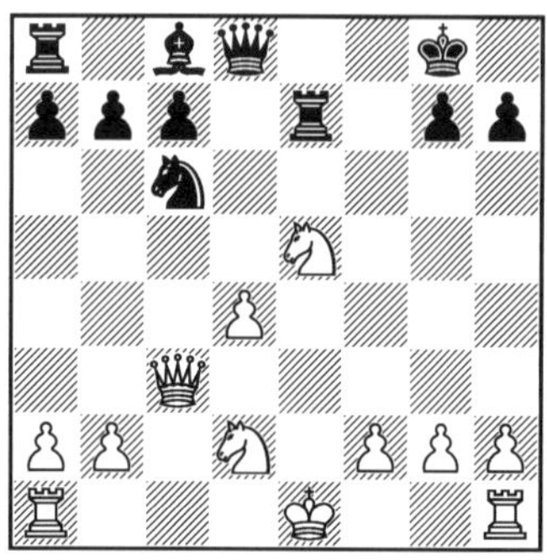

Droht Sd4:. Weiß verliert nun seinen Bauern, kommt dafür jedoch zum Zusammenspiel seiner Figuren.
Weiß möchte rochieren. Was geschieht auf sofort 15.0-0? Nach 15. ... Sd4: 16.Tfe1 hat Schwarz keinen Vorteil. Aber nach 15. ... Dd4: 16.Dd4: Sd4: steht er doch etwas besser, denn 17.Tfe1? wird mit Sc2 beantwortet. Daher spielt Weiß:

15. Sd2-f3 Sc6xd4

Ein Scheinopfer. Schwarz erhält seine Figur sofort zurück.

16. Dc3xd4?

Viel besser ist der Zwischenzug 16.Dc4+, denn 16. ... Le6 17.Dd4: kostet Schwarz eine Figur, und auch 16. ... Kh8 17.0-0-0 wäre nicht viel besser für ihn. Daher ist er zu 16. ... Se6 gezwungen, wobei Weiß nicht übel stünde.

16. ... Dd8xd4
17. Sf3xd4 Te7xe5+

Der König verliert nun sein Rochaderecht. Das ist im Allgemeinen nach dem Damentausch nicht schlimm, noch weniger im Endspiel. Das Bemerkenswerte an dieser Partie ist, dass der weiße König trotz Tauschs der Damen und vieler Figuren ernsten Gefahren in der Brettmitte ausgesetzt ist.

18. Ke1-d2

Natürlich ist es äußerst wichtig, die Türme zu verbinden, und im Augenblick ist nicht zu sehen, dass der König auf der d-Linie zu viel wagt. 18.Kf1 ist nicht besser. Bei stärkstem Spiel hätte Weiß nach dem Textzug unentschieden halten können.

18. ... c7-c5

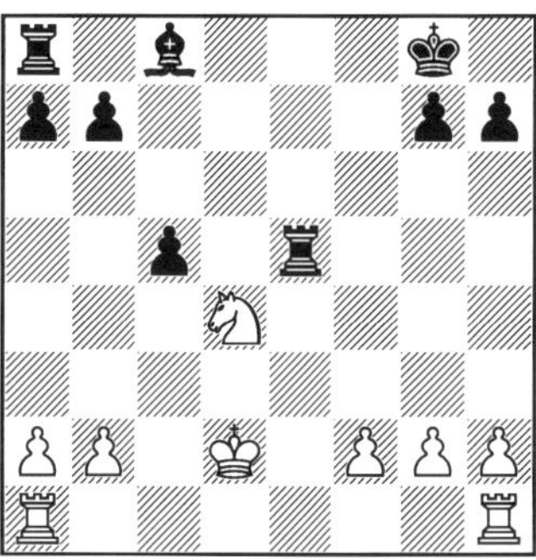

Dies ist die logische Fortsetzung. Schwarz muss irgendwie Vorteil aus der offenen Stellung des herausgezwungenen Königs, der sonst im Endspiel stark wäre, zu ziehen suchen. Ein weniger genauer Zug wie 18. ... Ld7 hätte Weiß erlaubt, seine Türme ins Spiel zu bringen.

19. Sd4-c2

Weiß vermeidet 19.Sf3, weil das dem Schwarzen einen Tempogewinn ermöglicht und ihm gestattet hätte, den zweiten Turm wie folgt eingreifen zu lassen: 19. ... Td5+ 20.Kc3 Lg4, und wenn Weiß die Zersplitterung seiner Bauern nach Lf3: nicht zulassen möchte, muss der Springer ziehen, so dass Schwarz Gelegenheit zu Tad8 bekäme, drohend Td3+ mit allen möglichen Chancen.

19. ... Lc8-e6

Um einigen Druck gegen a2 auszuüben.

20. Sc2-e3

Sieht wie der beste Zug aus, weil der Springer gut steht und mehrere Felder im Zentralbereich beherrscht. Aber dies ist mehr Schein als Wirklichkeit. Mit 20.The1 hätte Weiß den Stellungsvorteil des Schwarzen auf ein mikroskopisches Ausmaß verringert. Nach 20. ... Te1: 21.Se1: hätte Schwarz immer noch ein geringes Plus, weil er die Bauernmehrheit am Damenflügel und einen guten Läufer besitzt. Im Hinblick auf das beschränkte Material ist aber sehr zweifelhaft, ob dies zum Gewinn ausreicht.

20. ... Ta8-f8

Die Kraft dieses Zuges geht aus der Fortsetzung 21.f3? Td8+ 22.Ke2 Lc4+ 23.Kf2 Td2+ 24.Ke1 Te2+ mit Gewinn des Springers hervor.

21. Th1-f1

Erzwungen. Schwarz hat so gespielt, dass beide Türme des Weißen an die Verteidigung von Bauern gebunden sind. Das ist natürlich nicht die richtige Art, Türme einzusetzen.

21. ... Le6-d7

Droht Bauerngewinn durch 22. ... Lb5.

22. f2-f3

22.Sc4? kostet auf höchst bemerkenswerte Weise einen Bauern: 22. ... Tg5, und g2 ist nicht zu halten, es sei denn Weiß verzichtet auf f2, nämlich 23.g3 Lh3 oder 23.Se3 Lb5.

22. ... Ld7-b5
23. Tf1-e1

Er muss seinen Springer decken wegen der Drohung Td8+.

23. ... Tf8-d8+
24. Kd2-c2 Lb5-d3+
25. Kc2-c3 Ld3-g6

Macht Platz für den Turm, um Td3+ zu drohen.

26. Se3-g4

Falls 26.Tad1, so entweder Td1: oder sofort Te3:+. Schwarz muss nun sehr sorgfältig spielen, oder Weiß wird ausgleichen. Nach 26. ... Ted5 (Te1: 27.Te1: Td3+ führt zur Partie) 27.Se5 bleiben Schwarz nicht mehr viele Chancen, z.B. 27. ... Td2 28.Sg6: hg6: 29.Te8+ mit Ausgleich.

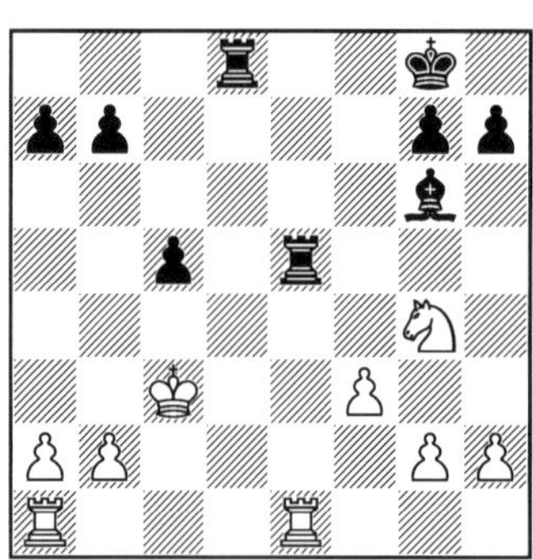

26. ... Td8-d3+
27. Kc3-c4 Te5xe1
28. Ta1xe1 Td3-d2

Die Manöver haben schließlich dazu geführt, dass Schwarz die 2. Reihe erobert hat – eine höchst wichtige Reihe, besonders im Endspiel, weil ein Turm dort die Bauern von der Seite angreift, und in dieser Richtung haben sie keine Macht, sich zu verteidigen.

29. Te1-e7

Weiß wählt die gleiche Strategie, aber einen Zug später. Ein Tempo ist wichtig.

29. ... Td2xb2
30. Kc4xc5 b7-b6+

Gewinnt wieder ein Tempo – der Bauer begibt sich mit Schach aus dem Drohbereich des Turms.

31. Kc5-c6 Tb2xa2

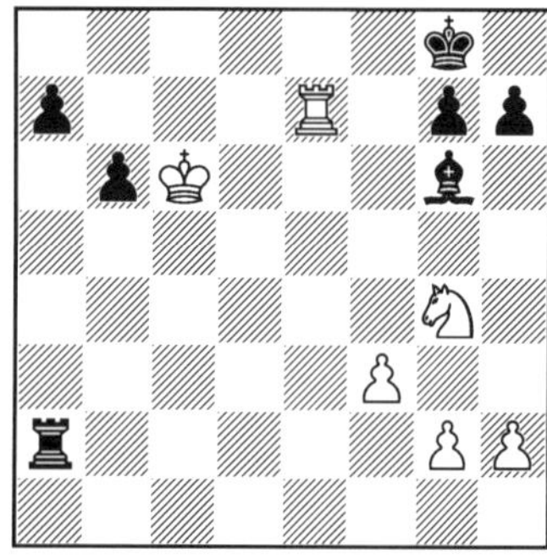

Schwarz hat schließlich einen Bauern gewonnen. In Anbetracht der ziemlich wirksamen Aufstellung der weißen Figuren sind jedoch noch einige Schwierigkeiten zu überwinden.

32. Sg4-e5 Kg8-f8
33. Se5xg6+

Die Alternative wäre hier 33.Tb7 Le8+ 34.Kd6 b5 und es sieht nicht so aus, als ob Weiß die schwarzen Bauern auf die Dauer aufhalten kann.

33. ... h7xg6
34. Te7-b7 g6-g5

Um die Einschließung des Königs mit g2-g4-g5 zu umgehen.

35. Kc6-d6 Kf8-g8
36. Kd6-e6 Kg8-h7
37. Ke6-f7

Droht 38.Kf8 mit Gewinn eines Bauern. Schwarz fühlt sich daher verpflichtet zu vereinfachen. Tatsächlich ist die Lage für eine Vereinfachung günstig, denn der weiße König ist von seinem heimatlichen Terrain weit entfernt, insbesondere ist es ihm nicht möglich, seine Königsflügelbauern zu schützen.
Was den Tausch der letzten Figur (in diesem Fall des Turms) angeht, der ein reines Bauernendspiel herbeiführt, so ist das eine Frage der Erkenntnis, wie das Bauernendspiel einzuschätzen ist. Das ist nicht allzu schwierig, besondere Fälle ausgenommen. In Bauernendspielen entscheidet der Mehrbauer in mehr als 90% der Fälle. Wenn die Vereinfachung allerdings bedeutet, dass ein oder mehrere Bauern gegen andere getauscht werden, ist es schwer, allgemeine Regeln zu geben. Im Turmendspiel sollte die stärkere Seite Bauern tauschen, wenn sie sicher ist, die Lage damit zu verbessern. In Zweifelsfällen vermeidet man den Tausch.

37. ... Ta2xg2
38. Tb7xa7 Tg2-f2
39. Ta7-b7

Nicht 39.Ta3 wegen g5-g4.

39. ... Tf2xf3+

40. Kf7-e6 Tf3-f6+

Typisch für Turmendspiele: der Turm verteidigt seinen verwundbarsten Bauern und hält den Feind von einem bestimmten Gebiet ab.

41. Ke6-e5 g5-g4
42. Tb7-a7

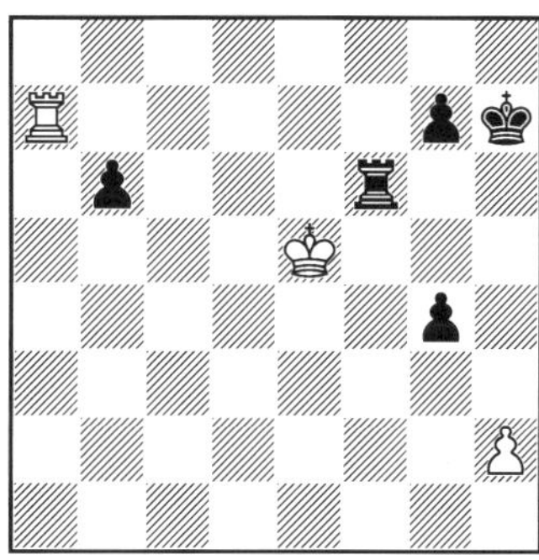

Eine Art gegenseitiger Zugzwang. Wenn einer von beiden zieht, schwächt er seine Stellung. Schwarz muss b6 und g7 schützen; Weiß muss den Druck gegen diese Bauern aufrechterhalten. Spielt Schwarz nun 42. ... Kh6, um später mit g7-g6 fortzufahren (nachdem der Tf6 gezogen hat) und damit den Druck abzuschütteln, dann erwidert Weiß 43.Tb7 und der schwarze Zugzwang ist vollständig: a) 43. ... Kg6 44.Ke4!; b) 43. ... T zieht auf der 6. Reihe 44.Kf4; c) 43. ... T zieht auf der f-Linie 44.Tb6:+. Darum spielt Schwarz zuerst:

42. ... Kh7-g6

und setzt erst nach

43. Ta7-b7

fort mit

43. ... Kg6-h6!

Wir bemerken, dass Schwarz diese Stellung nur erreichen konnte, indem er von h7 nach h6 in zwei Zügen ging, d.h. über g6. Nun ist Weiß endgültig im Zugzwang. Er muss den Druck aufheben: a) 44.Tb8 Kg5; b) 44. T zieht auf der 7. Reihe Tf2; c) 44.Ke4 g6. Dies ist der Schlüssel und erklärt den Unterschied zwischen 43. ... Kg6 und 43. ... Kh6.

44. Ke5-e4

Wenn 44.Ta7 Tf2 45.Ta6 Th2: 46.Tb6:+ Kg5; wenn 44.Tb8 Kg5 45.Tb7 g6.

44. ... g7-g6
45. Ke4-e5 Kh6-g5

Schwarz ist ein wenig weitergekommen. Er kann jetzt seinen b- für den weißen h-Bauern aufgeben.

46. Ke5-e4 Tf6-f2

Diese Vereinfachung ist der rascheste Weg zum Sieg.

47. Tb7xb6 Tf2-e2+

Eine sehr wichtige taktische Finesse – zuerst den König forttreiben. Je weiter er von den Bauern ist, umso besser für Schwarz.

48. Ke4-d3 Te2xh2

Das Endspiel ist gewonnen, nur muss Schwarz genau spielen. Aus dem Folgenden sehen wir, dass er den weißen König ständig daran hindert, zu nahe zu kommen. Solange er diesen von seinen Bauern fernhalten kann, muss die Partie gewonnen sein.

49. Kd3-e3 Th2-a2
50. Tb6-b1 Kg5-h4
51. Tb1-h1+ Kh4-g3

In solchen Stellungen muss der König vor seine Bauern gelangen.

52. Th1-g1+ Kg3-h3

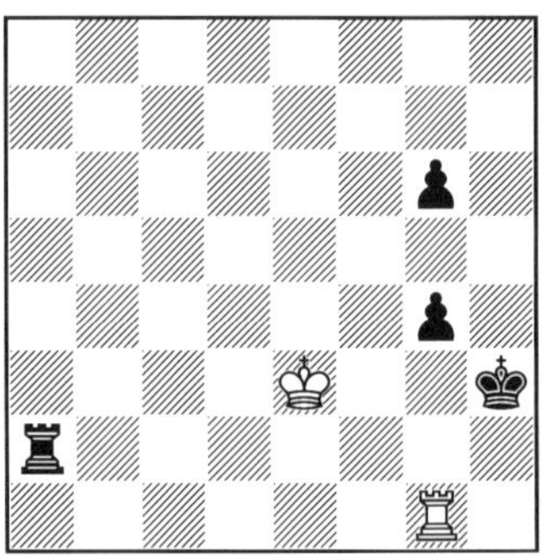

Nach 52. ... Tg2 53.Th1 muss Schwarz noch einen Zug mit dem Turm machen, damit der König vorrücken und die Bauern unterstützen kann.

53. Tg1-h1+ Ta2-h2
54. Th1-a1 g4-g3
55. Ta1-a8 Th2-f2

Auch 55. ... g2 56.Kf2 Th1 war möglich.

56. Ta8-h8+ Kh3-g2

Weiß gibt auf. Eine mögliche Fortsetzung, die zeigt, wie Schwarz ganz leicht gewinnt, ist 57.Tg8 Tf6 58.Tg7 Te6+ 59.Kf4 Kf2 60.Ta7 Te2 usw.

Weitere Bücher aus unserem Verlag

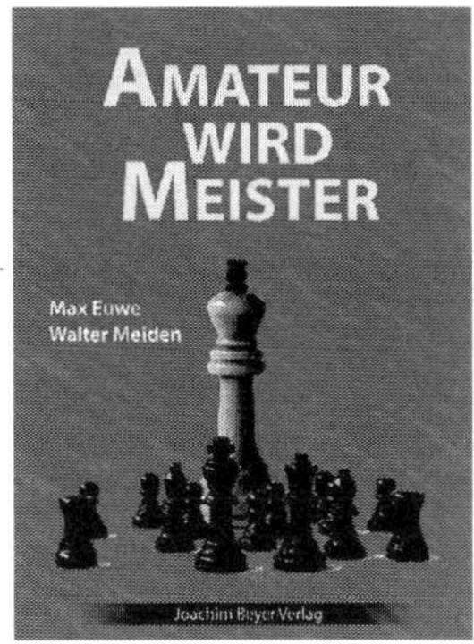

Max Euwe / Walter Meiden

Amateur wird Meister

260 Seiten, 176 Diagramme, kartoniert

Hier werden Partien von fortgeschrittenen Amateuren bis hin zu Meisterkandidaten vorgestellt. Die Thematik dreht sich vor allem um typische Aspekte des Positionsspiels wie offene Linien, bestimmte Bauernstrukturen oder den Umgang mit Eröffnungssystemen. Besonderes Gewicht wird auf den heikelsten Partieteil unmittelbar nach der Eröffnung gelegt. Gegen Ende des Buches ist zu verfolgen, wie und wodurch es dem Amateur immer mehr gelingt, statt eines „Spiels auf ein Tor" dem Meister offene Kämpfe zu liefern, bis er schließlich die ersten Partien gewinnt.

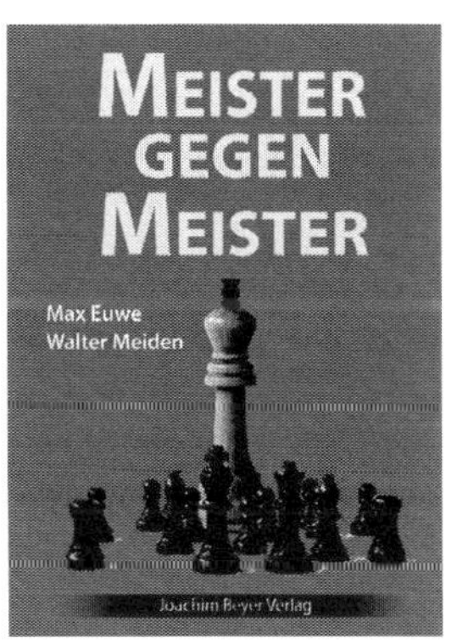

Max Euwe / Walter Meiden

Meister gegen Meister

260 Seiten, 165 Diagramme, gebunden

Dieser Band richtet sich an interessierte Schachspieler, die sich durch das Studium hochklassiger und trefflich kommentierter Meisterpartien weiterentwickeln wollen, im Hinblick auf die strategische Behandlung aller Partiephasen, die schachliche Technik, die Ausnutzung von Fehlern, wie sie für Meister spezifisch erscheinen, und auch bezüglich der psychologischen Spielführung. Jede Partie ist mit einer ausgesuchten Thematik verknüpft, behandelt aber zugleich viele weitere Themen und Motive, die in der Partie zwangsläufig auftauchen. Bei den Eröffnungen stehen die strategischen Grundprinzipien im Vordergrund, die keinem signifikanten Wandel unterworfen sind.

Weitere Bücher aus unserem Verlag

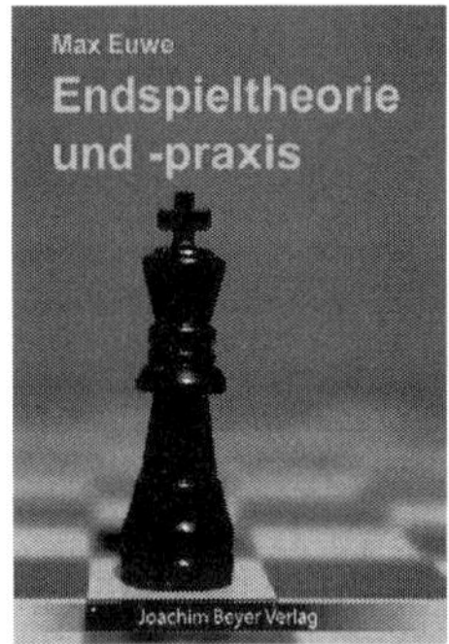

Max Euwe

Endspieltheorie und -praxis

221 Seiten, kartoniert

Das Endspiel ist der Schlussteil der Schachpartie. Das Ergebnis der letzten Gefechtshandlungen ist endgültig, diese bestimmen den Ausgang des Kampfes. Ein weniger günstiger Verlauf der Eröffnung oder des Mittelspiels ist vielleicht noch gutzumachen, eine Niederlage im Endspiel ist jedoch unwiderruflich. Ein sorgfältiges Studium des Endspiels ist deshalb nicht hoch genug einzuschätzen.

(Amsterdam 1980, Dr. Max Euwe)

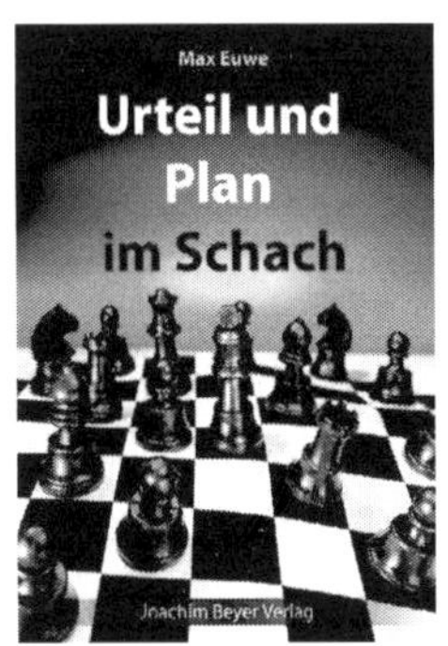

Max Euwe

Urteil und Plan im Schach

182 Seiten, kartoniert

Dieser Band richtet sein Augenmerk auf einen besonders wichtigen Moment im Verlauf der Partie: wenn nach vollendeter Entwicklung der Übergang von der Eröffnung ins Mittelspiel ansteht und der Spieler einen stellungsgemäßen Plan für das weitere Vorgehen entwickeln muss. Eine solche Planung ist gekoppelt an eine genaue Stellungsbeurteilung: Erst wenn der Spieler die charakteristischen Merkmale seiner Position erfasst hat, kann er einen korrekten strategischen Plan entwerfen, der im Einklang mit der Stellung die Partie folgerichtig fortsetzt. Natürlich ist diese Erkenntnis nicht neu, sie basiert auf der Positionslehre des ersten Weltmeisters, Wilhelm Steinitz. Max Euwe hat die Thematik für zeitgenössische Leser ausführlich aufbereitet und zahllosen aufstrebenden Spielern erstmals gezeigt, wie sich die wesentlichen Denkprozesse der Meister inhaltlich darstellen.

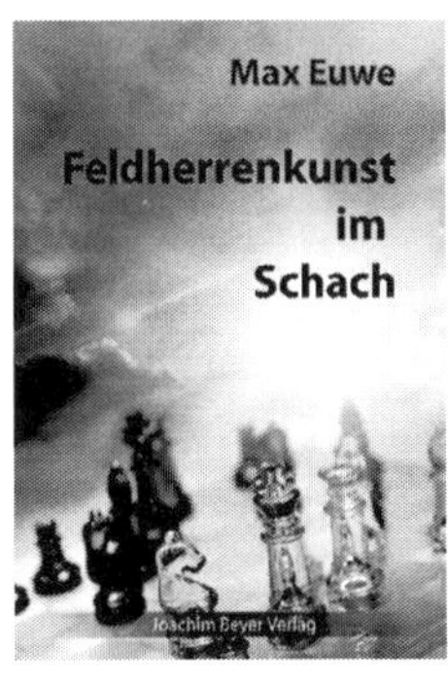

Max Euwe

Feldherrenkunst im Schach

152 Seiten, kartoniert

Knapp 50 erlesene Partien, gespielt von den herausragenden Protagonisten ihrer Zeit, dienen den Autoren dazu, einen historischen Überblick über die Entwicklung des Schachspiels zu geben, d.h. das allmähliche Wachsen des Schachverständnisses und den einhergehenden Fortschritt strategischen Denkens zu illustrieren. Die Etappen dieser Entwicklung erstrecken sich über vier Jahrhunderte, von Greco (17. Jh.) bis Bobby Fischer, wobei Wilhelm Steinitz als Begründer des modernen Positionsspiels besonders eingehend behandelt wird. Einleitende Darstellungen zu den diversen Abschnitten erhellen jeweils die einstigen Spielweisen und präsentieren die Vordenker, die mit neuen Konzepten die Evolution des Schachdenkens beflügelt haben.